生活必备法律丛书编委会

主　编	李显冬
执行主编	刘知函
编委成员	薛晓雪　房保国　吴丹红　刘炫麟
	付继存　罗宗奎　罗　娇　陈　啸
	刘卫军　杨源哲　武志孝　吴　坤

生活必备法律丛书

李显冬◎主编　刘知函◎执行主编　◆　◆　◆　◆

HUNYIN JIATING JICHENG
NAXIE SHIER

婚姻家庭继承
那些事儿

（案例应用版）

郭　锰◎著

常见问题解答　经典案例分析

重点法条解读　最新法律法规

中国政法大学出版社

2015·北京

图书在版编目（ＣＩＰ）数据

婚姻家庭继承那些事儿/郭锰著.—北京：中国政法大学出版社，2015.5
ISBN 978-7-5620-6077-2

Ⅰ．①婚…　Ⅱ．①郭…　Ⅲ．①婚姻法－基本知识－中国　②继承法－
基本知识－中国　Ⅳ．①D923

中国版本图书馆CIP数据核字(2015)第106075号

出 版 者	中国政法大学出版社
地　　址	北京市海淀区西土城路25号
邮寄地址	北京 100088 信箱 8034 分箱　邮编 100088
网　　址	http://www.cuplpress.com（网络实名：中国政法大学出版社）
电　　话	010-58908285（总编室）58908334（邮购部）
承　　印	固安华明印业有限公司
开　　本	880mm×1230mm　1/32
印　　张	13.25
字　　数	350 千字
版　　次	2015 年 5 月第 1 版
印　　次	2015 年 5 月第 1 次印刷
定　　价	39.00 元

序　言

　　生活，意味着选择；生活，也意味着妥协。对于我们每一个人来讲，人生中的很多事情都可以进行选择，唯独在选择何人作为我们的父母和选择何人作为我们的子女上，我们几乎是缺席的。在这一点上，大自然赋予我们更多的是本能，而不是选择。对于生活在幸福阳光照耀下的人们来说，这本能或许是一个不大不小的馈赠；相反，对于那些生活得并不十分快乐甚至痛苦的人们而言，这本能也许就是个令人哭笑不得的小烦恼或者永不能磨没的灾难。在这或喜或忧，或甜或苦的现实生活面前，作为成年人的我们有一次选择——婚姻，最大限度地尊重我们每一个人的主观意愿，慎重地选择何人作为我们彼此的人生伴侣。也可以说，正是婚姻，在某种程度上决定了何人作为我们的父母和何人作为我们的子女。

　　正如费孝通先生所言："婚姻是具有法定意义的伦理性的爱"。完美的婚姻包括三部分：爱情、责任和共同的梦想。然而，法国政治家莫鲁瓦也曾说过："没有冲突的婚姻，几乎同没有危机的国家一样难以想象"。婚姻不仅仅是夫妻两个人之间的事情，也是两个家庭之间的结合。我们即使不是身处婚姻之中，大概也是婚姻的产物。如何处理好婚姻家庭中出现的问题，拥有幸福美满的人生，无疑是我们每一个人的共同追求和理想。

活到老，学到老。只有不断地学习，才能为我们理想的跑车提供源源不断的动力。本书在编写体例上，包括三大篇章：第一篇婚姻家庭继承基本法律常识及热点问题答疑，即通过对婚姻家庭生活中出现的一些典型案例进行法律分析，其中包括25个婚姻案例、9个收养案例和18个继承案例，希望能够借助这种一问一答的方式，呈献给大家一些关于婚姻家庭继承方面的基本法律常识；第二篇婚姻家庭继承典型判例，收录10个婚姻典型判例、6个收养典型判例以及10个继承典型判例，既有裁判要旨、案件事实，又有法院判决、法律依据，以观动态中司法审判之实际运行；第三篇婚姻家庭继承重点法律条文释义，结合相关法律法规和司法解释对《中华人民共和国婚姻法》和《中华人民共和国继承法》两部基本法律中的重点条文进行具体解读，一方面帮助大家学习一下我国相关婚姻家庭继承法律法规知识，另一方面为大家解决现实生活中的问题提供一些法律思路。

当然，鉴于本人个人能力有限，如有不妥之处，敬请大家批评指正，以督促本人百尺竿头，更进一步！

最后，祝大家身体健康，家庭幸福，生活美满！

郭　锰

2015 年 1 月于北京

目 录

第一篇　婚姻家庭继承基本法律常识及热点问题答疑

一、婚姻基本法律常识

第二篇 婚姻家庭继承典型判例

一、婚姻典型判例

第三篇 婚姻家庭继承重点法律条文释义

附 录

婚姻家庭继承基本法律常识及热点问题答疑

一、婚姻基本法律常识

1. 什么是婚约？解除婚约后，所涉财物将如何处理？

典型案例‖

2013 年农历正月期间，经人介绍原告李刚与被告韩梅梅相识。原告李刚经媒人张大娘之手两次转给被告韩梅梅彩礼现金共计 30 000 元。后因双方无共同语言，婚约解除。原告李刚向被告韩梅梅索要彩礼未果，遂将被告韩梅梅诉至法院，双方形成纠纷。

法律分析‖

所谓婚约，是指男女双方为结婚所作的事先约定。成立婚约的行为称订婚或定婚。婚约成立后，男女双方即为人们俗称的未婚夫妻。在我国古代，成立婚约是男女双方结婚的必经程序，属于"六礼"中的一个环节。因此，受传统文化和习惯的影响，婚约至今在我国很多地区存在着。男女双方在结婚前往往会召集主要亲朋好友举行订婚仪式，在此过程中，男方往往要赠送女方一定数量及价值的财物，俗称彩礼。在立法层面上，我国 1950 年、1980 年及 2001 年婚姻法对婚约问题均未作规定。我国婚姻法体现的是婚姻自由，双方自愿原则，"男女双方结婚应当以爱情为基础，不主张也不支持结婚以给付彩礼为条件"。在我国，婚约不具有法律约束力。由于婚约不具有法律约束力，因此婚约的解除也不需经过法定程序。即作为婚约的任何一方当事人，都可以基于自愿原则，独立地解除婚约，而无须征得对方的允许或同意。当然，出于善意道义或风俗的基本要求，一方在决定解除婚约后，应当及时通知对方，履行一定的通知义务。

而在婚约解除后，所涉财物将如何处理？

财物纠纷问题是婚约解除后婚约双方因彩礼、有关费用等财物发生的经常性问题，所述财物纠纷主要包含赠与物返还纠纷和有关费用的分担补偿问题。关于婚约解除后的财物纠纷问题主要是通常情况下的彩礼等赠与物返还问题，对其他问题（如买卖婚姻中的赠与物处理问题、因举办订婚仪式所发生费用补偿问题等），有关法律解释或民事政策规定的较为明确。

婚约现象中的赠送彩礼等行为，实际上是预想将来婚约得到履行（男女双方正式结婚）而以婚约的解除为解除条件的赠与行为，其中，婚约的解除是所附的条件，如果条件不成就（婚约未解除），那么赠与行为继续有效，彩礼等赠与物归受赠人所有，如果条件成就（婚约解除），赠与行为则失去法律效力，当事人之间的权利义务关系当然解除，赠与财产应当恢复到订立婚约前的状态，赠与物应当返还给赠与人。

结合本案，在原告李刚与被告韩梅梅的婚约解除后，原告李刚将被告韩梅梅诉至法院，请求其返还 30 000 元彩礼时，依据最高人民法院《关于适用〈中华人民共和国婚姻法〉若干问题的解释（二）》（以下简称《婚姻法解释（二）》）第 10 条规定："当事人请求返还按照习俗给付的彩礼的，如果查明属于以下情形，人民法院应当予以支持： （一）双方未办理结婚登记手续的；（二）双方办理结婚登记手续但确未共同生活的；（三）婚前给付并导致给付人生活困难的。适用前款第（二）、（三）项的规定，应当以双方离婚为条件。"被告韩梅梅理应将 30 000 元彩礼予以返还。

反观，我国民间许多地方仍部分沿袭传统的观念认为，男方首先提出解除婚约的，彩礼不得要求返还，女方提出解除婚约的应返还彩礼。这种规定是早期型婚约的观念，目的在于维护婚约的稳定和效力，是不符合我国现行法律规定的，法律不应支持。如果我们在处理婚约纠纷时能够根据上述婚姻法司法解释的规定，那么由婚约引起的财物纠纷处理就不再困难了。

2. 男女结婚一定要到法定机关进行登记吗？

典型案例

1989 年春，张玉红与王大力两人在深圳打工时认识并开始恋爱，同年底，两人回到东北老家按照当地风俗习惯举行了结婚仪式，而后开始共同生活，至今未办理婚姻登记手续。次年 11 月，张玉红生下一女孩王晓婷，1991 年 12 月，又生下一男孩王晓强。张玉红与王大力共同生活后，两人关系一直都很好。近几年来，为改善生活条件，提高全家生活水平，王大力丢下妻子和孩子，一人到东莞做鞋帽加工生意，张玉红经常猜忌其有外遇，遂至两人感情日趋疏远。2010 年元月，王大力以夫妻关系确已破裂为由一纸诉状将张玉红诉至法院，要求法院判决离婚，经法院主持调解，双方表示同意和好。但两人关系并未因此而有所改善，2011 年初，王大力再次起诉要求法院判处两人离婚。经依法审判，法院最终判决王大力与张玉红二人离婚。

法律分析

《中华人民共和国婚姻法》（以下简称《婚姻法》）第 8 条规定："要求结婚的男女双方必须亲自到婚姻登记机关进行结婚登记。符合本法规定的，予以登记，发给结婚证。取得结婚证，即确立夫妻关系。未办结婚登记的，应当补办登记。"《中华人民共和国婚姻登记条例》（以下简称《婚姻登记条例》）第一章第 2 条第 1 款规定："内地居民办理婚姻登记的机关是县级人民政府民政部门或者乡（镇）人民政府，省、自治区、直辖市人民政府可以按照便民原则确定农村居民办理婚姻登记的具体机关。"第 2 章第 4 条第 1 款规定："内地居民结婚，男女双方应当共同到一方当事人常住户口所在地的婚姻登记机关办理结婚登记。"可见，男女二人结婚应当共同到一方当事人常住户口所在地县级人民政府民政部门或者乡（镇）人民政府，或者省、自治区、直辖市人民政府按照便民原则确定农村居民办理婚姻登记的具体机关进行登记。

然而本案比较特殊，因为原告王大力与被告张玉红二人关系属于事实婚姻。所谓事实婚姻通常是指没有配偶的男女双方，未经依法登记，而公开以夫妻名义进行同居共同生活，社会群众也认为是夫妻关系的两性结合。新的《婚姻法》已经明确取消了事实婚姻，即是说，我国现行婚姻法律法规不再承认和调整事实婚姻。只有依法经过结婚登记的婚姻，才为我国现行婚姻法律、法规调整和保护。

最高人民法院《关于适用〈中华人民共和国婚姻法〉若干问题的解释（一）》（以下简称《婚姻法解释（一）》）第 5 条规定："未按婚姻法第八条规定办理结婚登记而以夫妻名义共同生活的男女，起诉到人民法院要求离婚的，应当区别对待：（一）1994 年 2 月 1 日民政部《婚姻登记管理条例》公布实施以前，男女双方已经符合结婚实质要件的，按事实婚姻处理；……"由此可见，构成事实婚姻应当具备以下三个要件：①男女双方的同居（即男女双方在一起持续、稳定的共同居住）行为始于 1994 年 2 月 1 日以前；②以夫妻名义进行同居生活；③男女双方在 1994 年 2 月 1 日以前同居时已经具备结婚的实质要件（根据《婚姻法》第 5 条、第 6 条、第 7 条规定：男女双方自愿结婚；男方年满 22 周岁、女方年满 20 周岁；双方均无配偶；双方没有直系血缘关系和三代以内旁系血亲关系；未患有医学上认为不应当结婚的疾病）。

在本案中，原告王大力与被告张玉红二人 1989 年底开始同居生活至今未办理结婚登记手续，但因原被告双方在 1994 年 2 月 1 日之前均符合结婚的实质要件，所以原被告之间属于事实婚姻。因此，法院在受理该事实婚姻案件之后，依法经调解不能使二人和好的，应当调解或者判决二人离婚。

由于种种原因，事实婚姻在我国社会长期存在，涉及的范围也比较广泛，特别是在地处偏远的一些农村地区，这一现象就更为突出。事实婚姻的存在给整个社会带来很多负面影响。例如，在形式上使男女两性的结合脱离了法律的规范和监督，助长了包办婚姻、买卖婚姻、早婚、童婚以及重婚等现象的发生；在结果上，严重影响了下一代的优生优育，降低了人口素质，削弱了法律法规对妇女、儿童合法权益的有效保护，给家庭生活带来了极大的不稳定因素。这也正是新《婚姻法》取消事实婚姻，只承认和保护依法登记、有合法手续的婚姻的理由。因此，为自己爱的人和爱自己的人的幸福，男女双方结婚时一定要到婚姻登记机关进行婚姻登记，让法律为幸福保驾护航。

3. 表兄妹之间能结婚吗？

典型案例

秦定一与晋笑笑二人原系表兄妹关系，即秦定一之父与晋笑笑之母系同胞兄妹关系。秦定一与晋笑笑青梅竹马，两小无猜。1997 年，二人离开家乡到上海打工，在此期间，已经达到法定结婚年龄的秦定一与晋笑笑二人开始公开自由恋爱，不久便开始同居生活，知悉此事的双方父母也并未加以干涉。一年后，两人通过隐瞒血缘亲属关系的方式，到中州市城西区平安镇派出所办理了结婚登记手续，此后举行了小范围的结婚仪式，共同组建了家庭。婚后初期，两人关系尚好，在两年内先后生育一女一男，四口之家，其乐融融。然而，好景不长，两人经常因为家庭琐事发生争吵，甚至大打出手，感情出现危机。在此背景下，晋笑笑于2006年离家南下打工，长期不归，且于2009年底将秦定一诉至中州市城西区人民法院，请求法院判决其与秦定一离婚。在法院庭审过程中，二人就两个孩子的抚养权问题达成协议。法院最终判决晋笑笑与秦定一的婚姻无效。

法津分析||

我国《婚姻法》第7条规定："有下列情形之一的，禁止结婚：（一）直系血亲和三代以内旁系血亲；……"第10条规定："有下列情形之一的，婚姻无效：……（二）有禁止结婚的亲属关系的；……"所谓直系血亲，是指父母子女之间，祖父母、外祖父母与孙子女、外孙子女之间。此外《婚姻法》第26条第1款规定："……养父母和养子女间的权利和义务，适用本法对父母子女关系的有关规定。"第27条第2款规定："继父或继母和受其抚养教育的继子女间的权利和义务，适用本法对父母子女关系的有关规定。"因此养父母与养子女以及继父母与继子女之间也属于我国《婚姻法》禁止结婚的直系血亲范围。对于怎样计算三代以内旁系血亲，我国采用以世代为标准的计算方法，即凡与自己出于同一祖父母或者外祖父母的旁系血亲为三代以内旁系血亲，具体而言，三代以内旁系血亲包括以下三种情形：①同源于父母的兄弟姐妹（含同父异母、同母异父的兄弟姐妹），即同一父母的子女之间不能结婚；②同源于祖父母，外祖父母的表兄弟姐妹和堂兄弟姐妹，即自己和父母的姐妹的孩子不能结婚；③不同辈的叔、伯、姑、舅、姨与侄（女）、甥（女）。即男性不能和兄弟姐妹的女儿结婚；女性不能和兄弟姐妹的儿子结婚。反过来就是不能和父母的亲兄弟姐妹结婚。按照此种划分，在本案中，秦定一与晋笑笑二人属于表兄妹关系，即中表亲，属于我国婚姻法明确规定严禁结婚的第一种情形，故法院在此情况下，不能判决二人离婚，而只能依法判决二人婚姻无效。

近亲结婚作为封建社会糟粕的遗存，不利于后代健康成长，这是人类在繁衍中得出的实践经验，并得到了科学的论证。人类两性关系的发展证明，血缘过近的亲属间通婚，容易把双方生理上的缺陷遗传给后代，影响家庭幸福，危害民族健康繁衍。另外，限制一定范围内的近亲结婚也符合人类的伦理道德观念。因此，近亲结婚一直为古今中外许多国家的法律所禁止。

婚姻无效，一般是指违背我国法律法规所确定的结婚要件而并不发生法律效力的婚姻。婚姻无效纠纷，是指具有婚姻关系的一方当事人，以其婚姻关系缺乏法定有效要件为由而主张其婚姻关系无效，产生的纠纷。我国婚姻法也以列举的形式规定了无效婚姻的四种情形：①重婚的（有配偶又与他人结婚或者明知他人有配偶而与之结婚的行为）；②有禁止结婚的亲属关系的（直系血亲或三代以内的旁系血亲）；③婚前患有医学上认为不应当结婚的疾病，婚后尚未治愈的（精神方面的疾病或者医学上难以治愈的传染性疾病或遗传性疾病）；④未到法定婚龄的（男方未满22周岁，女方未满20周岁）。

此外，根据最高人民法院司法解释的相关规定，当事人依据《婚姻法》第10条规定向人民法院申请宣告婚姻无效的，申请时，法定的无效婚姻情形已经消失的，人民法院不予支持。人民法院审理宣告婚姻无效案件，对婚姻效力的审理不适用调解，应当依法作出判决；有关婚姻效力的判决一经作出，即发生法律效力。涉及财产分割和子女抚养的，可以调解。调解达成协议的，另行制作调解书。对财产分割和子女抚养问题的判决不服的，当事人可以上诉。因此，对于违反法律规定的无效婚姻案件，不适用调解，不允许撤诉。法院一旦作出确认婚姻无效判决，该婚姻自始无效。

4. 结婚前索要大量彩礼合法吗?

典 型案例‖

黄美蓉经媒人牵线与邻村郭平靖谈恋爱，经过一段时间的交往后，双方对彼此都很满意。2012 年初，两人征得双方父母同意订婚。订婚过程中，黄美蓉的父母通过媒人向郭平靖及其父母索要 66 666 元彩礼，后又增加了价值 18 888 元的贵重首饰。2012 年6 月，二人正式登记结婚，开始共同生活。但婚后，黄美蓉发现郭平靖游手好闲，好吃懒做，二人经常为此发生争端。2012 年冬的一天，二人为琐事而大吵大闹，黄美蓉一气之下回到娘家，三个月转眼而过，郭平靖及其父母也并未将其接回。2013 年 3 月，黄美蓉以二人夫妻关系确已破裂为由向法院起诉要求与郭平靖离婚。郭平靖表示同意离婚，但是要求黄美蓉及其父母返还订婚时的彩礼。

法 律分析‖

此案中，黄美蓉父母的行为属于"借婚姻索取财物"。"借婚姻索要财物"，主要是指男女双方自愿或者基本自愿结婚，但一方如果不给对方一定数额的财物，另一方就不同意结婚。"借婚姻索取财物"的行为人，实际上是希望通过结婚发一笔横财，以满足一己之私。这样做不仅会给给付财物一方带来经济上的负担，而且会直接影响双方步入婚姻殿堂后的家庭生活质量，因此我国《婚姻法》第 3 条第 1 款明文规定："禁止包办、买卖婚姻和其他干涉婚姻自由的行为。禁止借婚姻索取财物。"本案中，无论是那

66 666 元彩礼还是 18 888 元财物，都是黄美蓉父母在其结婚前向郭平靖及其父母索要的，如果郭平靖及其父母不能及时给付的话，黄美蓉就不会与郭平靖结婚，这是典型的"借婚姻索取财物"。

最高人民法院《关于人民法院审理离婚案件处理财产分割问题的若干具体意见》第 19 条规定："借婚姻关系索取的财物，离婚时，如结婚时间不长，或者因索要财物造成对方生活困难的，可酌情返还。对取得财物的性质是索取还是赠与难以认定的，可按赠与处理。"结合本案例，由于二人结婚时间并不长就离婚，因此在离婚时，黄美蓉父母应当将所获财物返还于对方。

婚姻理应是以自由恋爱为前提和基础的。而"借婚姻索取财物"实际上违反了婚姻自由的根本原则。如果一方不给对方一定数额的财物，另一方就不同意结婚的做法，无疑是对婚姻权利的滥用。男女双方在选择另一半时，合理地考虑对方的经济条件是可以的，但是借婚姻索要大量财物，不仅不符善良风俗，也不符合《婚姻法》的基本精神和规定。对于索要财物的一方，法院在审判过程中一般会进行批评和教育，往往也会判决获取财物的一方将财物退还给对方。在司法实践上，没来得及结婚就悔婚，结婚时间不长就离婚或者尽管结婚时间较长才离婚，但是因为给付对方巨额彩礼而导致自身家庭生活困难的，给付财物的一方都可以向法院主张对方予以返还。

5. 如果没有进行结婚登记，一方能否要求对方返还彩礼？

典型案例

2011 年 11 月 11 日，孙鹏飞与孟如云经人介绍认识，开始谈恋爱。同年 12 月 12 日，孙鹏飞及其父母与介绍人一起到孟如云的烟酒超市中，按照当地习俗下了聘礼，给付孟如云彩礼 36 666 元。

2012 年 5 月 8 日，双方在村里举办了结婚仪式，并在双方家里办了酒席，但一直未曾到相关部门领取结婚证。自此，二人开始以夫妻名义共同生活。然而，好景不长，小两口因为缺乏共同语言，经常吵闹，吵闹过后，孟如云就会回娘家居住。2013 年初，在一次吵架之后，孟如云一气之下就到外地打工去了，从此再没有音信。2014 年 6 月，孙鹏飞认为孟如云长时间离家不归，致使两人关系走到了尽头，以此为由起诉到法院，要求孟如云返还彩礼 36 666 元。法院最终判决孟如云酌情返还孙鹏飞彩礼 30 000 元。

法律分析

每逢结婚喜事，我国很多地区的风俗都会办酒席，请亲朋好友过来欢聚，但是根据我国《婚姻法》的相关规定，办酒席宴请亲朋好友并不是法定结婚的必要条件。我国法律明文规定男女双方结婚时，必须到法定结婚登记机关进行结婚登记，通俗地说就是去领证。在案例中，孙鹏飞与孟如云二人尽管按照当地的风俗习惯在家里举办了婚礼，并办了喜宴，但是从未去领证。这样一来，他们还不是法律意义上的两口子，这也导致孙鹏飞在诉讼中只能要求法院判决孟如云返还彩礼，而不能要求法院判决二人离婚，因为二人压根就不是法律意义上的夫妻关系，所以谈不上离婚。

现实生活中，一方给另一方（通常是男方给女方）下聘礼或彩礼，一直以来都是我国民间传统文化的一部分，但是这种聘礼或彩礼是以双方将来结婚为目的的，即为了登记、领结婚证做准备的。根据《婚姻法解释（二）》第 10 条第 1 款第 1 项的规定："当事人请求返还按照习俗给付的彩礼的，如果查明属于以下情形，人民法院应当予以支持：（一）双方未办理结婚登记手续的"，本案中孙鹏飞与孟如云尽管以夫妻名义生活了一段时间，但因为没有办理结婚登记手续——领证，故法院最终判决孟如云酌情返还孙鹏飞彩礼 30 000 元。

　　此外，依据我国婚姻法律法规的相关规定，结婚登记需要具备以下四个条件：①男女双方必须完全出于自愿，不许任何一方对他加以强迫或任何第三者加以干涉；②达到法定结婚年龄：男方年满 22 周岁，女方年满 20 周岁；是否年满 22 周岁或 20 周岁，以本人的户口本、身份证上的出生年月为准；③男女均无配偶，即不存在重婚的情形；④男女双方没有直系血亲或者三代以内的旁系血亲的关系。

　　符合以上四个方面的规定，方能进行登记结婚，发给结婚证。具体而言，根据《婚姻登记条例》第 5 条的相关规定：内地居民在办理结婚登记时应当出具下列证件和证明材料：①本人的户口簿、身份证；②本人无配偶以及与对方当事人没有直系血亲和三代以内的旁系血亲关系的签字声明。

　　香港居民、澳门居民、台湾居民在办理结婚登记时应当出具下列证件和证明材料：①本人的有效通行证、身份证；②经居住地公证机构公证的本人无配偶以及与对方当事人没有直系血亲和三代以内的旁系血亲关系的签字声明。

　　华侨在办理结婚登记时应当出具下列证件和证明材料：①本人的有效护照；②居住国公证机构或者有权机关出具的、经中华人民共和国驻该国使（领）馆认证的本人无配偶以及与对方当事人没有直系血亲和三代以内的旁系血亲关系的证明，或者中华人民共和国驻该国使（领）馆出具的本人无配偶以及与对方当事人没有直系血亲和三代以内的旁系血亲关系的证明。

　　外国人在办理结婚登记时应当出具下列证件和证明材料：①本人的有效护照或者其他有效的国际旅行证件；②所在国公证机构或者有权机关出具的、经中华人民共和国驻该国使（领）馆认证或者该国驻华使（领）馆认证的本人无配偶的证明，或者所在国驻华使（领）馆出具的本人无配偶的证明。

　　就内地居民而言，办理结婚登记的手续如下：①要求男女双方持所需证件（本人常住户口簿、有效居民身份证）共同到一方常住户口所在的区、县民政局或者乡、镇人民政府的婚姻登记机关提出申请；②男女双方各填写一份《申请结婚登记声明书》；③男女双方必须在婚姻登记员面前亲自在《申请结婚登记声明书》中"声明人"一栏签名或按手印；④婚姻登记机关对双方提交的证件、声明进行审查，对于符合结婚登记条件的就给办理登记，发给双方结婚证。

6. 受对方胁迫而结婚的一方能否向法院起诉离婚？

典型案例

2009 年 7 月，黄莎莎经人介绍，认识了白天二。两人初交往时，彼此感觉还不错，可相处了一段时间后，黄莎莎发现白天二经常和一些不三不四的人混在一起，而且白天二有些习惯也让黄莎莎难以忍受。2010 年 5 月，黄莎莎提出分手，白天二不答应，并且以伤害黄莎莎及其父母为要挟。黄莎莎害怕伤及父母，迫不得已和白天二到本地民政局办理了结婚登记。2011 年 3 月，黄莎莎在朋友的劝说下，决定在法律帮助下离开白天二，结束这段没有感情的婚姻。2011 年 4 月 7 日，黄莎莎向法院提起诉讼，请求法院撤销自己同白天二的婚姻关系。法院经审理认为，黄莎莎与白天二结婚前，白天二存在威胁、恐吓等言行，二人的婚姻属于可撤销婚姻。故法院根据婚姻法的相关规定，依法判决撤销二人的婚姻关系。

法律分析

可撤销的婚姻是指由于结婚当时违背了双方自愿的原则，不具备婚姻成立的必要条件，因此在结婚之后的一段时间内，受害一方可以向法院提出撤销该婚姻的申请，由此使该婚姻自始无效的法律制度。同无效婚姻一样，可撤销的婚姻与离婚是不同的。婚姻撤销后就意味着它从一开始就不被法律所承认，是不具有法律上的效力的，而离婚则是解除现有的有效成立的婚姻，它的前提是承认现有的婚姻有效成立。因此，两者在法律意义及法律后果上都是不同的。

胁迫结婚，受胁迫的一方可以申请撤销。我国《婚姻法》第11条规定："因胁迫结婚的，受胁迫的一方可以向婚姻登记机关或人民法院请求撤销该婚姻。""因胁迫而结婚"，主要是结婚的一方或者是其他人，对结婚的另一方，予以威胁或损害，使该方违背自己意愿而结婚。这种胁迫，可以是一种暴力上的威胁，也可以是一种精神上的要挟，如以揭露当事人的隐私为要挟等等。

只有受胁迫一方有权提出撤销申请。设立可撤销的婚姻制度，目的是为了贯彻婚姻自由的原则，保护婚姻当事人选择婚姻自由的权利。因受胁迫而成立的婚姻，虽然是可撤销的婚姻，但只有受胁迫的一方才有权提出撤销婚姻的申请，其他任何个人，包括可撤销婚姻的另一方当事人都无权提出撤销婚姻的申请。也就是说，法律只给那些没有自由选择过婚姻的人再次选择的权利。

一年之内提出申请有效。法律给予受胁迫方以再次选择的权利，但是这个权利的行使也是有时间限制的。《婚姻法》第11条规定："……受胁迫的一方撤销婚姻的请求，应当自结婚登记之日起一年内提出。被非法限制人身自由的当事人请求撤销婚姻的，应当自恢复人身自由之日起一年内提出。"据此，没有被限制人身自由的受胁迫方应当在与对方登记结婚之日起的一年之内提出撤销婚姻的申请；如果受胁迫方还受到了人身自由的限制，则应当在恢复了人身自由之日起一年内提出申请。过了法定的时间期限，受胁迫方就没有权利再申请撤销婚姻了。与此同时，婚姻也就自始有效存在了。要解除婚姻关系，就只能通过离婚这种方式了。

应向婚姻登记机关或人民法院提出撤销婚姻的申请。由于撤销婚姻也是对现有的婚姻从根本上的否定，因此撤销婚姻的机关也应当具有一定的权威性。在我国，当事人自己不能随便撤销婚姻，只能向婚姻登记机关或者是人民法院提出申请，由它们来撤销婚姻，其他任何单位和个人都无权撤销婚姻。

婚姻撤销后的法律后果：婚姻被撤销的法律后果与无效婚姻的法律后果基本相同。也就是说，婚姻被撤销后，当事人之间是自始不具有夫妻之间的权利义务的，个人的财产仍归个人所有，同居期间所得的财产由双方协商处理；协商不成，由法院根据照顾无过错方的原则判决。当事人所生的子女为非婚生子女，适用《婚姻法》有关父母子女的规定。但可撤销婚姻制度与无效婚姻制度还是有区别的。二者的区别在于：①导致可撤销的婚姻的唯一的情形就是一方受胁迫而结婚，而无效婚姻包括未达法定婚龄、重婚等多种不符合法定结婚条件的情形；②可撤销的婚姻的申请提出有一年的时间限制，超过一年，婚姻就持久地有效成立了；而无效婚姻无论何时提出都不影响婚姻的无效性；③可撤销的婚姻只有受胁迫方才能提出申请撤销；而无效婚姻双方当事人无论其是否有过错，都可以提出，并且婚姻双方以外的其他人以及单位也可以提出婚姻无效的申请。

《婚姻登记条例》第9条规定："因胁迫结婚的，受胁迫的当事人依据婚姻法第十一条的规定向婚姻登记机关请求撤销其婚姻的，应当出具下列证明材料：（一）本人的身份证、结婚证；（二）能够证明受胁迫结婚的证明材料。婚姻登记机关经审查认为受胁迫结婚的情况属实且不涉及子女抚养、财产及债务问题的，应当撤销该婚姻，宣告结婚证作废。"

7. 女儿能否以传统习惯为由，干涉父亲的再婚？

典型案例

某著名高校张教授年逾 50 岁时，其夫人不幸去世，留下一女儿张静妹。后经人介绍，张教授与 48 岁的王阿姨产生了爱慕之情，愿结为夫妻，共同生活，安享天伦之乐，却遭到女儿张静妹的强烈反对，张静妹还威胁张教授说，如果他和王阿姨结婚，就与他断绝父女关系。张静妹还对父亲的婚事百般阻挠，并拿走了家里的户口本。2012 年元旦，张教授和王阿姨请一些亲朋好友吃了一顿婚宴后，便开始了同居生活。张静妹知道此事后，大为恼火，几次跑到张教授和王阿姨的工作单位进行吵闹，严重影响了二人的正常工作和生活。万般不得已之下，张教授便以女儿张静妹妨害其婚姻自由，侵犯其婚姻自主权为由，将其诉至法院，希望法院判决张静妹归还家里户口本，停止干涉张教授和王阿姨再婚权利，并赔礼道歉。法院经审理后，认为张教授和王阿姨并不存在我国法律规定的不能结婚的情形，符合法定结婚条件。张静妹的行为，属于非法干涉其父张教授与王阿姨的婚姻自主权。因此，法院最终判决张静妹败诉。

法律分析

根据我国《婚姻法》第 2 条第 1 款规定："实行婚姻自由、一夫一妻、男女平等的婚姻制度。"可知，公民婚姻自由是我国婚姻法确定的一项基本原则，公民的婚姻自主权受法律的支持和保护。同样，《婚姻法》第 30 条规定："子女应当尊重父母的婚姻权利，不得干涉父母再婚以及婚后的生活。子女对父母的赡养义务，不因父母的婚姻关系变化而终止。"

侵害婚姻自主权的侵权责任构成，应具备一般民事侵权行为责任构成的全部要件：①行为人必须有侵害婚姻自主权的违法行为，其行为首先须违反保护婚姻自主权的有关法律规定，其次一般须有暴力、胁迫、限制自由、强制干涉等特征，侵害婚姻自主权的违法行为，一般表现为积极的作为方式；②有侵害婚姻自主权的损害事实，主要是权利人的权利无法行使或不能行使，具有这种损害事实，即成立此要件，受害人还可能造成人身伤害、自由受限、名誉受损、财产损失等损害，这些也是损害事实的内容，但其有无不影响侵权损害事实的成立，具有这些损害后果的，应作为侵权行为的严重情节和扩大赔偿范围的依据；③侵害婚姻自主权的违法行为与损害事实之间有因果关系，要求其违法行为必须为该损害事实的原因，而该损害事实正是其违法行为的结果，在侵害婚姻自主权的因果关系中，行为与婚姻自主权利行使受限的损害事实之间的因果关系，至为明显，容易判断；行为与人身、自由、名誉财产所损害事实之间的因果关系，则应依这些侵权责任因果关系构成要件的要求仔细判断；④侵害婚姻自主权行为人的主观过错，必须是故意，过失不构成侵害婚姻自主权的侵权责任。应注意，侵害婚姻自主权的责任确定，只适用过错责任原则，不适用过错推定规则、无过错责任原则和公平责任原则。

综上所述，对于本案，受理法院认定事实清楚，适用法律准确，张静姝非法干涉其父张教授婚姻自主权的行为应当受到法律的制裁。

8. 婚姻自由仅指结婚自由吗？

典 型案例‖

1998年底，王天来与李秋歌经朋友介绍互相认识，并开始交往。在交往过程中，二人彼此都很喜欢对方，于是在 1999 年底，二人在当地民政局办理了结婚登记手续。婚后不久，李秋歌对王天来晚上不回家的习惯很反感，每当深夜李秋歌因一天工作而疲倦的熟睡后，王天来才兴致勃勃而归，余兴未消地闯入李秋歌的梦乡。长期如此，弄得李秋歌休息不好，身体健康受到影响，领导也经常以其工作没精力为由找其谈话。她曾试图用自己的行动去感动王天来。而王天来却我行我素，反而认为李秋歌的劝勉行为干涉了他的生活，因此双方开始发生争吵，逐渐地双方由吵架发展到动手打架，为此李秋歌诉至法院要求与王天来离婚。法院在审理过程中，对王天来的行为进行了批评教育，并提醒他要珍惜双方的感情，王天来当即表示改正其错误，希望得到李秋歌的原谅。经过法院调解，夫妻和好回家了。但是王天来不但没有改正其错误，反而对李秋歌的忍让看做是一种软弱。李秋歌再次诉至法院要求与王天来离婚。法院经调解无效，最终判决二人离婚。

法津分析

在我国，婚姻自由，是指婚姻当事人按照法律的规定在婚姻问题上所享有的充分自主的权利，任何人不得强制或干涉。婚姻自由不仅包括结婚自由，还包括离婚自由。结婚自由，是指男女双方缔结婚姻关系的自由，即当事人有权依法决定自己于何时何地与何人结婚，其他任何人包括父母都无权加以干涉。自愿是实现婚姻自由的前提，双方意思表示一致是婚姻以互爱为基础的必要条件。但自愿必须不违背法律规定的条件和程序，因为结婚自由决不意味着当事人可以在婚姻问题上为所欲为。在结婚自由问题上，包办强迫或干涉他人婚姻的行为是被反对的，各种轻率行为也是被反对的。结婚双方都必须要符合《婚姻法》里关于结婚的法定条件。

而离婚自由是指夫妻有依法解除婚姻关系的自由。婚姻的成立和维系都应以爱情为基础，把离婚一律看成悲剧是不适当的。与其说离婚动摇了以前存在的稳定的家庭关系，甚至加速了原来具有约束力的婚姻关系的公开解体，不如说离婚制度为那些无法共同生活的夫妻，那些因为无法解除名存实亡的婚姻而遭受痛苦的人们提供了救济的办法。对于已经死亡的婚姻，离婚无疑是一个很好的方法，也有利于维护双方的权利。如果说结婚自由是实现婚姻自由的先决条件，那么离婚自由就是结婚自由的必要补充。离婚使不自由的婚姻得以解除，为缔结自由的婚姻创造条件。没有离婚自由就根本不可能有完全的结婚自由。在本案中，王天来与李秋歌经朋友介绍互相认识，并开始交往。在交往过程中，二人彼此都很喜欢对方，在双方完全自愿的情况下去民政局办理了结婚登记，这就是结婚自由。而婚后，由于两人生活习惯和性格等各方面原因影响，经常争吵，导致夫妻感情彻底破裂。李秋歌向法院起诉与王天来离婚，并得到法院的支持，则是离婚自由的体现。

总之，结婚自由和离婚自由两者互相结合、紧密相连，共同构成了完整的婚姻自由。我国法律法规之所以保障结婚自由，就是为了确保当事人能够完全按照自己的意愿结成配偶，组成家庭。而保障离婚自由，则是为了使夫妻感情确已破裂、无法继续共同生活的夫妻能够通过法律途径解除已有的婚姻关系。不可否认的是，无论是结婚自由还是离婚自由都是为了婚姻家庭生活更加稳定、快乐和幸福。

当然，婚姻自由和公民的其他任何权利一样，不是绝对自由，而是相对自由。行使婚姻自由权，必须在法律规定的范围内进行，我国婚姻法明确规定了结婚的条件与程序、离婚的条件与程序，这些规定划清了婚姻问题上合法与违法的界限。凡符合法律规定，即为合法行为，受法律保护；不符合法律规定，即为违法行为，不受法律保护。因此，婚姻自由的权利，既不允许任何人侵犯，也不允许当事人滥用。

9. 婚姻关系存续期间，夫妻间的权利、义务有哪些？

典型案例‖

2006 年 7 月，宋美丽（1956 年 5 月 4 日出生）经人介绍与本县工商局离休职工钱建国（1949 年 10 月 1 日出生）认识，并于 2007 年初在县民政局办理了结婚登记手续（双方都是再婚）。婚后，两人在钱建国农村老家生活了一段时间。因钱建国的儿子钱多多在县城居住，宋美丽便以照顾孙子为由搬到了钱多多那里居住。至 2008 年底，钱建国要求宋美丽搬回农村老家共同生活，然而宋美丽并没有回到农村与钱建国一起生活，而是搬出钱多多的住所另行在县城一出租屋中居住。2009 年 2 月，宋美丽将其夫钱建国诉至法院，要求其每月支付住宿费 300 元、生活费 300 元。法院经过审理，最终判决钱建国向宋美丽每月支付扶养费 300 元，驳回了其要求 300 元住宿费的诉讼请求。

法津分析‖

根据我国《婚姻法》第 13 条的规定："夫妻在家庭中地位平等。"这种地位平等主要是指夫妻之间的权利义务平等，包括夫妻在人身方面与财产方面的平等，不允许任何一方只享受权利不履行义务，或只履行义务而不享有权利。在婚姻关系存续期间，根据我国《婚姻法》第 14 条、第 15 条规定：第一，夫妻双方都有各用自己姓名的权利，且在子女的姓名问题上，《婚姻法》第 16 条规定："子女可以随父姓，也可以随母姓"。这都表明夫妻双方在法律上是完全平等，在人格上也是完全独立的，不存在一方依附另一方的人身关系。结婚后，姓氏并不发生改变，不必随夫姓。

在子女的姓氏问题上，子女可以随父姓，也可以随母姓。第二，夫妻双方都有参加生产、工作、学习和社会活动的自由，一方不得对他方加以限制或干涉。在现实生活中，由于长期受封建社会夫权统治思想的影响，常常有夫妻一方限制或剥夺另一方学习、参加社会活动的权利和自由的现象，这都是违反我国法律法规的行为。第三，夫妻之间对共同财产享有平等的所有权，夫妻在婚姻关系存续期间，无论属于双方或者一方的收入，也无论各自收入数量的多少，也无论其中一方有无收入，双方都享有平等的所有权；如《婚姻法》第17条规定："夫妻在婚姻关系存续期间所得的下列财产，归夫妻共同所有：（一）工资、奖金；（二）生产、经营的收益；（三）知识产权的收益；（四）继承或赠与所得的财产，但本法第18条第3项规定的除外；（五）其他应当归共同所有的财产。夫妻对共同所有的财产，有平等的处理权"。第四，夫妻间享有相互继承对方遗产的权利，如在没有遗嘱的情况下，丈夫去世在先，那么其妻子作为配偶享有法定第一顺位继承权；同理，如妻子现行去世，其夫也同样享有继承其遗产的权利。

　　另一方面，根据《婚姻法》第16条、第20条的相关规定，夫妻在家庭中的主要义务包括以下两种情况：①夫妻双方都有实行计划生育的义务。计划生育是我国的一项基本国策，这是由我国国情所决定的。不能片面地将计划生育理解为只是妻子单方面的义务和责任，与丈夫无关，这种思想和做法都是不正确的。它是夫妻双方共同的法定义务，具有一定的强制性。夫妻双方在共同生活中，应协商一致，互相配合，积极采取有效措施，自觉履行这一法定义务，做知法、爱法、守法的合格公民。②夫妻有互相扶养的义务。一方不履行扶养义务时，需要扶养的一方，有要求对方给付扶养费的权利。扶养是一种法律关系，扶养方为义务人，被扶养方为权利人，只有义务人履行扶养义务，才能保证权利人享受权利。扶养是夫妻间相互对等的义务，不是单方义务，也就是说丈夫有扶养妻子的义务，妻子有扶养丈夫的义务。在我国目前男女经济地位还有差别的情况下，在夫妻扶养问题上应当特别的注意保护女方的合法权益。夫妻因扶养发生纠纷时，可由有关部门进行调解，或向人民法院提起诉讼。

在本案中，被告人钱建国作为宋美丽的合法丈夫，在有一定经济基础的前提下（每月有离休薪酬），有能力扶养其妻子宋美丽。因此，当宋美丽起诉法院要求其夫钱建国每月支付其300元的生活费时，得到了法院的支持；而在二人有住所的情形下，宋美丽的住宿费并非其生活的必要支出，所以难以获得法院的支持。故法院上述判决既符合法律规定，又符合社会大众的一般情理。

10. 已有配偶一方又与第三者以夫妻名义共同生活，是否构成重婚罪？

典型案例

自诉人窦西施与被告人严霸天于2008年8月8日依法登记结婚，结为合法夫妻，婚后两人感情较好。次年3月3日，被告人严霸天（网名"单身酷男"）通过聊QQ认识了单身女青年赵飞燕（网名"为爱痴狂"），经多次约会谈心，两人感情急剧升温，都觉相见恨晚，遂于2009年5月20日以夫妻名义在本市长安区中山路逍遥小区52号214房间同居生活。在此过程中，被告人严霸天向赵飞燕隐瞒了自己已经与窦西施结婚的事实，当然自诉人窦西施也同样被蒙在鼓里。世上没有不透风的墙，半年后，有人将严霸天与赵飞燕同居的情况告诉了窦西施，并被窦西施暗中跟踪严霸天所证实。2010年初，自诉人窦西施以重婚罪为由将被告人严霸天起诉至长安区人民法院。长安区人民法院经审理认为，被告人严霸天与赵飞燕公开以夫妻名义共同生活，其行为已经构成了我国《刑法》上的重婚罪，最终判决被告人严霸天犯重婚罪，判处有期徒刑六个月。

法津分析

所谓重婚，是指有配偶又与他人结婚或者明知他人有配偶而与之结婚的行为。在我国重婚行为，不仅仅是《婚姻法》所明令禁止的行为，也是《刑法》所予以规范的犯罪行为。其中，我国《婚姻法》中有明文规定，如禁止重婚，禁止有配偶者与他人同居；有重婚情形的，婚姻无效；重婚或有配偶者与他人同居的，经调解无效，应准予离婚；对重婚的，依法追究刑事责任等等。我国《刑法》第258条规定："有配偶而重婚的，或者明知他人有配偶而与之结婚的，处二年以下有期徒刑或者拘役。"而构成重婚须具备以下两个要件：① 当事人一方或者双方已存在有效的婚姻关系。这是构成重婚的前提条件。如果双方之间均没有婚姻关系的存在，是未婚、离婚或丧偶的人，不能构成重婚。一方或双方虽有婚姻关系，但其婚姻已被宣告无效或被撤销，亦不能构成重婚。无效婚姻和可撤销婚姻必须经由法定程序认定。对于无效婚姻或可撤销婚姻的当事人，在其婚姻未经法定程序宣告无效或撤销之前，仍属于有配偶的人，若与他人结婚，构成重婚。②有配偶者与他人结婚，包括两种形式：一是，有配偶者又与他人登记结婚，这为法律上的重婚；二是，虽未经结婚登记，但又与他人以夫妻关系同居生活，这为事实上的重婚。现实生活中基本上是事实上的重婚为重婚的主要表现形式。同居不等于重婚。有配偶者与他人同居，是指有配偶者与婚外异性，不以夫妻名义持续、稳定地共同生活居住。俗称为姘居。

在认定重婚时应当注意以下问题：①有配偶者与他人同居与重婚的区别。重婚系是以夫妻关系的名义共同生活，而有配偶者与他人同居则不是以夫妻名义同居生活。②有配偶者与他人同居与那些应由道德规范调整的通奸、婚外恋等行为相区别。通奸是指双方或一方有配偶的男女，秘密、自愿发生两性关系的行为。婚外恋则泛指已婚者与配偶之外的人发生恋情。通奸、婚外恋都属于有悖社会主义道德的行为，一般由道德规范调整。而有配偶者与他人同居则属于婚姻法禁止的违法行为，行为人要承担相应的法律责任。《婚姻法》第3条规定："……禁止重婚。禁止有配偶者与他人同居……"③有配偶者与他人同居的民事法律后果。《婚姻法》不但在总则中明令禁止有配偶者与他人同居，而且还在其他章节的相关条文中规定了这一违法行为的法律后果和法律责任。究其原因，重婚行为不仅严重破坏了我国的一夫一妻制度，严重违背了夫妻之间应当相互忠实的义务，并且极大地损害了有配偶方的婚姻家庭生活秩序，不利于维护社会的稳定。

同时，最高人民法院于1994年12月14日在《关于〈婚姻登记管理条例〉施行后发生的以夫妻名义非法同居的重婚案件是否以重婚罪定罪处罚的批复》中指出：新的《婚姻登记管理条例》（1994年2月1日由民政部发布）发布施行后，有配偶的人与他人以夫妻名义同居生活的，或者明知他人有配偶而与之以夫妻名义同居生活的，仍应按重婚罪定罪处罚。根据司法实践经验，重婚行为主要有以下几种类型：①与配偶登记结婚后，与他人又登记结婚而重婚。也即两个法律婚的重婚。有配偶的人又与他人登记结婚，有重婚者欺骗婚姻登记机关而领取结婚证的，也有重婚者和登记机关工作人员互相串通作弊领取结婚证的。②与配偶登记结婚的，与他人没有登记确以夫妻关系同居生活而重婚，此即为先法律婚后事实婚型。③与配偶和他人都未登记结婚，但与配偶和他人曾先后或同时以夫妻名义同居而重婚，此即两个事实婚的重婚。④与原配偶未登记而确以夫妻名义共同生活，后又与他人登记结婚而重婚，此即先事实婚后法律婚型。⑤没有配偶，但明知对方有配偶而与其登记结婚或以夫妻名义同居而重婚。由此可知，重婚在一定程度上和事实婚姻挂上了钩。

最高人民法院《关于执行〈中华人民共和国刑事诉讼法〉若干问题的解释》（以下简称《刑事诉讼法司法解释》）第2条规定"犯罪地是指犯罪行为地"。就重婚案件而言，地区管辖的分歧主要是由于重婚案件的特殊性引起的，重婚案件的特殊性表现在以下三个方面：①被告人，也即重婚行为人通常有二人，一人不可能单独重婚；②被告人的居住地与犯罪行为地通常是一致的；③重婚的犯罪行为地有可能为多处，即多处重婚。

在重婚案件中，被告人居住地应包括有重婚犯罪行为的所有被告人的原户籍所在地、各重婚犯罪行为地。所有被告人的原户籍所在地的人民法院、犯罪行为地的人民法院都有管辖权，对被害人选择其中之一提起自诉的，人民法院都应当受理，而不应互相推诿。对被告人多处重婚，被害人向多处有管辖权的法院提起自诉的，应由最初受理的人民法院管辖，其他已受理的人民法院可将案件移送最初受理的人民法院，若从法院的角度来理解"更为适宜"就易导致管辖权的互相推诿，若从被害人的角度出发来理解"更为适宜"，及时受理重婚案件，则不仅便于重婚案件被害人及时行使自诉权，而且可以避免管辖权的推诿，提高人民法院的工作效率，还有可能防止和制止因重婚纠纷导致的一些不法行为及犯罪行为。

根据《刑事诉讼法司法解释》第1条的规定，三类自诉案件的具体范围如下。告诉才处理的案件包括：①侮辱、诽谤案，但严重危害社会秩序和国家利益的除外；②暴力干涉婚姻自由案；③虐待案；④侵占案。人民检察院没有提起公诉，被害人有证据证明的轻微刑事案件包括：①故意伤害案；②非法侵入住宅案；③侵犯通信自由案；④重婚案；⑤遗弃案；⑥生产、销售伪劣商品案，但严重危害社会秩序和国家利益的除外；⑦侵犯知识产权案，但严重危害社会秩序和国家利益的除外；⑧属于刑法分则第四章侵犯公民人身权利、民主权利罪和第五章侵犯财产罪规定的对被告人可能判处三年以下刑罚的案件。以上八项案件，法院受理后对于证据不足的可移送公安机关受理，认为被告人可能判处三年以上有期徒刑的应移送公安机关立案侦查。对于公安机关或者人民检察院应追究责任不追究时，起诉时需要提供相应机关作出不予受理的书面决定。

重婚是我国封建主义婚姻制度的残留，是腐化享乐主义思想在婚姻关系上的表现。在社会主义社会里，重婚是不允许的。但是，在市场经济体制建立与逐步健全的今天，重婚观念依然存在。重婚是一个非常复杂的现象，在处理重婚案件时，罪与非罪的界限往往难以区分。应从以下几个方面来区分重婚罪与非罪的界限：①要区分重婚罪与有配偶的妇女被拐卖而重婚的界限。近几年来，拐骗、贩卖妇女的犯罪相当严重。有的妇女已经结婚，但被犯罪分子拐骗、贩卖后被迫与他人结婚，在这种情况下，被拐卖的妇女在客观上尽管有重婚行为，但其主观上并无重婚的故意，与他人重婚是违背其意愿的、是他人欺骗或强迫的结果。②要区分重婚罪与临时姘居的界限。姘居，是指男女双方未经结婚而临时在一起以夫妻名义共同生活，不构成重婚罪。最高人民法院1958年1月27日在《关于如何认定重婚行为问题的批复》中指出：如两人虽然同居，但明显只是临时姘居关系，彼此以"姘头"相对待，随时可以自由拆散，或者在约定时期届满后即结束姘居关系的，则只能认为是单纯非法同居，不能认为是重婚。③从情节是否严重来区分罪与非罪的界限。在实践中，重婚行为的情节和危害有轻重大小之分。

然而，根据《刑法》第13条规定，"情节显著轻微危害不大的，不认为是犯罪"。所以，有重婚行为，并不一定就构成重婚罪。只有情节较为严重，危害较大的重婚行为，才构成犯罪。根据立法精神和实践经验，下面两种重婚行为不构成重婚罪：①夫妻一方因不堪虐待外逃而重婚的。实践中，由于封建思想或者家庭矛盾等因素的影响，夫妻间虐待的现象时有发生。如果一方，尤其是妇女，因不堪虐待而外逃后，在外地又与他人结婚，由于这种重婚行为的动机是为了摆脱虐待，社会危害性明显较小，所以不宜以重婚罪论处。②因遭受灾害外逃而与他人重婚的。因遭受灾害在原籍无法生活而外流谋生的。一方知道对方还健在，有的甚至是双方一同外流谋生，但迫于生计，而不得不在原夫妻关系存在的情况下又与他人结婚。这种重婚行为在主观上尽管有重婚故意，但其社会危害性不大，也不宜以重婚罪论处。

11. 夫妻之间签订的忠诚协议效力如何？

典型案例‖

2005年10月，本地经商的蒋志超和超市营销员李冬梅（二人均离过婚），经朋友介绍双方相识，彼此对对方都有好感。经过一年多的相处，2006年腊月，双方决定结婚。但是，身为女性的李冬梅害怕自己再次受到伤害，便提出结婚时在平等的条件下订立一份夫妻忠诚协议，约定在共同生活期间互敬互爱，对家庭、配偶、子女有道德观和责任感，并在协议第四项"违约责任"中特别规定："若一方在婚内由于道德品质上的问题，出现背叛另一方不道德的行为（婚外情），并要以事实为依据，将受到法律制裁和经济赔偿，作为一方对另一方名誉损失及精神损失等赔偿，双方商定赔偿金额为10万元人民币。"急于结束单身生活的蒋志超非常爽快地和李冬梅签订了协议，并信誓旦旦地表示自己决不会背叛她。李冬梅信以为真，并与蒋志超到本县民政局办理了结婚登记手续，并开始共同生活。

然而，让人没想到的是，好景不长，结婚一年后，李冬梅就听到社会上流传很多关于自己老公蒋志超的绯闻，但由于没有证据，李冬梅只能将信将疑，有一次，李冬梅在上班的时间回家拿东西，打开门一看，发现自己的丈夫竟和一个年轻的女人睡在自己的床上，气愤不已的李冬梅和丈夫发生厮打，并引来邻居们围观，大家都责怪蒋志超不应该背叛自己的妻子。从此之后，夫妻两人感情一直不和，蒋志超经常夜不归宿，有时回家喝得醉醺醺并打骂李冬梅。经多人劝解无效，李冬梅无奈之下于2008年底向法院起诉与蒋志超离婚，并要求对方支付违反"忠诚协议"的罚金10万元。

法院审理后认为，该案所涉夫妻忠诚协议乃被告蒋志超和原告李冬梅二人在自愿基础上订立的，意思表示真实、合法，故该协议有效，且李冬梅提供的相关证据也证实了被告蒋志超与其他女性存在一些行为，可以认定被告蒋志超已经违背了夫妻间关于彼此忠实的约定，对于夫妻间的忠诚协议，由于没有违反法律规定，应予认可，法院最终判决二人离婚，被告蒋志超支付原告李冬梅10万元，其他夫妻共同财产按法律规定予以分割。

法律分析

夫妻忠诚协议，是指具有合法婚姻关系的夫妻双方所约定的夫妻双方不得违反的婚外性行为义务、约定违约责任、以变更夫妻人身权利义务或财产权利义务为内容的协议，目的是为了维系夫妻双方婚姻关系的持续稳定，或者是为了惩罚有过错方而达成的协议。夫妻忠诚协议，事实上就是夫妻二人在婚前或婚姻关系存续期间，在平等协商的基础上签订的协议。夫妻忠诚协议的内容大致包括夫妻双方中有一方发生不忠行为则必须离婚，同时有不忠行为的一方将丧失子女探视权、监护权，并于婚后放弃共同财产中的部分归对方或子女等第三人所有等。"忠诚协议"是婚姻双方约束婚内相互忠诚的契约。《婚姻法》规定，夫妻双方有相互忠实的义务。这个协议不但不违反法律规定，还顺应了社会公德的要求。"忠诚协议"在现实生活中的出现，一方面是因为我国社会处于转型加速期，给婚姻家庭以及两性关系带来了更多挑战，"婚外情"之类的事情频频发生，很多人对婚姻和爱情存有危机感，认为仅靠道德和舆论监督，不能够解决人们对情感的信任危机；另一方面，人们的法律意识逐渐提高，已经习惯以签合同的方式来约定某些事情。以签订"夫妻间忠诚协议"的方式来约定双方的感情，即是自然延伸出给双方婚姻和情感多一层保护的法律手段。

当然，赋予夫妻"忠诚协议"以法律拘束力并不意味着协议的一切内容都是有效的，只有对"忠诚协议"的有效性进行一定的限制才能使其更好地发挥作用。第一，违反法律法规的强行性规定的条款无效。对于这些违反法律法规强行性规定的条款，可以借鉴美国《家庭解散法律原则》的方法：由于"订立协议时处在不同生活环境下的当事人充分察觉协议条款的影响的能力的局限性"，应将婚姻协议在强制履行时是否公平作为要件之一，并将公平理念细节化，使之具有操作性。在实践中，首先判断婚姻协议签订后是否发生了"重大情势变化"，如果有，法官要结合下列因素判断是否公平：① 协议的结果和无协议的结果之间差异的程度；② 婚姻持续时间的长短；③ 履行协议对当事人的子女的影响。对违反公平的条款判定无效。第二，法律无明文规定时依照伦理道德裁判。由于"忠诚协议"是规范夫妻感情生活的，它的纷繁复杂决定了协议中规定的许多内容法律都没有明文规定。比如"夫妻间要保持每星期两次的性生活"、"夫妻一方无正当理由不得夜不归宿"、"不得对配偶爱答不理"等。但是法律无明文规定并不意味着法官无从审理案件。《婚姻法》带有明显的伦理性。伦理就是维护人们之间的正常关系和秩序的道德标准，婚姻家庭关系比其他人际关系具有更深刻的伦理性，《婚姻法》在修订中多次将合乎伦理道德的行为上升为法律。我国社会主义婚姻家庭法律规范，不仅具有法律上的约束力，而且具有强大的道德力量和教育作用。所以在遇到上述问题时，法官要综合考虑各种因素，尽量从当事人双方的感情基础出发，结合社会普遍认知的伦理道德和公序良俗来审理案件。例如：如果夫妻一方仅以对方没能依约"保持每星期两次的性生活"而认为当事人感情破裂，要求离婚的，法院应当按照伦理道德和公序良俗的一般要求，判决该"忠诚协议"无效，以达到维护家庭稳定、教育双方要互敬互爱、呼吁所有家庭用心经营文明婚姻的目的。第三，约定不明确的内容视为未约定。夫妻"忠诚协议"是依据婚姻当事人的一般认知订立的，很少涉及法言法语，甚至有些内容的界定很模糊，最终导致的结果就是在婚姻背叛实际发生时，因条款的界定不清使得"忠诚协议"无法生效。比如协议中界定"忠诚"常用"彼此相爱"、"不能嫌弃"、"不拈花惹草"等来形容，而这些词语纯粹是由道德的评判标准确定的，法律对此没有明文规定。法律毕竟不是万能的，它无法调整和规制人的感情世界。法官在审查这样一份约定不明确的"忠诚协议"，因没有衡量和判定的标准无法认定双方是否还相爱、是否"身在曹营，心在汉"，只能视为忠诚协议中未约定"违约责任"。

　　结合本案，法院最终支持女方诉讼请求的判决是正确的。婚姻事实上可以推定为特定男女当事人之间存在的一种契约，"夫妻间互相忠实"则属于夫妻双方当事人之间当然的义务。本案当中的协议就是两个具有完全民事行为能力的人（原告李冬梅与被告蒋志超）在不违反法律和不损害公序良俗的前提下，经意思表示真实一致，自愿增设了关于身份关系的违约责任条款。婚姻法的基本原则之一就是夫妻应当互相忠实，相互尊重，维护平等、和睦、文明的婚姻家庭关系。案件中的两位当事人为了促进双方的互敬互爱，树立良好的道德观和家庭责任感，签订协议，不但没有违反法律规定，而且遵循了婚姻法的原则和具体规定，并无不当之处。夫妻双方本应遵循诚信原则，按照约定全面履行自己的忠实义务，而当一方由于过错不履行该义务，侵害了对方的人身权利时，就应当承担民事责任。

《婚姻法》第46条规定："有下列情形之一，导致离婚的，无过错方有权请求损害赔偿：（一）重婚的；（二）有配偶者与他人同居的；（三）实施家庭暴力的；（四）虐待、遗弃家庭成员的。"《婚姻法解释（一）》第28条规定："婚姻法第四十六条规定的'损害赔偿'，包括物质损害赔偿和精神损害赔偿。涉及精神损害赔偿的，适用最高人民法院《关于确定民事侵权精神损害赔偿责任若干问题的解释》的有关规定。"第29条规定："承担婚姻法第四十六条规定的损害赔偿责任的主体，为离婚诉讼当事人中无过错方的配偶。""忠实义务"有法可依，反映了法律一方面对健康的婚姻道德精神的大力提倡，另一方面法律可以借助国家强制力，制裁有过错者，起到双重的保障和教育作用，有助于树立规则的权威性。

12. 男女未进行结婚登记而同居，同居关系能否请求法院解除？

典型案例

2005年10月，孙绍海与林诗音在一次婚宴上认识，双方对彼此都有好感，此后两人开始自由恋爱。次年12月，双方在未办理结婚登记手续的前提下开始同居生活。2007年6月双方关系开始逐渐恶化，常因一些生活琐事而发生矛盾，争吵不断，同年10月份，林诗音回父母家居住，后再未主动与孙绍海联系。孙绍海多次登门寻找，林诗音一直避而不见，两人遂成陌路。在此情况下，

第一篇 婚姻家庭继承基本法律常识及热点问题答疑 ‖ 33

孙绍海于2009年4月向人民法院提起诉讼，请求法院解除双方的同居关系，但法院经审查后不予受理。

法律分析

同居关系，有广义和狭义之分。其中狭义同居关系，是指男女双方没有依法缔结正式的婚姻关系而在一起共同居住生活，是男女双方自愿选择的一种生活方式，但这种关系是脆弱的两性关系，不仅同居双方的利益无法得到法律保障，而且增加了社会的负担和不安定因素。同居关系不同于合法婚姻，它是不以终身共同生活为目的的临时组合。根据《婚姻法解释（一）》第2条规定，该司法解释取消了"非法同居"这一法律用语，而以"同居关系"代之。我国现行《婚姻法》明文禁止有配偶者与他人同居的行为，所以同居的男女双方虽然没有经过合法程序结为夫妇，但是双方都应当没有配偶。有配偶者与他人同居是指有配偶者与婚外异性，不以夫妻名义，持续、稳定地共同生活。同居关系的构成要件一般为：①同居关系的主体是男女双方，即必须为异性男女；②同居关系双方未进行结婚登记；③同居关系双方是以共同生活为目的；④同居关系双方是以公开的夫妻名义或不以夫妻名义但持续、稳定地共同生活。

本案涉及的法律问题主要是未婚同居感情不和时一方能否请求法院解除两人的同居关系。根据2004年4月1日起施行的《婚姻法解释（二）》第1条规定："当事人起诉请求解除同居关系的，人民法院不予受理。但当事人请求解除的同居关系，属于婚姻法第三条、第三十二条、第四十六条规定的'有配偶者与他人同居'的，人民法院应当受理并依法予以解除。当事人因同居期间财产分割或者子女抚养纠纷提起诉讼的，人民法院应当受理。"也就是说，①对于单纯的解除同居关系纠纷，人民法院按规定一律不予受理。同居关系双方都是未婚的男女，他们在一起共同生活，是其对自己生活状态的一种选择，婚姻法虽然不鼓励，但也并未明文禁止。所以，此类同居关系的存在与解除，法律既不干涉也不支持。本案孙绍海与林诗音的情形不属于婚姻法所规定的"有配偶者与他人同居"的情形，也不是因同居期间财产分割或子女抚养纠纷提起诉讼的，孙绍海仅要求解除双方的非法同居关系，因此人民法院不予受理是正确的。②当事人请求解除属于有配偶者与他人同居所形成的同居关系的，人民法院应当受理。"有配偶者与他人同居"所形成的同居关系，是被修改后的婚姻法所明文禁止的行为。这种同居关系，与一般未婚同居关系的性质不同，当事人请求解除此类同居关系时，人民法院必须受理，并依法解除。③对于因同居关系产生的财产分割及子女抚养纠纷诉至法院的，人民法院要依法受理。④对事实婚姻，人民法院应将它与合法婚姻关系一样对待。构成事实婚姻的截止时间是 1994 年 2 月 1 日，这是指双方均符合结婚实质要件的截止日期。不论双方共同生活的时间长短，也不论双方共同生活初期或者某个阶段中可能还不符合婚姻关系的实质要件，但只要在 1994 年 2 月 1 日这一天之前具备了结婚实质要件的，都认定为事实婚姻。

13. 同居关系解除后，财产及子女问题如何处理？

典型案例

2007 年初，原告薛宝钗与被告贾宝玉以夫妻名义共同生活，但一直没有到本县民政局办理结婚登记手续。双方于 2008 年 9 月 23 日生育一男孩贾文才，现年六岁。两人同居期间在村里经营一家小卖部，生意很好，在本村盖了一栋两层房屋，共 12 间，价值约 11 万元。现在双方有 107 000 元现金，价值 27 000 元的小汽车一辆，价值 5 000 元的虫草，均由男方保管；双方有共同债权共

117 000 元；双方有共同债务共 255 500 元。2012 年底，原告薛宝钗与被告贾宝玉两人之间开始闹矛盾，甚至打闹，经多方调解无效。2013 年 5 月，原告薛宝钗将被告贾宝玉起诉到本县人民法院，要求法院判决二人离婚并分割共同财产，小孩由原告抚养，被告支付抚育费并赔偿原告的"青春损失费"。

法院受理后认为，原告薛宝钗与被告贾宝玉未经法定结婚登记，以夫妻名义共同生活将近七年，属同居关系，且双方均不属有配偶者与他人同居，故原告提出的离婚之诉，实质上本是解除同居关系之诉。按照《婚姻法解释（二）》第 1 条的规定，"当事人起诉请求解除同居关系的，人民法院不予受理。但当事人请求解除的同居关系，属于《婚姻法》第三条、第三十二条、第四十六条规定的'有配偶者与他人同居'的，人民法院应当受理并依法予以解除。当事人因同居期间财产分割或者子女抚养纠纷提起诉讼的，人民法院应当受理"。法院对于原告提出的解除同居关系的诉讼请求不予受理，但仍依法对双方财产分割和子女抚养纠纷作出处理。

同居期间的共同财产是指由双方共同管理、使用、收益、处分以及用于清偿债务的财产。原告薛宝钗与被告贾宝玉不属夫妻关系，故其共同财产不能认定为夫妻共同财产，而对其同居期间的财产可以按照共同共有关系处理。双方解除同居关系后，共同财产应当按照照顾子女和女方权益的原则进行分割。

在子女抚养问题上，贾文才只有六岁，尚需抚养人精心照顾，被告贾宝玉系驾驶员，经常出车在外，难以有足够的时间将小孩照顾好，本着有利于未成年人成长的原则，小孩应由原告薛宝钗抚养，被告贾宝玉应当支付抚育费。参照最高人民法院《关于人民法院审理离婚案件处理子女抚养问题的若干具体意见》第 7 条第 2 款、第 3 款的规定，"有固定收入的，抚育费一般可按其月总收入的百分之二十至三十的比例给付。无固定收入的，抚育费的数额可依据当年总收入或同行业平均收入，参照上述比例确定"。

法津分析

自《婚姻法解释（二）》颁布实施之后，对当事人起诉请求解除同居关系的案件，人民法院已不再受理。仅对同居期间涉及同居关系的子女抚养、财产纠纷才予以立案处理。故在上述原告薛宝钗诉被告贾宝玉一案中，法院对于原告薛宝钗提出的离婚诉讼请求不予受理，但依法对原被告双方财产分割和子女抚养纠纷作出处理的做法是正确的。

对于同居前取得的财产归各取得人所有已成共识。关于男女同居期间的财产，一般是指男女双方或一方在同居期间取得的合法收入或财产。主要包括：公民的收入、房屋、储蓄、文物、图书资料、林木、牲畜、家禽、知识产权中的财产性权利以及法律允许公民所有的其他生产资料、生活资料。同居期间的财产可作如下划分：第一，按财产与人身关系的联系性划分，可分为：①因人身关系取得的财产，如赔偿金、劳保待遇、抚恤金、转业安置费、医疗费、保险费、救济金等；②非人身关系财产，如劳动创造的产品、工资、产权收益等。第二，按财产取得方式划分，可分为：①原始取得的财产，如生产创造的财富、劳动所得、孳息；②继受取得的财产，如买卖所得、博彩所得、受赠财产、继承财产。第三，按财产取得时间划分，可分为：①同居前取得的财产；②同居后取得的财产，同居后取得的财产又分为共同生活期间取得的财产和分居期间取得的财产。

根据最高人民法院《关于人民法院审理未办结婚登记而以夫妻名义同居生活案件的若干意见》规定，"双方共同所得的收入和购置的财产，按一般共有财产处理"。而对一方所得收入和财产未予规定。据此，同居期间的财产性质可以作如下界定：同居期间双方共同所得收入和购置的财产为一般共有财产，一方所得收入和购置的财产在对方没有辅助性劳动和提供生活帮助的情况下应归该一方个人所有。而对于同居后的财产归属，一般情况下是同居后一方的收入或财产，原则上应归该方当事人所有。但另一方当事人对取得该财产的当事人在取得该财产时有资助，或在取得该财产的过程中有辅助性劳动及提供生活帮助的，则该收入或财产应为一般共有。可根据当事人在取得财产中的作用大小，确定不同的份额。同居后共同购置的财产属同居双方当事人共有；对于按份取得的，应当确定为按份共有，不能确定按份额的则按共同共有处理。同居后分居期间的收入或财产归各取得当事人所有。同居双方对财产有约定的按双方的约定处理。因人身关系取得的财产一般应归该具有人身关系的当事人所有。继受取得的财产归继受取得人所有，但买卖、互易、博彩取得的财产，当以原始资本所有人为产权人。对于权属不明的财产，双方又无证据证明其归属方的，推定为共有财产。因共同生产、生活形成的债权、债务为共同的债权、债务。可以确定份额的，依份额享有和承担。因抚养共同的子女所形成的债务为共同债务，因抚养各自的子女及赡养形成的债务为义务人个人债务。

关于子女抚养问题，同居期间所生子女为非婚生子女，根据最高人民法院《关于人民法院审理未办理结婚登记而以夫妻名义同居生活案件的若干意见》的规定，人民法院审理涉及非婚生子女抚养和财产分割时，应一并予以解决。关于未成年子女的抚养权和抚养费问题，按照《婚姻法》规定的父母子女关系予以处理，首先由双方协商；协商不成的，人民法院应根据子女利益和双方的具体情况作出判决。哺乳期内的子女在原则上应由女方抚养，如果女方有不利于子女健康成长的疾病、恶习的，或者男方条件好，女方同意的，也可以由男方抚养。子女有辨识能力和判断能力的，应当征求子女本人的意见。具有抚养权的一方将未成年人送养别人的，须征得对方同意。即非婚生子女享有与婚生子女同等的权利，任何人不得加以危害或歧视。据此规定，同居关系子女抚养与离婚诉讼中的子女抚养没有区别。值得注意的是，在法律、法规适用上，不仅要引用最高人民法院《关于人民法院审理未办理结婚登记而以夫妻名义同居生活案件的若干意见》中的相关条款，而且还要引用《婚姻法》中的相关条款，如探视权的问题在该意见中没有规定，但不直接抚养非婚生子女的一方父亲或母亲同样享有《婚姻法》关于探望子女的权利。

需要特别指出的是，因同居关系纠纷不是人民法院的调整范围，因此，在判决书中不能出现解除当事人同居关系的判决。如果以调解方式结案的，当事人自愿解除同居关系的，应予准许，并在调解书中予以载明。

14. 夫妻之间的财产能否明算账？

典型案例

2004年9月，王理想（男）与夏爱雪（女）二人成为了大学同学，不久两人之间关系由普通同学发展为亲密恋人。2008年6月毕业后，两人便在双方父母的帮助下，举办了结婚仪式，办理了结婚登记手续，开始了平静的夫妻家庭生活。2009年夏，静极思动，王理想告诉夏爱雪，自己一直不满意朝八晚五的公务员生活，决定辞职，自己开家服装加工厂。夏爱雪知道后，坚决不同意，她对王理想的现在工作很满意，认为不应该放着好好的公务员工作不干，而去下海经商。两人谁也没法说服对方，最后夏爱雪妥协了，但她认为必须有个前提，那就是把家里的财产分得泾渭分明，不能因为生意上的风险影响二人的基本生活。于是两人签订了一份书面协议，主要内容如下：①王理想在外开服装加工厂挣的钱或欠的债，都由王理想所有，夏爱雪既不分红，也不帮忙还债；②两人结婚时共同出资购买的婚房，归夏爱雪所有；③一辆白色海马轿车，归王理想所有。三下五除二，夫妻之间的问题都迎刃而解了。

其他问题接踵而至，开办服装加工厂需要大量的流动资金，王理想的积蓄根本不够，于是打算向他的好友马小龙借20万。夏爱雪知道此事后，急忙把她与王理想当初签的财产协议让马小龙看，希望他不要将钱借给王理想。马小龙看后一笑，并未放在心上，基于朋友情谊还是把钱借给了王理想。人如其名，王理想的确太理想。由于自己缺乏经商经验，服装加工厂成立不到一年就倒闭了。王理想赔得一塌糊涂，根本无力归还马小龙的20万。马小龙正值用钱之际，在多次向王理想索要20万无果后，将王理想起诉至法院。法院受理案件后，经审理，最终判决由被告王理想一人承担其对原告马小龙的20万元欠款。

法津分析

本案中的夫妻明算账问题，在法律上被称为约定财产制或契约财产制，是指法律允许"夫妻"用协议的方式，对夫妻在婚姻关系存续期间所得财产以及婚前财产的归属、管理、使用、收益、处分及债务的清偿、婚姻解除时财产的清算等事项做出约定，排除法定夫妻共同财产制适用的制度。当然，如果没有约定或约定不明确的，适用婚姻法关于共同财产制或个人财产制的规定。这种制度不仅可以约定结婚前财产和结婚后所得财产的归属、处分和收益，也可以约定婚姻关系存续期间的对外债权债务问题，还可以进一步约定如果双方离婚，共同财产如何分割。男女双方一旦签订了财产约定协议，法律上规定的夫妻财产共有制度将不再适用。

我国夫妻约定财产制度的建立与发展是随着我国的社会、经济、思想等方面的发展而不断完善的。中华人民共和国成立初期，人们普遍没有个人财产的意识，公有制度是当时的经济和思想主流。当时的夫妻甚至连温饱问题都没办法保障，更不要说有其他夫妻财产，也就更不会有明确夫妻财产关系的需要。因此 1950 年的《婚姻法》未对夫妻财产约定做出明文规定。随着改革开放和私有财产的增加，人们开始理性地对待私有财产的问题。在随后的宪法修订过程中肯定了多种经济结构和多种分配方式并存的合理性与合法性。一部分人也在随后的改革开放浪潮中逐渐积累了丰厚的私有财产。同时随着人们婚姻家庭观念的逐渐转变，社会上出现了约定夫妻财产的需要和夫妻财产公证的实际情况。

　　1980 年的《婚姻法》为适应社会政治、经济、家庭关系发展的需要，在第 13 条第 1 款中规定："婚姻关系存续期间所得财产归夫妻双方共有，但另有约定的除外"。自此，我国夫妻约定财产制作为法定财产制的必要补充，得以正式确定。但是法律对夫妻约定财产制无具体规范，现实中夫妻如何采用约定财产制，并无具体根据。但随着我国经济的发展，人民物质文化生活水平的不断提高，公民的家庭财产的日益增加，夫妻财产关系日益复杂，人们的婚姻家庭观念也发生了新变化。

　　2001 年《婚姻法》，改变了 1980 年《婚姻法》规定夫妻财产约定制仅为补充的从属地位，允许婚姻当事人实行约定财产制度，并对夫妻约定财产制作了较大修改和补充，为了适应日益纷繁复杂的夫妻财产关系，满足不同社会阶层对夫妻财产制度的要求，放弃了原法采用的开放式夫妻约定财产制度模式，改采封闭立法模式，明确提供了三种夫妻财产制度供婚姻当事人选择；提出了明确的书面形式的要求；对夫妻约定财产的效力做出了明确规定等等。

　　夫妻双方在进行财产约定时，应当具备以下几个条件：①在签订财产协议时，夫妻二人都应具有完全民事行为能力，双方都没有医学上所认为的精神疾病，都能辨认和控制自己的行为，都清楚明白地知道自己行为的目的和意义；②须双方意思表示真实，没有被欺骗或胁迫签约的情况，签订条约完全出于双方的自愿，没有对方或第三人的非法强制或干涉；③财产协议约定内容须明确具体、合法，不能借此约定损害第三人或者社会的正当利益；④约定应当采用书面形式，不能采取口头方式，不能只是口头上说说，得白纸黑字，一目了然。

　　财产约定协议签订后，对夫妻双方都有约束力，一方如果希望约定协议失效、部分内容失效或者改变原有协议中的部分内容，都必须经过对方的同意，否则不会发生法律效力。根据《婚姻法》第 19 条的规定，夫妻约定财产制的效力包括对内效力与对外效力三方面的内容：①夫妻财产约定对内效力。夫妻财产约定对内效力是指夫妻财产约定对婚姻关系当事人的拘束力。《婚姻法》第 19 条第 2 款规定，"夫妻对婚姻关系存续期间所得的财产以及婚前财产的约定，对双方具有约束力"。②夫妻财产约定对外效力。夫妻财产约定对外效力是指夫妻对婚姻财产的约定可否对抗第三人。夫妻约定财产的对外效力如何认定，应从债的原理来分析。如果约定事先并没有征得债权人的同意，则该约定不能对抗债权人。债务人不能以债务人内部的约定来变更债的性质。同样，经法院判决、调解所确定关于夫妻共同债务的承担，如事先并没有征得债权人的同意，也仅是对债务人之间关于债务份额的确认，仅对当事人具有法律的约束力，不能变更夫妻共同之债的性质。③适用上的优先效力。婚姻法规定了法定财产制和约定财产制两种，就其适用上来看，约定财产制比法定财产制具有优先效力。夫妻间的财产关系只有当夫妻未为约定时或约定无效或被撤销时，始得适用法定财产制。

　　综上所述，在本案例中，既然王理想和夏爱雪夫妻约定了财产协议，且马小龙在借钱给王理想之前看到过这份夫妻财产协议，说明马小龙对该财产协议内容是明知的。根据《婚姻法》第 19 条第 3 款规定，"夫妻对婚姻关系存续期间所得的财产约定归各自所有的，夫或妻一方对外所负的债务，第三人知道该约定的，以夫或妻一方所有的财产清偿"。故法院最终判决由被告王理想一人承担其对原告马小龙的 20 万元欠款是正确的。

此外，还有一种特殊的约定财产制度。我国《婚姻法》第 40 条规定："夫妻书面约定婚姻关系存续期间所得的财产归各自所有，一方因抚育子女、照料老人、协助另一方工作等付出较多义务的，离婚时有权向另一方请求补偿，另一方应当予以补偿。"这种规定是与我国公民现实家庭生活分不开的，尤其是在广大农村地区，农村妇女婚后在抚养子女、赡养老人等方面为家庭付出了相当大的劳动和代价。为体现全社会的公平正义，这样的倾斜性规定是必需的，也是合理的。当然，需要特别注意的是，这里所说的特殊的约定财产制只适用于夫妻之间已经有书面财产协议约定，但在分割时又出现分歧的情况，并且希望得到补偿的一方也确实对家庭生活做出了应有的贡献和牺牲。

15. 宣告失踪和死亡程序应该怎样走?

典型案例

2001 年 3 月，郝翔宇与包涵韵二人办理了结婚登记手续，开始夫妻共同生活。半年后，郝翔宇为了生计，只身一人外出打工，期间通过电话断断续续与包涵韵及家里人还有联系。直至 2002 年 9 月 10 日，郝翔宇突然音信全无。包涵韵到处寻找丈夫郝翔宇无果，两年后，于 2004 年 11 月底，到其所在区人民法院申请宣告郝翔宇失踪。2005 年初，该区人民法院依法宣告郝翔宇失踪。2007 年 12 月，包涵韵又再次向该区人民法院申请宣告郝翔宇死亡，法院也依法宣告郝翔宇死亡。2009 年 9 月，经人介绍包涵韵与刘胜利办理了结婚登记手续。出人意料的是，2012 年 6 月，失踪多年的郝翔宇回到了家中，并提出要与包涵韵复婚的请求。

法律分析

1. 宣告失踪指经利害关系人申请，由人民法院对下落不明满一定期间的人宣告为失踪人的制度。为消除因自然人长期下落不明所造成的不利影响，法律通过设立宣告失踪制度，通过宣告下落不明人为失踪人，并为其设立财产代管人，由代管人管理失踪人财产，以保护失踪人与相对人的财产权益。它是一种不确定的自然事实状态的法律确认，目的在于结束失踪人财产关系的不确定状态，保护失踪人的利益，兼及利害关系人的利益。

根据《中华人民共和国民事诉讼法》（以下简称《民事诉讼法》）第 183 条的规定，申请宣告公民失踪，必须具备以下五个条件：①必须有公民下落不明满 2 年的事实。所谓下落不明，是指公民最后离开自己住所或居所地后，去向不明，与任何人都无联系，杳无音讯。认定公民下落不明的起算时间，应当从公民离开自己的最后住所地或居所地之日起，连续计算满 2 年，中间不能间断，如有间断，应从最后一次出走或最后一次来信时计算；战争期间下落不明的，从战争结束之日起计算；因意外事故下落不明的，从事故发生之日起计算；登报寻找失踪人的，从登报之日起计算。②必须是与下落不明的公民有利害关系的人向人民法院提出申请。利害关系人，是指与下落不明的公民有人身关系或者民事权利义务关系的人。包括失踪公民的配偶、父母、成年子女、祖父母、外祖父母、成年兄弟姐妹以及其他与之有民事权利义务关系（如债权债务关系）的人。③必须采用书面形式提出申请。申请书应写明失踪的事实、时间和申请人的请求、并附有公安机关或者其他有关机关关于该公民下落不明的书面证明。其他有关机关，是指公安机关以外的能够证明该公民下落不明的机关。宣告失踪案件，人民法院可以根据申请人的请求，清理下落不明人的财产，指定诉讼期间的财产代管人。④须经人民法院依法宣告。宣告公民失踪的案件，由失踪人住所地的基层人民法院管辖。这样便于受诉人民法院就近调查被申请人下落不明的事实，便于人民法院发出寻找失踪人的公告，也便于人民法院审理案件。⑤公告期满，被宣告失踪人仍下落不明。人民法院受理宣告失踪案件后，应当发出寻找失踪人的公告。公告期为3个月。公告期间是寻找该公民、等待其出现的期间。公告寻找失踪人，是人民法院审理宣告公民失踪案件的必经程序。因为宣告失踪是一种推定，而这一推定又将给被宣告失踪的公民带来重大影响。所以，为了充分保护该公民的民事权益，使判决建立在慎重、准确的基础上，人民法院必须发出公告。

在人民法院依法作出宣告失踪的判决后，失踪人的财产由他的配偶、父母、成年子女或者关系密切的其他亲属、朋友代管。没有以上人选或有争议的由法院指定代管。代管人负有管理失踪人财产的职责，代管人不履行代管职责或者侵犯失踪人财产的，失踪人的利害关系人可以向法院请求代管人承担民事责任，也可申请变更代管人。当然根据《中华人民共和国民法通则》（以下简称《民法通则》）第22条的规定，"被宣告失踪的人重新出现或者确知他的下落，经本人或者利害关系人申请，人民法院应当撤销对他的失踪宣告"。

2. 宣告死亡，是指自然人离开住所，下落不明达到法定期限，经利害关系人申请，由人民法院宣告其死亡的法律制度。与宣告失踪制度的设计目的相比，宣告死亡主要解决失踪人的整个民事法律关系的状态问题，而宣告失踪则主要解决失踪人的财产管理问题。故宣告死亡重在保护被宣告死亡人的利害关系人的利益，而宣告失踪则重在保护失踪人的利益。宣告死亡是我国法律规定的事实，是相对于日常生活中常见的自然死亡而言的。

根据《民法通则》第 23 条的相关规定，宣告死亡必须具备以下五个主要条件：

第一，被宣告死亡人处于下落不明的状态，并且下落不明状态必须达到一定的时间期限，该期限在一般情况下需要满 4 年，或者因意外事件下落不明满 2 年，或者因意外事故下落不明，经有关机关证明这个人不可能生存的。

第二，必须经利害关系人申请。利害关系人包括：①配偶；②父母、子女；③兄弟姐妹、祖父母、外祖父母、孙子女、外孙子女；④其他有民事权利义务关系的人。必须按此顺序申请，顺序在先的申请人有排他效力，由在先顺序的排除在后顺序，同顺序的权利平等。

第三，须向失踪人住所地基层人民法院申请。宣告公民死亡，必须由利害关系人向有管辖权的人民法院提出书面申请。对利害关系人的申请，人民法院应当进行审查，认为手续不完备且无法补正的，驳回申请；认为手续完备的，受理案件，进行审理。人民法院受理申请后，可以根据申请人的请求，清理下落不明人的财产，并指定审理期间的财产管理人。

第四，发出寻找下落不明人的公告。人民法院受理宣告死亡案件之后，必须发出寻找下落不明人的公告。被申请宣告死亡的公民下落不明满 4 年或者因不测的事故下落不明满 2 年的，公告期间为 1 年；被申请宣告死亡的公民因遇到意外事故下落不明，经有关机关证明其不可能生存的，公告期间为 3 个月。公告期间是寻找下落不明人、等待其出现的期间，也是宣告公民死亡的必经期间，人民法院不得缩短或者延长。人民法院判决宣告公民失踪后，利害关系人向人民法院申请宣告失踪人死亡，从失踪的次日起满 4 年的，人民法院应当受理，宣告失踪的判决即是该公民失踪的证明，审理中仍应当依法发出寻找失踪人的公告，公告期间为 1 年。

第五，依法判决。在寻找下落不明人的公告期间，被申请宣告死亡的公民出现，或者确知其下落的，人民法院应当作出驳回申请的判决，终结案件的审理。公告期间届满，下落不明人仍未出现，宣告死亡的事实得到确认的，人民法院应当作出宣告该公民死亡的判决。判决书除应当送达申请人外，还应当在被宣告死亡的公民的住所地和人民法院所在地公告。判决一经宣告，即发生法律效力。判决宣告的日期，就是被宣告死亡的公民的死亡日期。

3. 被宣告死亡的公民重新出现的，该如何处理？

第一，宣告死亡只是推定死亡，被宣告死亡的公民完全有可能重新出现或者确知其没有死亡。被宣告死亡的公民重新出现或者确知其没有死亡的，经本人或者利害关系人申请，人民法院应当作出新判决，撤销原判决。

第二，人民法院作出新判决后，被撤销死亡宣告的公民的人身和财产关系依照下列方法处理：首先，其因宣告死亡而消灭的人身关系，有条件恢复的，可以恢复。被撤销死亡宣告的公民的配偶尚未再婚的，夫妻关系从撤销死亡宣告之日起自行恢复；其配偶已再婚，或者再婚后又离婚，或者再婚后配偶又死亡的，则不得认定夫妻关系自行恢复。在被宣告死亡期间，子女被他人收养，死亡宣告被撤销后，被撤销死亡宣告的公民仅以未经本人同意而主张收养关系无效的，一般不应当准许，但收养人和被收养人同意的除外。

第三，被撤销死亡宣告的公民有权请求返还财产。其原物已被第三人合法取得的，第三人可以不予返还。但依继承法取得原物的公民或者组织，应当返还原物或者给予适当补偿。利害关系人隐瞒真实情况使他人被宣告死亡而取得财产的，除应当返还原物及孳息外，还应当对造成的损失予以赔偿。

本案中，既然郝翔宇已经被人民法院先后依法宣告失踪和死亡，那么他与包涵韵二人的婚姻已经于人民法院宣告死亡之日结束，在此情况下，他与包涵韵二人的夫妻权利义务关系已经消灭。包涵韵完全有自由重新开始一段婚姻生活，她与刘胜利的再婚，任何人不得强迫和干涉，这是她行使婚姻自主权的充分体现，我国《婚姻法》对其认可并进行保护。郝翔宇归来后，要求与包涵韵复婚的请求，于法无据，将得不到法院的支持。

最后需要特别注意的是，宣告失踪并不是宣告死亡的必经程序。宣告死亡中的下落不明不必须以宣告失踪来确认。如果自然人下落不明满4年，但利害关系人只申请宣告失踪的，人民法院仍然只能作出失踪宣告，而不能作出死亡宣告。即申请人只申请宣告失踪的，即使符合宣告死亡条件的，也只能宣告失踪。同一顺序有的要求宣告失踪，有的要求宣告死亡的，应宣告死亡。

16. 家庭暴力面前怎么办？

典型案例

2011年8月，经他人介绍陈倾城与独生子冯玉柏在KTV唱歌时相识，刚认识时冯玉柏对陈倾城非常体贴入微、百般呵护，经常带陈倾城出去跟朋友吃饭、唱歌和旅游。两人经过几个月的相识，于2012年8月份结婚，依法进行了结婚登记，并生育一对双胞胎。在陈倾城哺育两个孩子期间，冯玉柏经常和婚外异性来往，经常不回家，为此双方经常争吵。之后冯玉柏开始吸毒，陈倾城发现后，多次耐心劝阻，冯玉柏不但不听，还经常向陈倾城要钱，不给钱就打陈倾城。2012年12月12日，在双方家长的主持下，冯玉柏向陈倾城写下了保证书：保证戒毒，并好好工作，不在外面花天酒地，不再打陈倾城。此后两个月的时间里，冯玉柏对陈倾城的言行有所收敛，表面上还算过得去。但2013年3月份，冯玉柏在参加朋友聚会后，再次吸毒，回家后冲进房间将陈倾城从床上拖起，并施以拳脚，致其身上多处出现青紫。陈倾城报警后，公安机关考虑到冯玉柏有吸毒前科，将其送到戒毒所强制戒毒。冯玉柏从戒毒所出来后，不思悔改。2013 年 7 月 25 日，陈倾城离开娘家正欲骑车上班，中途遭冯玉柏拦截殴打，致全身上下多处受伤，从头面部到下肢，青紫面积分布较广，经报警才得以制止。2013 年 8 月 10 日，百般无奈之下，陈倾城遂将冯玉柏诉至法院，以冯玉柏对其实施家庭暴力，并存在吸毒的情况为由要求与冯玉柏离婚，并赔偿其损失 2 万元。诉讼中，冯玉柏拒不承认对陈倾城实施过家庭暴力。人民法院在调解无效情况下，依法判决二人离婚，并判决被告冯玉柏一次性向原告陈倾城支付精神赔偿金 2 万元。

法律分析

家庭暴力简称家暴，《婚姻法解释（一）》规定："家庭暴力是指行为人以殴打、捆绑、残害、强行限制人身自由或其他手段，给家庭成员的身体、精神等方面造成一定伤害后果的行为。"家庭暴力直接作用于受害者身体，使受害者身体上或精神上感到痛苦，损害其身体健康和人格尊严。家庭暴力发生于有血缘、婚姻、收养关系生活在一起的家庭成员间，如丈夫对妻子、父母对子女、成年子女对父母等，妇女和儿童是家庭暴力的主要受害者，有些中老年人、男性和残疾人也会成为家庭暴力的受害者。家庭暴力会造成死亡、重伤、轻伤、身体疼痛或精神痛苦。2001 年修正的《婚姻法》已经把"禁止家庭暴力"作为条文纳入法律规制之中，家庭暴力已经引起了全社会的共同关注。

1. 根据家庭暴力的各种不同表现形式，大致分为四种类型：

第一种是肉体摧残式。如对家庭成员故意杀害、伤害、重度殴打、冻饿、性摧残等使受害人身体受到严重损害。

第二种是精神迫害式。如捏造事实强加给家庭成员或四处宣扬，将第三者带及家中同居或发生性行为，使受害人精神极度伤害。

第三种是虐待式。如经常对家庭成员进行打骂，有病不给治疗等，具有连续性的特征。

第四种是体罚式。如对家庭成员罚跪、强迫过度劳动、禁闭、限制行动自由等。

2. 家庭暴力受害者如何保护自身合法权益？我国婚姻法也规定了相应的救助措施与法律责任。根据《婚姻法》第43条的规定，主要包括以下两点：①遭受家庭暴力的受害者有权提出请求，居民委员会、村民委员会以及所在单位应当予以劝阻、劝解；②对正在实施的家庭暴力，受害人有权提出请求，居民委员会、村民委员会应当予以劝阻，公安机关应当予以制止。

家庭暴力是一种侵犯人权、危害社会的违法行为，实施家庭暴力者依法应承担相应的法律责任。

第一，民事责任。根据新婚姻法的规定，家庭暴力是法定离婚理由之一，而且受害者可以要求家庭暴力实施者承担损害赔偿的民事责任。

第二，行政法律责任。根据治安管理处罚条例的规定，对实施家庭暴力尚未构成犯罪的可处以15日以下拘留、200元以下罚款或者警告。

第三，刑事责任。严重的家庭暴力会构成刑法中暴力干涉婚姻自由罪、虐待罪、故意伤害罪、故意杀人罪、侮辱罪等罪。①家庭暴力实施者对共同生活的家庭成员经常以打骂、捆绑、冻饿、强迫超体力劳动、限制自由等方式，从肉体、精神上摧残、折磨，情节恶劣的，构成"虐待罪"，应处2年以下有期徒刑，拘役或者管制；如果引起被害人重伤、死亡的，处2年以上7年以下有期徒刑。②家庭暴力实施者使用暴力公然贬低其他家庭成员人格，破坏其名誉，情节严重的，构成侮辱罪，应处3年以下有期徒刑、管制或剥夺政治权利。家庭暴力实施者故意非法损害他人身体健康的，构成故意伤害罪，如果致人重伤造成严重残疾或致人死亡的，按照刑法最高可判处死刑。③根据法律法规，家庭暴力实施者以暴力手段干涉家庭成员结婚和离婚自由的，同样触犯刑法，构成暴力干涉婚姻自由罪。

我国《婚姻法》从以下四个方面对家庭暴力的防治做了规定：①总则第 3 条中将"禁止家庭暴力"上升为基本原则。这一原则是婚姻、家庭、母亲和儿童受国家保护宪法原则的体现，也为今后各地制定反家庭暴力的地方性法规、规定提供了法律依据；②在裁判离婚的法定理由中，将配偶一方"实施家庭暴力或虐待、遗弃家庭成员"，作为法院对夫妻感情确已破裂，调解无效的离婚案件，作出准予离婚的法定理由之一（如第 32 条第 2 款第 2 项）；③在救助措施与法律责任一章，第 43 条、第 44 条与第 46 条规定了对家庭暴力受害人的救助措施与施暴者的民事法律责任。如《婚姻法》第 46 条规定："有下列情形之一导致离婚的，无过错方有权请求损害赔偿：（一）重婚的；（二）有配偶与他人同居的；（三）实施家庭暴力的；（四）虐待、遗弃家庭成员的。"此外，《婚姻法解释（一）》第 28 条规定："婚姻法第 46 条规定的'损害赔偿'包括物质损害赔偿和精神损害赔偿。"因此，根据法律规定，受家庭暴力的离婚妇女，不但可请求物质赔偿，而且可以请求精神赔偿。

在司法实践中，很多家庭暴力受害者因无法向法院提交诉讼证据，使得自身合法权益难以得到法律应有的保障。因此，一旦出现家庭暴力，受害者应当第一时间向当地公安机关报案，并请求公安机关出具验伤通知书，到指定的医院进行验伤，或到司法鉴定机构进行伤情鉴定。在验伤鉴定结果出来后，应进一步做好验伤通知书、医院的病历、诊断证明和鉴定结论等证据材料的保存工作。如果是通过多次的验伤或鉴定，应将每次的病例、医院诊断证明和司法鉴定结论等妥善保存好，无论伤情如何，留下这些证据才能更好地维护自身的合法权益，才能向家庭暴力说"再见"。

根据上述分析可知，本案件中被告冯玉柏对原告陈倾城实施了家庭暴力，人民法院判决双方当事人离婚时，一并作出要求被告冯玉柏对原告陈倾城实施家庭暴力的行为予以赔偿的判决是合法、正确的。

17. 夫妻一方出轨，另一方能否要求对方予以精神赔偿?

典型案例

白治中与洪金莲两人于2005年9月经朋友介绍认识，并开始谈恋爱，次年2月两人正式结婚，并办理了结婚登记手续。2007年4月，两人生下一女孩白晶晶，2008年9月生下一男孩白羽飞。其实，由于性格不相合，夫妻二人经常为生活琐事争吵，有时闹得街坊四邻也不得安宁。无风不起浪，2009年腊月，白治中发现其妻洪金莲与邻村单身男青年欧阳杰存在不正当关系，于是两人开始摊牌，决定协商离婚。洪金莲提出，孩子白晶晶和白羽飞都由自己抚养，夫妻共同财产和债权由双方均分。但是，白治中不同意洪金莲上述意见，他要求儿子白羽飞由自己抚养，女儿归洪金莲抚养，夫妻共同财产和债权按照3∶1比例在二人之间划分。

由于双方分歧较大，最终未达成离婚协议。洪金莲此后向白治中写了一份保证书，保证以后绝对不做对不起白治中的事情。然而，即使这样，洪金莲也并未能挽回白治中的心，两人于2010年3月开始分居别过。同年底，洪金莲自知夫妻生活无法继续下去，于是诉至当地法院，要求法院判决二人离婚。白治中表示同意离婚，但是要求洪金莲赔偿其精神抚慰金28 000元。经法院依法判决，准许二人离婚，由原告洪金莲一次性支付被告白治中

20 000元精神抚慰金。

法 津分析

对于因婚外遇引起的离婚案件，损害赔偿的诉讼请求，只能由无过错的一方提出，有过错的一方不可以，并且无过错一方只能在离婚的时候或者离婚后一年内提出。在夫妻关系存续期间，当事人单独提起损害赔偿请求的，人民法院不予受理，也就是说我国现行法律并不支持婚内损害赔偿请求，因为在夫妻共同财产制度下，这样做是没有意义的。婚内损害赔偿金，只不过是从家庭的一只手取出，然后又交给家庭的另一只手。只有在离婚的时候，损害赔偿金的提出才有意义和可能。

提出损害赔偿请求必须同时具备以下四个条件，人民法院才会予以支持：①夫妻一方的行为有重大过错，而另一方则没有过错。例如夫妻一方重婚或者与他人同居的，实施家庭暴力的，虐待、遗弃家庭成员的；②因夫妻一方的重大过错，导致夫妻离婚的损害后果；③无过错方因另一方的过错行为而造成精神或财产损害；④有过错方在主观上存在故意。在本案件中，洪金莲的出轨行为属于重大过错，而且直接导致二人夫妻感情破裂，对白治中的精神造成了一定伤害，所以法院最终判决洪金莲给予白治中精神抚慰金 20 000 元是正确和适当。

在司法实践中，某些当事人认为损害赔偿什么时候都可以向人民法院提出，其实这种想法是错误的。①如果无过错方作为原告的离婚案件，提起损害赔偿请求，必须在离婚诉讼的同时提出，如果离婚时未曾提出，那么离婚后不得再单独就损害赔偿提出诉讼请求；②无过错方作为被告的案件中，被告可在同意离婚的同时提出损害赔偿请求。如果被告不同意离婚也不提出损害赔偿请求，则可以在离婚后一年内单独提起诉讼请求；③无过错方作为被告的离婚案件，一审的时候被告未提出损害赔偿请求，而在二审的时候提出的，法院会进行调解；如果调解不成，当事人可以在离婚后一年内另行提起诉讼。

在发生重婚或者有配偶者与他人同居导致离婚的案件中，无过错方经常认为是第三者原因导致了自己婚姻关系的终结，往往也会要求第三者给予损害赔偿。但是，我国婚姻法并没有规定实施破坏婚姻关系的第三者是否应当承担民事法律责任。因此，离婚的时候，无过错方不能要求第三者作为离婚过错损害赔偿人给予自己精神损害赔偿金。

18. 妻子怀孕期间，丈夫可以向法院提出离婚诉讼请求吗？

典型案例‖

卢流云与方若瑄于 2008 年 7 月经熟人介绍认识，同年 11 月二人在婚姻登记机关办理了结婚登记手续。婚后月余，卢流云发现妻子方若瑄开始有妊娠反应。经不住卢流云多次追问，方若瑄承认自己婚前曾与其前男友朱有康发生过性行为，并且在与卢流云结婚之前就已经怀孕。卢流云知道事情真相后，一再要求妻子方若瑄去县妇幼医院做人工流产手术，却遭到妻子方若瑄的强烈反对，双方多次发生口角，为此无法继续生活下去。失望之下的卢流云，将妻子方若瑄起诉到县人民法院，要求与妻子方若瑄离婚。方若瑄认为，她现在已经怀孕，男方提出离婚请求违反了《婚姻法》有关女方在怀孕期间，男方不得提出离婚请求的规定，要求法院驳回原告卢流云的起诉。法院最终判决，准予二人离婚。

法津分析‖

妻子怀孕可以离婚吗？怀孕期间能不能离婚？我国《婚姻法》第 34 条规定："女方在怀孕期间或分娩后一年内，男方不得提出离婚。女方提出离婚的，或人民法院认为确有必要受理男方离婚请求的不在此限。"因为在上述期间内，妇女的身心都处于比较虚弱的状态，如果在此期间内男方提出离婚，对女方的身心健康和胎儿、婴儿的健康都将产生极为不利的影响。这是根据保护妇女和儿童的合法权益原则，对怀孕期间和分娩后一年内的妇女特殊保护，是对男方提出离婚的一项限制的规定。其实，这条限制也仅适用于诉讼离婚。如果夫妻双方选择的是协议离婚，那么即使妻子怀孕，也依旧可以离婚。如果夫妻选择的是诉讼离婚，则妻子怀孕期间能不能离婚这样的问题就要由法院根据具体情况予以判决。

根据婚姻法的规定，妻子怀孕的，如果是由怀孕的妻子提起离婚诉讼的，那么就不受上述法律的限制，男方提出离婚一般是不可以的。但法律对男方特定期间内起诉权的限制并不是绝对的，如果由于某些特殊原因，人民法院认为确有必要受理男方离婚请求的，不受此限，主要包括以下几种：①女方怀孕系婚后与他人通奸所致；②女方小产后，身体健康已恢复；③男方受虐待，不堪忍受的；④一方对他方有危害生命、人身安全等情形。人民法院查明属实，可以受理该离婚案。当然法院最终是否会作出准予离婚的判决，还要以夫妻感情是否确已破裂为标准。

具体到本案中，被告方若瑄不是在婚后，而是在婚前与他人（朱有康）发生性关系导致的怀孕。对此，最高人民法院《关于女方因通奸怀孕男方能否提出离婚的批复》中指出，男女一方婚前与他人发生性行为，应该与婚后通奸行为加以区别，一般不能作为对方提出离婚的理由。因为在这种情况下，婚姻关系尚未建立，男女双方之间还没有产生夫妻间相互忠实的法律义务。婚前性行为只是道德问题，不是法律问题。所以，对女方因婚前与他人发生性关系导致怀孕的情况，应当依照《婚姻法》第34条的规定处理，女方在怀孕期间，分娩后一年内或中止妊娠后六个月内，男方不得提出离婚的规定处理。因此上述法院准予二人离婚的判决是不正确的。

19. 如果精神疾病患者离婚，该怎么办？

典型案例

杨静楠婚前患有精神疾病，后经医院精心治疗和家人细心呵护，治愈。2005年8月，经熟人介绍与高永强相识相知，进而相亲相爱。2006年10月，双方共同到民政部门办理了结婚登记手续，次年底，杨静楠生下一男孩高帅杰。一家三口，其乐融融。然而，天有不测风云，人有旦夕祸福。2009年刚过完春节不久，高永强发现妻子杨静楠存在精神状况异常等状况，经常自言自语语无伦次，甚至无缘无故地乱发脾气，乱扔东西。后经医院专家诊断，确定其为精神分裂症患者。

为此，2009年11月，高永强向人民法院提起诉讼，要求解除其与杨静楠的婚姻关系。杨静楠的父亲杨满仓作为其法定代理人参加了诉讼，表示同意二人离婚，但要求外孙高帅杰由女儿杨静楠抚养，高永强每月支付儿子抚养费500元。法院待杨静楠治疗出院后开庭审理了此案，经法院进行调解，最后高永强与杨静楠自愿离婚；其中儿子高帅杰由杨静楠抚养，高永强每月支付儿子抚养费400元；高永强一次性给予杨静楠经济帮助3万元。

法律分析

根据我国《民法通则》的规定：不满10周岁的未成年人和不能辨认自己行为的精神病人是无民事行为能力人，由他们的法定代理人代理民事活动。限制民事行为能力的人，包括10周岁以上的未成年人和不能完全辨认自己行为的精神病人、10周岁以上的未成年人，可以进行与他的年龄、智力相适应的民事活动；其他民事活动由他的法定代理人代理，或者征得他的法定代理人的同意；不能完全辨认自己行为的精神病人是限制民事行为能力人，可以进行与他的精神健康状况相适应的民事活动；其他民事活动由他的法定代理人代理，或者征得他的法定代理人的同意。

无民事行为能力人、限制民事行为能力人的监护人是他的法定代理人。根据《民法通则》的规定，未成年人的法定监护人：首先应当由其父母担任，如父母死亡或者无监护能力的，按下列顺序由以下人员担任：①祖父母、外祖父母；②成年的兄、姐；③未成年人父母所在单位或未成年人住所地的居民委员会、村民委员或者民政部门。精神病人的法定监护人，按照下列顺序由以下人员担任：①配偶；②父母；③成年子女；④其他近亲属；⑤精神病人所在单位或者住所地的居民委员会、村民委员会。此外，精神病人的其他亲属、朋友愿意承担监护责任，经有关单位同意的，可以担任监护人。

监护人，是指对无民事行为能力和限制民事行为能力的人（如未成年人或精神病人）的人身、财产和其他合法权益负有监督和保护责任的人。根据最高人民法院《关于贯彻执行〈中华人民共和国民法通则〉若干问题的意见（试行）》第10条规定，监护人的法定监护职责是：①保护被监护人的身体健康；②照顾被监护人的生活；③管理和保护被监护人的财产；④代理被监护人进行民事诉讼；⑤对被监护人进行管理和教育；⑥在被监护人合法权益受到侵害或者与人发生争议时，代理其进行诉讼。

在本案例中，杨静楠患有精神分裂症之后，其民事行为能力受到了限制，因此杨静楠不能作为独立的民事诉讼主体参加诉讼，而其夫高永强作为其第一顺序的监护人，因双方在本案中有法律上的直接利害关系，故其夫高永强不能作为其法定代理人，因此由其父杨满仓（第二顺序的监护人）作为其法定代理人参加其与高永强的离婚诉讼是合法的。

离婚诉讼属于身份关系的诉讼，必须由离婚当事人表明是否愿意离婚，诉讼代理人无权表示离与不离这种意见，而患精神病的离婚当事人又无诉讼行为能力，因此，这类案件应由人民法院以判决的形式结案。对于诉讼代理人与对方协商，达成协议的，人民法院应审查协议的内容是否最大限度保护了精神病人的利益，防止精神病人的利益受到侵犯，并根据他们协议的内容制作判决书，以判决的形式结案。因为如果以调解的形式结案，在离婚案件的调解书送达问题上就会出现矛盾，因为调解内容是精神病人一方的诉讼代理人与对方协商的，但最后调解书的送达回证上又必须是精神病人本人的签收，而精神病人又不能意识到其亲自签收的法律后果，势必会造成虽然有法院制定的调解书，但送达的问题使调解书不具有实质意义。而且，通过法院对离婚案件的审查，会防止侵害精神病人利益的情形出现，达到最优的法律效果。

最后需要特别注意的是，无论精神病人的发病是基于遗传还是基于后天所得，还是由于配偶的原因导致患者发病，都不能作为离婚的条件，只能作为一个因素考虑（应在案件审理报告中写明），不属于《婚姻法》第 10 条规定的情形。也就是说，当事人是否患有精神病，不属于婚姻无效的法定情形，人民法院在审理涉及精神病人的离婚案件时，立案时不能以当事人患有精神病为由而引导当事人监护人诉请宣告婚姻无效，也不能在审理该类案件时判决宣告婚姻无效。

20. 丈夫发生车祸，导致失去性功能，妻子能否向第三人要求精神损害赔偿？

典 型案例 ‖

2005 年 5 月 14 日，某市某区环境卫生管理所汽车驾驶员鲁

某，在工作时间驾驶解放牌自卸车倒车时，将正在卡车后面帮助
关车门的南某某撞伤，经医院诊断为左骨盆骨折，后尿道严重损
伤。经法医鉴定结果为：因外伤致阴茎勃起功能障碍。南某某的
妻子刘某某认为，自己作为南某某的合法妻子，丈夫因车祸丧失
性功能，使自己的生理及心理健康受到了严重伤害，今后将陷入
漫长的、不完整的夫妻生活。于是，夫妻二人共同以环境卫生管
理所为被告起诉至法院，要求赔偿各项损失 152 700 元，其中包括
性权利损害的精神损失赔偿。

法津分析

这是一起典型的因第三人行为导致的间接侵害夫妻婚姻关系
的民事诉讼案件。由于案件比较特殊，所以对此案的处理上存在
以下三种不同的意见或分歧：

一种观点认为：受害人配偶提出伤害其丈夫的行为侵害了其
性权利的诉讼，是有道理的，尽管性权利不是一个独立的权利，
但是这种损害事实是客观存在的。尽管不能将这种行为认定为侵
害婚姻关系或者侵害性权利的行为，但是对于这种损害事实应当
予以考虑。人民法院在确定受害人的赔偿数额中，可以考虑其配
偶的正当请求，增加赔偿数额，以体现对受害人及其配偶的法律
关怀。

另一种观点认为：加害人的行为，既造成了受害人的健康损
害，又造成了受害人配偶的性权利的损害，分别构成了两个侵权
行为的诉讼法律关系，法律都应当予以保护。因此，人民法院在
判决加害人承担侵害健康权的人身损害赔偿的同时，也要判决其
承担侵害受害人配偶的性权利的精神损害赔偿。两个损害赔偿的
请求权应由两个不同的受害人分别行使。

还有一种观点则认为：我国法律并没有对间接侵害婚姻关系
的侵权行为作出规定。即使是关于侵害配偶权的侵权行为案件，

也仅仅在《婚姻法》第 46 条中规定了离婚过错损害赔偿制度。第三人侵害婚姻关系（即配偶权）的侵权案件，法律并没有明文规定。因此，对于本案不宜以侵害婚姻关系的性质处理，就是按照侵害健康权的性质认定并确定赔偿责任即可，对于受害人配偶的诉讼请求应当驳回。

实际上确定这种特殊侵权案件的责任，关键的是判断加害人的行为是不是构成主侵权行为。如果侵权人的主侵权行为构成侵权责任，健康权受到损害的受害人就产生了人身损害赔偿的请求权，法院应当支持和保护这种赔偿请求权。然后对间接侵害婚姻关系的侵权行为进行分析判断，只要这种主观上存在过错的侵害健康权行为，不仅造成了健康的损害事实，并且由于这种损害事实导致了受害人性功能障碍，不能履行配偶之间的同居义务，损害了受害人配偶的性利益，就应当认定为侵害婚姻关系的侵权行为。即具备违法行为、损害事实、因果关系和主观过错四个要件。

而本案受理法院经审理则认为，环卫所司机鲁某在倒车时疏忽大意，将南某某撞伤，环卫所对此应负全部责任。性利益是公民健康权的一个重要方面，正是由于鲁某的不当侵害，致使刘某某作为妻子的性利益受到了侵害。因此，该法院最终做出判决，环卫所赔偿南某某医疗费、残疾生活补助费、残疾赔偿金等损失 129 207 元，赔偿其妻刘某某精神损害抚慰金 3 万元。显然，受理法院是在确定环卫所对南某某构成主侵权责任基础之上，进而判断这种间接侵害婚姻关系的行为是否构成侵权责任的，并没有本末倒置，故该院的最终判决是正确的。

21. 分居多年后，夫妻能以感情破裂为根据申请离婚吗?

典型案例

2006 年 8 月，朴颖慧与郑伟民在一起工作时开始认识，后来郑伟民对朴颖慧展开了热烈的爱情攻势，二人于 2007 年 4 月办理了结婚登记手续，开始共同生活。婚后不久，双方发现彼此性格严重不合，常因家庭琐事而争吵，无法继续共同生活下去。2008 年 5 月，朴颖慧一纸诉状将郑伟民告上法庭，要求法院判处二人离婚。郑伟民在法庭的调解下，写下保证书，保证以后好好与朴颖慧过日子，再也不和她闹矛盾。这样二人重归于好。但还不到两个月，二人就开始大吵大闹，在吵闹中，郑伟民动手打了朴颖慧，朴颖慧一气之下回了娘家。从此二人之间再无联系。2009 年 10 月，朴颖慧再次以二人夫妻感情已经破裂为由，要求法院判处二人离婚。法院受理案件后，经调解无效，最终判决二人离婚。

法律分析

我国《婚姻法》第 32 条第 1 款和第 2 款规定:"男女一方要求离婚的，可由有关部门进行调解或直接向人民法院提出离婚诉讼。人民法院审理离婚案件，应当进行调解;如感情确已破裂，调解无效，应准予离婚。"那么如何判断夫妻"感情确已破裂"。《婚姻法》第 32 条第 3 款规定:"有下列情形之一，调解无效的，应准予离婚:(一)重婚或有配偶者与他人同居的;(二)实施家庭暴力或虐待、遗弃家庭成员的;(三)有赌博、吸毒等恶习屡教不改的;(四)因感情不和分居满二年的;(五)其他导致夫妻感情破裂的情形。"因此以上四种具体情况和最后一项兜底规定，都可以作为人民法院判断夫妻感情是否确已破裂的标准。

其中第 4 项规定的"因感情不和分居满二年的",不同于一般的因学习、工作或者住院治疗等暂时分居。这里所说的分居,是指双方因感情不和,遂分开不在一起共同生活,且互不履行夫妻间的法定权利和义务。如果夫妻分居已满两年,而且没有和好的可能,一方坚持离婚,一般情况下,法院会判决离婚。在本案件中,朴颖慧第一次起诉到法院要求与郑伟民离婚,经法院调解双方和好,说明二人的夫妻感情并未彻底破裂,还有共同生活的可能。但是在双方和好后,又发生争吵,且分居两年以上,说明双方确实没有和好的可能,两人夫妻感情确已彻底破裂,因此法院最终判决二人离婚。

22. 夫妻双方离婚后,抚养孩子的一方可以为孩子改姓吗?

典型案例▎

朝阳区的席子健和康丽丽经朋友介绍相识并确立恋爱关系。2003 年 4 月,感情日益升温的这对恋人携手办理了结婚登记手续。2004 年 9 月,康丽丽顺利地产下一子,席子健乐得合不拢嘴。为了有纪念意义,小两口最终决定将父母的姓都用上,给孩子起了个四个字的名字"席康明锐"。

儿子席康明锐的出生并没有使这对夫妻的婚姻生活更牢固。恰恰相反,有了孩子后,夫妻矛盾反而增加了。2006 年 8 月,孩子尚未满两岁,席子健和康丽丽二人经协商就离婚了,约定儿子席康明锐由女方康丽丽抚养,席子健每季度给付抚养费,每星期还可以探视孩子一次。

每当回忆起这段短暂的婚姻,康丽丽总是非常伤心,她决定让席子健的影子彻底从她的生活中消失。离婚后不久,在没有告知席子健的情况下,她就到公安机关将儿子席康明锐的名字改为

"康明锐"。席子健得知这一情况后，多次找到康丽丽，要求她恢复孩子的姓名，均被她拒绝。2007 年 10 月，席子健将康丽丽诉至法院，称康丽丽的行为严重侵犯了其作为孩子父亲的合法权益，要求恢复孩子的原姓名。

法津分析

现实生活中，许多父母认为，给自己的子女起名字是件天经地义的事。可是如果问他们，父母为什么有权给子女起名字？也许很多父母说不清楚。事实上，给子女起名字的法律依据并不是《民法通则》规定的公民的姓名权，而是依据父母与子女因血缘关系而确立的亲权。因此，有关子女更名纠纷的处理应当遵循亲权的原则。我国实行的是父母平等的共同亲权，亲权的行使就应当由父母的共同意志来决定。根据我国《婚姻法》第 22 条规定："子女可以随父姓，可以随母姓。"子女出生时所起的名字，无论是否经过户籍登记，都应视为父母的共同意思表示，这一权利即使是在夫妻离婚后仍有约束力，违背这一原则就是侵权。

我国婚姻法虽然规定子女可以随父姓，也可以随母姓，但是并没有规定父亲或母亲任何一方可以将子女的姓名随意更改。因此，子女姓名的确定要以父母协商一致为基础；在子女未成年时，未经对方同意，父亲或母亲任何一方给子女改名字的做法都是与社会风俗相悖的。

本案例中，尽管席子健与康丽丽二人离婚后，他们之间不再有相应的夫妻权利义务关系，但婚生子席康明锐与没有取得直接抚养权的父亲席子健仍存在血缘关系，在法律上仍有监护与被监护的关系，非直接抚养方席子健仍是未成年婚生子席康明锐的法定监护人，对席康明锐仍负有抚养义务，同时也有决定席康明锐姓名的权利。所以，处理子女姓名变更的问题，与监护人是否尽抚养义务无关、与子女跟谁一起生活无关，两个监护人有同等的权利，在一方不知情或不同意的情况下给孩子改名，就侵犯了另一方的监护权。案例中，康丽丽在未经席子健同意的情况下，擅自变更儿子的姓氏，当然就侵犯了席子健的合法权利。根据最高人民法院《关于人民法院审理离婚案件处理子女抚养问题的若干具体意见》的规定：父或母一方擅自将子女姓氏改为继母或继父的姓氏而引起纠纷的，应责令其恢复子女的原姓氏。席子健在与康丽丽协调未果的情况下，将之起诉至法院，要求给儿子回复姓氏的主张是有法律依据的。

23. 夫妻离婚后，孩子惹了祸，谁来买单？

典型案例

2008 年 12 月，结婚近七年的辛萌萌与卞建刚的婚姻走到了尽头，二人签订了离婚协议，协议约定，婚生男孩卞思哲由女方辛萌萌抚养，男方卞建刚每月支付扶养费 300 元。2011 年 6 月的一天，读小学六年级的卞思哲在下午放学回家的路上，由于骑自行车速度过快，将同校同学李洪波撞倒，致使李洪波右脚骨折，后经医院治疗，护理费、医药费等共计 19 000 元。而后，李洪波父母找到辛萌萌，要求其赔偿自己孩子住院期间的所花费用。但是此时，辛萌萌生活非常困难，根本没有能力赔偿。李洪波父母转念一想，可以向卞建刚主张这部分医疗费用。然而，卞建刚则认为孩子当初约定由女方辛萌萌抚养，自己没有赔偿义务，拒绝予以赔偿。无奈之下，李洪波父母将辛萌萌和卞建刚告到法院，要求二人共同承担李洪波的医疗费。法院最终判决辛萌萌和卞建刚共同赔偿李洪波医疗费 15 000 元。

法律分析

父母与子女之间的法律关系，不因父母之间的离婚而结束。离婚后，子女无论由哪一方直接抚养，父母双方都是未成年子女的监护人，对于未成年子女都有抚养和教育的义务。在未成年子女对国家、集体或者他人造成损害时，父母有承担民事责任的义务。父母离婚后，未成年子女侵害他人权益的，同该子女共同生活的一方应当承担民事责任，如果同未成年子女生活的一方独立承担民事责任确实有困难的，可以要求未与该子女共同生活的一方共同承担民事责任。在案例中，卞思哲的父母虽然已经离婚，他自己也一直跟随母亲辛萌萌一起生活，所以辛萌萌应当赔偿李洪波的医疗费。但是由于辛萌萌生活非常困难，没有经济收入，自己一人无力独自承担赔偿责任。在这种情况下，没有与卞思哲共同生活的卞建刚应当与辛萌萌共同承担民事责任，这是法院判决的理由。

但是，在这里需要特别注意的是，在未成年人侵害他人权益的案件中，同该子女共同生活的一方应当首先承担赔偿责任，而未与该子女共同生活的一方只是承担补充赔偿责任。即在与子女共同生活的一方无力承担民事赔偿责任时，未与该子女共同生活的一方才承担民事赔偿责任。但对于被侵权人而言，可以直接将未成年人的父母作为共同被告起诉到法院，要求其承担民事赔偿责任。也就是说，本案中，如果卞思哲母亲辛萌萌有足够的经济能力，那么就应当由其自己一人承担，不应当再由卞建刚来承担；只有辛萌萌没有经济能力或者经济能力不够时，不够的部分才由卞建刚承担。然而，对于李洪波父母来说，他们的做法也是正确的，先找辛萌萌，辛萌萌赔偿不了这笔医疗费的时候，直接要求辛萌萌与卞建刚共同承担。

24. 离婚后，能够强制申请子女探望权吗？

典型案例‖

2007 年 9 月，冯女士与前夫张先生生育了一对龙凤胎。但是在以后的生活中，因家庭琐事和感情问题，夫妻双方越来越不信任，婆媳之间的矛盾也逐渐增多，最后不可调和。2010 年 6 月，冯女士和丈夫张先生离婚，子女均归张先生抚养，她每年给付抚养费 3 000 元。离婚后，她按照协议约定给付抚养费，但是前夫张先生却拒绝她探望孩子。在一次探望中，前夫张先生及其父母将她打伤，造成其身体多处软组织损伤。冯女士非常思念自己的儿女，忍无可忍之下将前夫张先生起诉到法院，要求享有探望权。法院经审理，依法作出判决，对冯女士的探望方式和时间都予以了明确。但是前夫张先生还是拒绝冯女士探望孩子，无奈之下冯女士向人民法院申请强制执行。

法律分析‖

探望权在我国是一项法定权利。如《婚姻法》48 条规定："对拒不执行有关扶养费、抚养费、赡养费、财产分割、遗产继承、探望子女等判决或裁定的，由人民法院依法强制执行。有关个人和单位应负协助执行的责任。"《婚姻法解释（一）》第 32 条规定："婚姻法第四十八条关于对拒不执行有关探望子女等判决或裁定的，由人民法院依法强制执行的规定，是指对拒不履行协助另一方行使探望权的有关个人和单位采取拘留、罚款等强制措施，不能对子女的人身、探望行为进行强制执行。"张先生在人民法院对冯女士的探望方式和时间都作出判决后，拒不执行判决，冯女士可以依据上述法律规定向人民法院申请强制执行。

在现实生活中，夫妻离婚后，因为子女探望权发生纠纷的案例不胜枚举。尽管法院可以对一方行使探望权的方式和时间等作出具体而明确的判决，但能否达到探望的目的和效果，仅靠法院的强制执行是远远不够的。如果一方为拒绝另一方探望子女，给子女转学、换住宿地等，不仅达不到探望的目的，甚至给子女的学习、成长和生活带来不利影响。因此，父母任何一方在行使探望权时，都应当适当地考虑子女的学习、成长和生活。

25. 离婚后又同居还是不是夫妻？

典型案例

2009年6月，段志宇与马程程因性格不合，双方自愿协议离婚，并在民政部门办理了离婚手续。离婚后，因马程程一时半会儿找不到地方居住，段志宇就让她暂时住在婚前个人购买的房屋里。一来二去，双方都发现彼此并没有原来想的那么糟糕。于是，两个人还是像以前那样，吃住都在一起了。而从2010年下半年，段志宇就很少回家居住，经常讲自己因工作原因在外面出差，并且马程程打电话也很少接。马程程觉得反常，于是开始追踪调查。最后发现，段志宇正与单位一名新同事谈恋爱，这段时间二人都请探亲假，一起去西藏玩去了。马程程一气之下，到法院起诉段志宇，要求其给予精神损害赔偿。

法律分析

复婚是指已离婚的男女双方自愿恢复夫妻关系，到婚姻登记机关办理登记手续，重新确立婚姻关系的行为。复婚是一种法律行为，如果男女双方离婚后又自愿要求恢复夫妻关系的，说明双方的感情并未完全破裂，或造成离婚的原因已被消除。根据我国法律规定，男女双方离婚后，未履行复婚登记手续，又以夫妻名义共同生活的，应按同居关系处理。如果离婚后男女双方要恢复夫妻关系的，必须亲自到一方户口所在地的婚姻登记管理机关申请复婚登记。在该案例中，马程程与段志宇已经协议离婚，双方之间就不再有夫妻法律关系。也就是说，段志宇对马程程不再负夫妻间的忠诚义务，他有重新恋爱的自由，当然对于马程程亦然。段志宇的恋爱行为，在法律上不存在对马程程精神的任何伤害，故马程程的起诉不符合法院受理婚姻案件的要求，除非二人在同居期间存在子女或者财产纠纷问题需要处理。

总之，无论是男女双方协议离婚还是诉讼离婚，离婚后双方又想复婚的，必须到法定的婚姻登记管理机关进行登记。只有经过了登记，复婚双方的婚姻关系才能得到法律的认可和支持；反之，不经过登记而同居，当事人之间不存在夫妻权利义务关系，我国法律不会因为男女双方曾经是夫妻而对他们的同居关系予以保护。

二、收养基本法律常识

1. 什么是收养?

典型案例‖

2000 年 9 月，蔡明敏的姐姐产下一个女婴，受"重男轻女"封建思想的影响，蔡明敏姐姐一家打算将这个女婴送养他人。蔡明敏看到外甥女活泼可爱，再三思量过后，决定自己抚养这个孩子，并和姐姐约定：孩子由蔡明敏抚养，视为蔡明敏的亲生骨肉，亲属间不得将这一秘密告诉孩子本人或其他人。蔡明敏对这个女孩也十分疼爱，"母女"两人一直也相处得很好。可不曾想，2010 年 12 月，蔡明敏的姐姐与其竞争起孩子的抚养权来了。

原来蔡明敏的姐姐现有三个孩子，然而两个女儿不和她贴心且出走在外，小儿子年龄尚小。于是姐姐就打起这个送养孩子的"主意"来，姐姐将自己是亲生母亲的事实偷偷告诉了孩子，并对孩子在物质和精神上倍加疼爱。不久，姐姐将孩子直接领回家中抚养。蔡明敏难以接受，心如刀割，到姐姐家中理论。没想到在推搡中，姐姐竟出手将其打伤。蔡明敏伤心透顶，来到当地司法所寻求法律帮助。

法律分析‖

收养，是指公民依法领养他人子女为子女，从而使收养人和被收养人之间建立拟制亲子关系的法律关系。收养关系成立后，会产生以下法律关系。

第一，收养使被收养人与生父母间的权利义务关系依法终止、消除的效力。养子女与生父母及其他近亲属间的权利义务关系，因收养关系的成立而消除。但值得注意的是，养子女与生父母及近亲属之间的血缘关系是客观存在的，无法因收养关系的成立而消灭，所以，他们之间仍受《婚姻法》有关禁止结婚规定的限制。

第二，养父母与养子女之间形成拟制血亲的父母子女关系，效力与自然血亲的父母子女关系相同，养父母子女间的权利义务关系适用法律关于父母子女关系的规定，养子女与养父母的近亲属之间的权利义务关系，适用法律关于子女与父母的近亲属关系的规定。

第三，养子女与养父母的近亲属之间产生相应的亲属关系，即拟制的直系血亲或者旁系血亲关系，他们之间的权利义务适用法律关于子女与父母的近亲属关系的规定。

第四，养子女享有选择自己姓氏的权利。当然，如果养子女有识别能力时，应当征求其本人对姓名变更的意见。

哪些人可以被收养？根据《中华人民共和国收养法》（以下简称《收养法》）规定，被收养人是指由于特殊的原因无法和父母共同生活的未满14周岁的未成年人，具体包括：①丧失父母的孤儿；②查找不到生父母的弃婴和儿童；③生父母有特殊困难无力抚养的子女。

哪些人可以作为送养人？根据我国《收养法》的规定，送养人具体包括：①孤儿的监护人，这是在被收养人的父母已经死亡或者均不具备完全民事行为能力时，由其监护人作为送养人。一般情况下，孤儿的监护人包括孤儿的祖父母、外祖父母、成年兄、姐等近亲属，也可以是与孤儿的父母关系密切的其他亲属朋友。②抚养孤儿的民政部门或社会福利机构，这里主要是指一些被遗弃的婴幼儿，公安部门暂时无法查明其生父母或监护人，或父母双亡，其他亲属又无能力抚养的孤儿。但对于有些生父母自费送到福利院寄养的残疾儿童，福利机构无权将他们送养。③有特殊困难无力抚养子女的生父母可以作为送养人，如父母因患病、重残、丧失劳动能力而无可靠经济来源，或因自然灾害等原因造成其无能力抚养子女等原因，在这种情况下，生父母可以将子女送养。

根据我国《收养法》对送养人、收养人、被收养人的规定，收养应当向县级以上人民政府民政部门登记，收养关系自登记之日起成立。收养关系当事人各方或者一方要求办理收养公证的，应当办理收养公证。结合本案，因蔡明敏在 2000 年 9 月收养其外甥女时，并未办理收养登记手续，故对于孩子抚养权的主张就于法无据。蔡明敏可以比照民法上的无因管理制度，有权要求其姐姐赔偿其已经花费在孩子身上的医疗费、抚养费、教育费等费用。

2. 收养关系解除后，会有什么法律后果？

典型案例‖

2005 年 6 月，原告安如山与被告李光耀达成协议，由被告李光耀收养原告安如山六岁的孩子小强，原告安如山为此而向被告李光耀一次性支付 2 万元费用。协议中还规定，任何一方如果违反约定，应当承担违约责任。该收养协议成立以后，二人在当地民政部门办理了登记手续。一年后小强上学，在校期间比较顽皮，经常与同学打架，并将一同班同学眼睛打伤，被告李光耀为此向受害人支付了医药费 5 万元。被告李光耀遂以该孩子顽皮为由提出解除收养关系。原告安如山拒不接受，后因考虑孩子已无法与被告李光耀共同生活，故同意解除收养关系，但要求被告李光耀退还 2 万元费用，并承担违约责任（原告要求被告一次性赔偿 4 万元）。被告提出，其已经为小孩殴打他人支付了 5 万元，不能再向原告返还财产。

法律分析

本案是一个典型的解除收养关系纠纷。收养关系解除后，通常会发生一系列法律后果，主要是收养关系当事人的人身和财产方面的权利义务会发生变更。

根据《收养法》第 29 条的规定，人身方面会发生以下变化：①收养关系解除后，养子女与养父母及其他近亲属间的权利义务关系即行消除；②收养关系解除后，养子女与生父母及其他近亲属间的权利义务关系自行恢复；③成年养子女与生父母及其他近亲属间的权利义务关系是否恢复，可以协商确定。在上述案例中，李光耀与小强之间的收养关系解除后，双方就不再存在父子关系，而小强与安如山之间的父子关系自行恢复。

根据相关法律规定，财产方面会发生以下变化：①收养关系解除时，养子女在收养期间因继承、受赠、受遗赠等原因取得的财产，属于养子女个人所有的财产，应归其个人所有，其有权带走；②生父母要求解除收养关系时，养父母可以要求生父母适当地补偿收养期间支付的生活费和教育费，但因养父母虐待、遗弃养子女导致生父母起诉而解除的，养父母不得要求补偿；③因养子女成年后虐待、遗弃养父母而解除收养关系的，养父母可以要求养子女补偿收养期间支出的生活费和教育费。

3. 收养关系解除后，养子女要不要给老人支付生活费？

典型案例

74 岁老汉周庭玉于 30 年前在当地收养了一儿一女，现如今养子女都已经长大，并分别建立了家庭有了自己的孩子，而自己的身体健康状况却一天不如一天。养子一家虽然都居住在周庭玉的房子里，但却和其分火吃饭。近几年，周庭玉因心脏病复发多次住院，刚开始，养子女还能到医院看望，后来则不管不问，为此周庭玉的心灵上受到了极大的伤害，双方多次发生争吵，矛盾日益恶化。2009年2月，周庭玉向当地法院起诉，坚决要求与养子女解除收养关系，同时要求养子女支付多年来的抚养费用。法院经审理后认为，已形成抚养关系的养子女对养父母负有法定的赡养义务。由于两被告不履行自己应尽的赡养义务，周庭玉要求解除双方收养关系的理由正当、合理，法院应予以支持，遂依法作出判决。

法津分析

收养关系解除后，养子女与养父母之间的权利义务即告消灭。但这并不是说养子女与养父母之间就再没有任何关系了。成年的养子女，经养父母抚养成年后，有一定的经济能力，对年迈体弱、缺乏劳动能力又缺乏生活来源的养父母，应当给予必要的生活费，使其能够维持最基本的日常生活。如果成年的养子女，有一定经济条件，而拒绝给付既缺乏劳动能力又缺乏生活来源的养父母生活费的，养父母可以将其起诉到法院。在本案中，周庭玉将养子女抚养成年，现在他年迈体衰，而且缺乏必要的经济和生活来源，养子女有义务向其支付生活费。这就是法院作出判决的理由。

我国《收养法》第30条明确规定："收养关系解除后，经养父母抚养的成年子女，对缺乏劳动能力又缺乏生活来源的养父母，应当给付生活费。"即表明收养关系解除，成年养子女对其养父母的赡养义务并没有解除，无论是从法律角度还是从社会道德角度上讲，经养父母抚养成年的养子女，对养父母都有不可推卸的赡养义务。尊敬和赡养老人，是我们中华民族的优良传统，在任何时候都不能丢。

4. 男子离婚后，对妻子婚前收养的小孩是否需要承担抚养义务?

典型案例

2005 年 8 月，家住芜湖县的熊青玉来到深圳务工。打工期间，熊青玉与本地男子温运生互生好感。在两人恋爱期间，熊青玉在当地领养了一个一岁女孩，取名熊乐乐，并将她的户籍转移到自己名下。2007 年 4 月，熊青玉和温运生办理结婚登记手续后，一家三口回到了熊青玉的老家芜湖县。然而不同的生活习惯和风俗，让熊青玉与温运生的婚后生活充满了矛盾。2008 年 6 月，温运生在与熊青玉争吵后，负气离家出走，两年杳无音讯。无奈之下，2010 年 10 月，熊青玉向人民法院起诉离婚，主张女儿熊乐乐归自己抚养，由温运生负担熊乐乐生活费、教育费等相关费用共计 4 万元。法院经审理后认为，温运生外出至今未归，未与家庭任何成员保持联系，对家人不闻不问，完全没有家庭责任感，也未尽丈夫的义务。夫妻分居现已满两年，二人的夫妻感情确已破裂，法院判决准予离婚。

法律分析

最高人民法院《关于人民法院审理离婚案件处理子女抚养问题的若干具体意见》第 13 条规定:"生父与继母或生母与继父离婚时，对曾受其抚养教育的继子女，继父或继母不同意继续抚养的，仍应由生父母抚养。"

本案例中，熊乐乐乃熊青玉婚前所收养，在熊青玉与温云生结婚后，熊乐乐实际上与温云生形成了法律上的继父女关系，该关系因熊青玉与温云生二人夫妻关系的成立而形成，也因二人夫妻关系的解除而消灭，根据上述法条规定，离婚后，熊乐乐应由熊青玉单独抚养，温云生对熊乐乐并不需要再负抚养义务。

5. 已生育的夫妻，还能收养小孩吗？

典型案例‖

艾欣欣女士今年35岁，是一名中学语文老师，丈夫赵佳杰在当地一家事业单位工作，二人身体健康，经济收入稳定，夫妻关系融洽。二人婚后育有一独生子赵开心，现在已经上小学。现在二人还想收养一个女孩，遂向当地律师事务所律师提出咨询：他们现在的情况符合收养孩子的条件吗？

法律分析‖

我国《收养法》第6条规定："收养人应当同时具备下列条件：（一）无子女；（二）有抚养教育被收养人的能力；（三）未患有在医学上认为不应当收养子女的疾病；（四）年满30周岁。"可见一般情况下，艾欣欣与赵佳杰二人是不符合收养条件的，因为二人婚后已育有一子赵开心，不符合上述第6条中"无子女"的规定。但这种情况有个例外，根据我国《收养法》第8条第2款的规定，"收养孤儿、残疾儿童或者社会福利机构抚养的查找不到生父母的弃婴和儿童，可以不受收养人无子女和收养一名的限制"。因此本案的答案是，虽然二人现在育有一子，但是可以收养孤儿、残疾儿童或者社会福利机构抚养的查找不到生父母的弃婴和儿童。

6. 如何判定收养关系是否形成？

典型案例‖

2012年7月23日，石某的妻子丁某不幸因交通事故死亡，肇事车辆负全责。在公安交警大队的调解下，石某与肇事车辆车主达成赔偿协议，由肇事车主赔偿各项损失共计人民币 46 万元。丁某的亲生父母得知此事后要求女婿石某分给两人一部分的死亡赔偿金，考虑到两位老人的实际情况，石某答应给二人人民币 3 万元。岳父母嫌 3 万元太少，多次协商未果，遂将女婿告上法院，要求偿还赔偿款人民币 18 万元。

原来石某妻子丁某虽是两位原告的亲生女儿，但二人在丁某六岁时便将其送给别人抚养，被收养以后丁某就一直生活在养父母的家里，期间亲生父亲来看过几次。此外还发现，丁某虽被送养，但其户籍关系却依旧在其亲生父母的户口簿中。在调解的过程中，承办法官分别给双方讲亲情，讲法规，但双方在证据面前坚决不愿让步，法院依法判决。

法津分析

根据《中华人民共和国户口登记条例》（以下简称《户口登记条例》）相关规定，"户口登记簿和户口簿登记的事项，具有证明公民身份的效力"，"公民因结婚、离婚、认领、收养、分户、并户、失踪、寻回或者其他引起户口变动的时候，由户主或者本人向户口登记机关申报变更登记"。因此，丁某的身份以及其是否与养父母形成收养关系应以户籍登记为准。

在本案中，在法律上丁某与养父母并不存在收养关系，两原告与丁某之间的父母子女关系并未解除，两位老人是丁某生前承担扶养义务的被扶养人。作为丁某的父母有权要求被告给付赔偿款。但考虑到丁某实际由其养父母抚养成人，酌定判决被告石某支付两位老人赔偿款 6 万余元。

7. 如果无配偶男性收养女孩，年龄上是否有限制？

典型案例‖

郑某是幸福村村民，现年38岁。因妻子查某不能生育，通过熟人介绍，抱养了一名女孩田某。2011年6月，因查某患有轻微精神分裂症，夫妻二人经常因家庭琐事发生争吵，最终双方因感情破裂而离婚。同年底，幸福村村委会发现郑某不具备收养的条件，要求其将田某送还其亲生父母，遭到了郑某拒绝。田某的亲生父母向调委会申请调解。

调委会工作人员了解情况后，耐心向郑某宣传相关法律。2012年6月，郑某与田某的亲生父母达成协议：郑某将田某送还其亲生父母，田某亲生父母支付郑某经济补偿人民币36 000元。

法律分析‖

《收养法》第9条规定："无配偶的男性收养女性的，收养人与被收养人的年龄应当相差40周岁以上。"男性无配偶，包括男性因未婚、离婚或丧偶而无配偶的情况。一般情况下，收养人收养子女在年龄上应当年满30周岁，但是，对于无配偶的男性公民收养女性，我国《收养法》规定年龄要相差40周岁以上才能进行收养，这是法律对单身男性收养女性所作的特殊规定，也是法律对被收养的女婴和女童的特殊保护。

世界上许多国家的收养立法中都有类似的规定，这是从性别、年龄、生理特征、伦理道德等方面考虑而制定的，目的是维护社会公德，保障被收养人的健康成长，保护被收养女性的人身权利不受侵害。本案中，郑某已与查某离婚，属于无配偶的男性，且郑某与田某年龄相差30岁，不符合我国《收养法》规定的"无配偶男性收养女性，收养人与被收养人的年龄应当相差 40 周岁以上"的规定。同时根据我国《收养法》规定，生父母要求解除收养关系的，养父母可以要求生父母适当补偿收养期间支出的生活费和教育费。因此郑某应将女孩送还其亲生父母，但可要求女孩亲生父母给予其适当补偿。

8. 夫妻离婚后，养子女抚养费找谁要?

典型案例

董伊人与丈夫梁建成经人介绍后结婚，婚后两年一直未孕。最后经医院诊断，发现由于董伊人身体原因，很难怀孕。对此，两人的心里总有那解不开的疙瘩。后经亲戚、朋友的劝说，最终两人决定共同收养父母因车祸而成为孤儿的小星。还不满一岁的小星来到他们家，夫妻俩高兴极了，两人将其视为珍宝。去年因家中生活矛盾，夫妻感情破裂，最终两人协议离婚，12 岁的小星跟董伊人生活，但梁建成至今没有给小星一分钱抚养费。今年董伊人失去工作，独自抚养小星很困难。眼看小星要上中学了，董伊人多次找梁建成协商，希望他能出一些抚养费，帮助孩子完成学业。对于董伊人的请求，梁建成认为，小星不是他的亲生女儿，他已经和董伊人离婚了，和小星就没有关系了，也没有抚养小星的义务。为此，董伊人将梁建成告上法庭。

法律分析

本案涉及夫妻双方共同收养子女，离婚后，原来的收养关系是否解除的问题。若收养关系没有解除，不管未成年子女是否跟养父或母共同生活，养父或养母都有支付给养子女抚养费、教育费的义务。《收养法》第 26 条规定："收养人在被收养人成年以前，不得解除收养关系，但收养人、送养人双方协议解除的除外，养子女年满 10 周岁以上的，应当征得本人同意。收养人不履行抚养义务，有虐待、遗弃等侵害未成年养子女合法权益行为的，送养人有权要求解除养父母与养子女间的收养关系。送养人、收养人不能达成解除收养关系协议的，可以向人民法院起诉。"

本案中梁建成与董伊人离婚时，梁建成与送养人之间的协议并没有因此而解除，因此梁建成在小星成年以前不得单方面解除收养关系。梁建成认为，离婚了即没有收养关系，是不正确的。养子女与养父母之间，属于拟制血亲，养子女同亲生子女的法律地位是一样的。我国《收养法》第 23 条规定："自收养关系成立之日起，养父母与养子女间的权利义务关系，适用法律关于父母子女关系的规定。"因此，不管父母双方是否离婚，抚养自己的未成年子女都是父母的法定义务，且法律也并没有规定离婚是主张子女抚养费的前置条件。《婚姻法》第 21 条规定："父母对子女有抚养教育的义务；子女对父母有赡养扶助的义务。父母不履行抚养义务时，未成年的或不能独立生活的子女，有要求父母付给抚养费的权利。"所以，梁建成仍有抚养小星的义务，应支付抚养费和教育费。

9. 父子关系能够解除吗？

典型案例

1999 年 9 月，邓无畏与郝美丽因感情不和而协议离婚，当时他们的儿子邓栋梁年仅 8 岁。双方在协议中约定：婚生男孩邓栋梁由邓无畏抚养，扶养费也由其负责。2000 年底，邓无畏再婚，婚后又生有三胞胎儿子。由于孩子多，负担重，2006 年邓无畏就外出务工，根本没有心思和精力放在邓栋梁身上。邓栋梁上学时沉涵于网络游戏，很少看书学习，各项功课都很差，最后没有考上理想的大学。邓栋梁觉得父亲邓无畏没本事，邓无畏觉得儿子不上进，于是父子之间矛盾重重，最后发展为大打出手，置父子亲情于不顾。二人打斗中，邓栋梁失手将父亲打伤，伤透了父亲邓无畏的心。出院后，邓无畏起诉到法院，要求与儿子邓栋梁解除父子关系，法院裁定不予受理。

法律分析

父母子女关系，即亲子关系，是人类血缘中最近的直系血亲，是家庭生活的重要组成部分。根据我国婚姻法的相关规定，父母子女关系通常分为：自然血亲的父母子女关系和拟制血亲的父母子女关系。自然血亲的父母子女关系是基于子女出生的法律事实产生的，其中包括生父母和婚生子女的关系以及生父母与非婚生子女的关系。自然血亲的父母子女关系，只能因依法送养子女或者父母子女一方死亡的原因而告结束。在通常情况下，其相互关系不得解除。而拟制血亲的父母子女关系是基于收养或再婚的法律行为以及事实上的抚养关系而形成，由法律认可而人为设定。具体包括：养父母与养子女关系、继父母与受其抚养教育的继子女关系。拟制血亲的父母子女关系，是可以因收养的解除或继父（母）与生母（父）离婚及相互抚养关系的变化而终止的。

本案例中，邓无畏与邓栋梁是自然血亲的父母子女关系，他们之间的父母子女关系是不能解除的。不符合法院立案条件，故裁定不予受理。在实际生活中，我们经常遇到这样的情况：夫妻双方离婚后，子女归一方所抚养，而不抚养子女的一方就认为，其与子女之间的关系因为离婚而解除了。而结合上述分析可知，父母与子女之间的关系，并不必然因为夫妻离婚而解除。离婚后，子女不管是由父亲还是母亲抚养，仍然还是父母的子女。

三、继承基本法律常识

1. 什么是继承?

典型案例‖

蓝某有三个儿子和一个女儿,蓝某生前同次子蓝白银共同生活在 A 市某区。周某死后留有遗产房屋数间在 A 市某区,该房屋一直为次子蓝白银占据和使用。蓝某的长子蓝黄金(居住 B 市某区)、三子蓝青铜(居住 C 市某区)和女儿蓝铁花(居住 D 市某区)提出要求作为蓝某的法定继承人分割该遗产。但是,蓝某的次子蓝白银始终没有答应,而是一直对该房屋占有和使用。后三人遂提起诉讼,要求分割房产。

法律分析‖

我国民法上的继承是一种法律制度,指将死者生前的财产和其他合法权益转归有权取得该项财产的人所有的法律制度。根据《中华人民共和国继承法》(以下简称《继承法》)相关规定,继承分为遗嘱继承和法定继承两种主要类型。遗嘱继承,是指根据被继承人生前所立的遗嘱来处理他所遗留的财产。而法定继承,则是指按照法律规定的继承人的范围和分配办法对遗产进行继承,这种继承是按照法律规定的先后顺序来进行的。

继承人依照法律规定承受被继承人遗产的权利,称为继承权。继承权具有下列法律特征:①是一种财产权利,通过继承实现财产的移转；②以人身关系为基础，世界各国有关法定继承的规定，都是以继承人和被继承人存在婚姻、血缘等关系为依据而确定的；③继承权的实现要有一定的法律事实。法律规定的继承权只是继承人享有的一种期待权；只有被继承人死亡这一法律事实出现以后，继承权才成为既得权，开始遗产继承。

法定继承人的继承顺序，主要是根据继承人与被继承人血缘关系和婚姻关系的亲疏远近和法定的相互抚养义务来确定的。我国《继承法》规定，配偶、子女、父母为第一顺序继承人；兄弟姐妹、祖父母、外祖父母为第二顺序继承人。继承开始后，由第一顺序继承人继承，没有第一顺序继承人或者第一顺序的继承人全部放弃继承权或者丧失了继承权时，再由第二顺序继承人继承。在同一顺序的继承人中，没有先后顺序，一般情况下都均等的分割遗产。

此外，《继承法》第12条规定："丧偶儿媳对公婆，丧偶女婿对岳父母尽了主要赡养义务的，作为第一顺序继承人。"由此可见，尽了赡养义务的丧偶儿媳或者丧偶女婿可以依法继承公婆或者岳父母遗产。

在这里我们需要注意对以下法定继承人的认定：①配偶，合法有效婚姻关系的存在是配偶互为法定继承人的前提条件，如果是非法同居没有办理结婚证的，男女相互之间不存在继承权问题；②子女，根据我国《婚姻法》规定，子女包括婚生子女、非婚生子女、养子女和有抚养关系的继子女，子女对父母的继承权不受父母婚姻关系的变化影响；③孙子女、外孙子女及其晚辈直系血亲，根据我国《继承法》规定，他们不是法定继承人，只是在代位继承时可以享有一定继承权；④兄弟姐妹，则包括同父母、同母异父、同父异母的兄弟姐妹、养兄弟姐妹和有抚养关系的继兄弟姐妹。在本例中，原告蓝黄金、蓝青铜和蓝铁花作为蓝某的子女，在其死亡之后，作为其法定第一顺序继承人，对其留下的房屋依法享有继承权。

2. 丧偶儿媳或女婿有继承权吗?

典型案例

　　老魏有一子一女都已经成家立业,儿子叫魏宜可,女儿叫魏宜云。魏宜可生有独子魏晓天,女儿魏宜云和女婿臧明智已结婚两年,但没有子女。魏宜可不幸在 2008 年 10 月因交通事故死亡。老魏伤心过度,卧床不起,其间又听到女儿魏宜云查出癌症晚期,精神再次受到严重打击,于 2010 年 7 月病逝。其去世时,没有留下遗嘱,名下有一套 120 平方米的商品房和存款 20 万元。女儿魏宜云于 2010 年 11 月也因癌症去世。孙子魏晓天认为爷爷的房产及存款应该由自己全部继承,但其姑父臧明智却认为自己也有一定的继承权。魏晓天想不通,姑姑都已经去世了,姑父是外人,怎么可以继承爷爷的财产? 如果姑父有继承权,那自己的母亲也有继承权呀? 于是魏晓天 2011 年 5 月一纸诉状将姑父臧明智告上法庭。经法院审理认为:魏宜云作为被继承人的法定继承人,其在被继承人死亡后,遗产分割前去世,其已经继承了被继承人的财产份额。而臧明智作为魏宜云的唯一法定继承人,对老魏的财产享有权利是基于转继承,根据《继承法》的规定,臧明智对老魏的遗产享有继承权。

法律分析

　　根据《继承法》第 11 条的规定,代位继承指被继承人的子女先于被继承人死亡时,由被继承人子女的晚辈直系血亲代替先死亡的长辈直系血亲继承被继承人遗产的一项法定继承制度。本案当中,被继承人老魏的儿子魏宜可,先于被继承人老魏死亡,孙子魏晓天作为继承人魏宜可的唯一直系血亲，代替其父亲的位置来继承被继承人的遗产，其享有的份额等同于其父亲应继承的份额。

那么本案中法院判决其姑父臧明智享有继承权基于什么原因呢？这就涉及"转继承"的概念。转继承，是指继承人在继承开始后，遗产分割前死亡，本应由其继承的遗产份额转由其继承人继承的一项继承制度。本案当中女儿魏宜云作为被继承人老魏的法定继承人之一，在被继承人死亡后，遗产分割前死亡，那么本应该由魏宜云继承的份额，转而由其法定继承人臧志明继承。臧明智正是据此转继承，获得了其妻魏宜云应该从其岳父老魏处继承的份额。

根据我国《继承法》的规定，代位继承与转继承的区别如下：①代位继承中被继承人的子女先于被继承人死亡，而转继承中，继承人是在被继承人死亡后、遗产分割前死亡；②代为继承只存在于法定继承中，而转继承既适合于法定继承也适合于遗嘱继承；③性质不同，转继承是连续继承，代位继承是替补继承；④权利主体不同，在转继承关系中，享有继承权的主体包括继承人的全部继承人，如配偶、子女、兄弟姐妹、祖父母、外祖父母等，而在代位继承中，享有继承权的主体仅限于被继承人的晚辈直系血亲。

当然，对于魏晓天的疑问"为什么姑父臧明智有继承权，而自己母亲却没有继承权？"我们认为该问题涉及法定继承中继承顺序的问题。从《继承法》第 10 条的规定来看，儿媳和女婿二者都不在法定继承人的范围之内。但根据《继承法》第 12 条之规定，作为丧偶儿媳或女婿若想获得继承权，必须满足"对公、婆、岳父、母尽了主要赡养义务"这个前提条件。而本案中的魏晓天的母亲不存在这种情况，其姑父臧明智也不符合该条件。事实上，正如上述分析，臧明智也不是基于这个原因获得的继承权，而是基于其配偶魏宜云的死亡事实，发生转继承，获得继承老魏财产份额的权利。

3. 非婚生子女能否继承生父的遗产？

典型案例

未婚女子胡丽晓与有妇之夫陈耀祖同居期间怀孕，后迫于家庭压力，二人分手。后胡丽晓和张志方结婚，婚后5个月生下女儿张明敏。现陈耀祖亡故，张明敏持有关证据材料起诉要求继承陈耀祖的遗产。陈耀祖的家人对张明敏与陈耀祖之间的血缘关系予以认可，但认为陈耀祖和胡丽晓同居时张明敏并未出生，张明敏是胡丽晓和张志方结婚后才出生的，所以张明敏无权继承陈耀祖的遗产。

法律分析

婚生子女是男女双方在依法确立婚姻关系后所生育的子女，而非婚生子女则是在依法确立婚姻关系前或婚外行为所生的子女，如非法同居、婚前性行为、姘居、通奸乃至被强奸后所生的子女。根据我国《婚姻法》规定，在出生形式上，婚生子女与非婚生子女虽然是合法婚姻和非法婚姻的不同产物，但其法律地位却是相同的，承担相同的权利和义务。任何单位、社会团体和个人不得加以歧视或危害。我国《继承法》明确规定，该法所说的子女，包括非婚生子女。非婚生子女和婚生子女一样，都是合法的第一顺序继承人，都有权继承被继承人的遗产。在案例中，张明敏作为胡丽晓和陈耀祖的非婚生子女，有权利以第一顺序继承人身份继承陈耀祖的遗产，任何社会团体、单位及其个人都不得阻挠和干涉。

4. 胎儿有无继承权?

典型案例

　　安某是位汽车驾驶员，家庭经济状况较好。安某生育有三个儿子，其妻早年去世。2005年5月，安某的第三个儿子因车祸而死亡，此时，其妻子肖某已怀孕6个月。同年10月，安某突然发病死亡，安葬完毕之后，其长子与次子将遗留的11万元的现金和一栋价值16万元的楼房进行了分割。肖某得知后，遂向两位大哥提出异议，认为其怀孕胎儿应分得一份遗产。为此，两位大哥反对，认为弟弟已去世，肖某腹中胎儿不具有继承权。故肖某诉至法院，要求保护腹中胎儿的合法权益。

法津分析

　　根据我国《继承法》第28条规定："遗产分割时，应当保留胎儿的继承份额。"也就是说，在母体腹中的胎儿，在未出生前不能继承被继承人的遗产，但在遗产分割时，必须保留胎儿的继承份额。为胎儿保留遗产时，并不意味着该胎儿此时已继承了这份遗产，因为自然人的权利能力从出生时才开始，胎儿只有从母体中分娩出来后，才具有了权利能力，才算是真正的个人，才能取得继承权。需要指出的是，该份额原则上应按法定继承的遗产分配原则确定，如果是多胞胎的，则应按胎儿的数量保留继承份额。

　　对胎儿保留份额的处理，依胎儿出生时是死体还是活体而有以下三种情况：①如果胎儿出生时是活体的，则该保留份额为该婴儿所有，可由其母亲代为保管；②如果胎儿出生后不久即死亡，则该保留份额为该婴儿所有，但应由该死婴的法定继承人按法定继承处理；③如果胎儿出生时即为死胎，则该保留的份额由被继承人的继承人再分割。

此外，在处理遗产时，本应当为胎儿保留份额而没有保留的，即使其他继承人已经将遗产分割完毕，也应当从其他继承人所继承的遗产中扣回。

5. 罪犯是否享有继承权？

典型案例

孙某弟兄三人，其排行老三，因犯抢劫罪被法院判处有期徒刑7年。其父亲知道后，一气之下得了重病，后因医治无效去世。其父亲生前留下了3万元存款和一些其他财产。在分配遗产时，孙某的二哥以其犯了罪为由，拒绝让他继承父亲的遗产。

法律分析

在我国，公民因犯罪判处徒刑或者死刑，会在一定期限内或永久地被剥夺人身自由甚至会剥夺生命，有的还会被剥夺政治权利。但继承权是公民的基本民事权利，这种权利是由被继承人生前的意愿或继承人与被继承人的血缘关系、婚姻关系、抚养关系而自然取得的，是受我国法律保护的。在我国的法律规定中，公民享有广泛的民事权利。民事权利是与人们的生产、生活密切相关的，原则上不宜剥夺，而继承权属于民事权利的一种，当然也不能例外。

因此，在一般情况下，公民犯了罪，被判了徒刑，甚至被剥夺了政治权利，也仍然享有继承权，这是其他人不得侵犯的权利。但是，并不是每个被判刑的罪犯都享有继承权，根据我国《继承法》第7条之规定，"继承人有下列行为之一的，丧失继承权：（一）故意杀害被继承人的；（二）为争夺遗产而杀害其他继承人的；（三）遗弃被继承人的，或者虐待被继承人情节严重的；（四）伪造、篡改或者销毁遗嘱，情节严重的"。

在本案例中，孙某所犯的罪不是对继承人遗弃、虐待，更不是为了取得遗产，谋害被继承人或者其他继承人而被判处有期徒刑，因此张某仍然享有继承父亲遗产的权利。故孙某二哥的做法不正确，孙某尽管已经犯罪，却仍然具有继承权。

由于正在服刑改造期间，罪犯其人身自由受到限制，不可能亲自行使继承权参加继承，故其的继承权一般应由其近亲属代为行使并负责保管，等到继承人刑满释放后再将取得的财产交还给他（她）本人。如果其他继承人或遗产保管人侵犯了他（她）的合法权益，他（她）有权依照法律规定，向法院提起诉讼，以便维护自己的合法权益。如果被判死刑，如死刑在被继承人死亡之前已被执行的，则由其子女的晚辈直系亲属代位继承其应继承的份额。但对于丧失了继承权，被判处有期徒刑或者死刑的继承人，如果其晚辈直系血亲对被继承人尽了较多的扶养义务，可以分给他们适当的遗产。

6. 侄儿能否继承伯父的遗产？

典型案例

50多岁的邹丰年在年轻时家境贫寒，没有娶上媳妇孤身一人生活。因他懂得烧砖技术，自己开办了一家砖瓦厂，经营效益也不错。自己盖了5间大瓦房，添置了家用电器，日子过得挺舒心。不料突患脑溢血经抢救无效死亡。邹丰年是脾气倔强的人，多年来在生活上从不麻烦任何人，包括同在本村的唯一的侄子邹文清（邹文清父亲早已去世），与伯父并没有过多往来。但邹丰年突然去世没有留下遗嘱，也没有指定受遗赠人或与他人签订遗赠抚养协议。邹丰年去世后，邹文清亲自料理了伯父丧事，并且准备继承老人留下的砖瓦厂、5间大瓦房和5万元存款、家用电器等遗产。村委会得知此事后出面干涉，认为邹丰年的遗产应该作为无主遗产处理，不应由邹文清继承，全部财产应归村委会。由于村委会的阻拦，无奈邹文清起诉到法院，以其料理伯父邹丰年后事为由要求继承伯父的遗产。

法律分析

遗产，是指被继承人死亡时遗留的个人所有财产和法律规定可以继承的其他财产权益。包括积极遗产和消极遗产。积极遗产指死者生前个人享有的财物和可以继承的其他合法权益，如债权和著作权中的财产权益等；消极遗产指死者生前所欠的个人债务。

那么本案中，被继承人邹丰年的遗产，侄儿邹文清有权继承吗？根据我国《继承法》第10条规定："遗产按照下列顺序继承：第一顺序：配偶、子女、父母；第二顺序：兄弟姐妹、祖父母、外祖父母。"由此可见，侄子并不在法定继承人的范围内，没有继承叔叔或者伯父遗产的权利。在本案例中，邹文清既不是第一顺序继承人，又不是第二顺序继承人，而仅以其为伯父料理后事为由，要求继承伯父邹丰年的遗产，在我国法律上缺乏依据。

如果侄子对没有亲人、缺乏劳动能力和生活来源的伯父，提供经济来源和扶助，尽到了赡养义务，在伯父去世后，则可以分得伯父适当的遗产。即使被继承人的遗产因无人继承被收归国家或者集体组织所有，如果侄子对伯父扶养较多的话，起诉到法院后，法院一般情况下也会根据实际情况适当地分给遗产。但不能据此认定，侄子对伯父的遗产就有继承权。

7. 出嫁的女儿能否继承娘家遗产？

典型案例‖

原告的父母共生有三女一男，现均已成年，独立生活，1991年原告的父亲经有关部门批准在镇上建了 5 间店面房，1995 年因旧城改造，政府将位于县城内的两套商品房安置给原告父母。后原告父亲生病住院，母亲与女儿为家庭琐事产生矛盾。2010 年 7 月原告的父亲去世后，原告的母亲及弟弟各居住于其中的一套商品房内，5 间店面房由原告母亲以其名义出租，租金亦由其母亲收取。2010 年底，女儿提出要求分割房产，母亲以她们已经出嫁为由予以拒绝。三个女儿遂向法院起诉，要求分割房产和租金。

法律分析‖

我国法律明确规定妇女享有与男子平等的继承权，如《中华人民共和国宪法》（以下简称《宪法》）第 48 条规定："中华人民共和国的妇女在政治的、经济的、文化的、社会的和家庭的生活等各方面享有同男子平等的权利。"这彻底否定了剥夺妇女继承权的封建继承制度，对保护妇女继承权、协调家庭关系、促进社会稳定起到了良好的作用。子女对父母的遗产享有平等的继承权。在父母死亡后，不管子女是否已经出嫁，仍是第一顺序继承人，都享有继承权，任何人不得以任何理由剥夺这种权利。在我国很多农村地区，有的群众认为，嫁出去的女儿就是泼出去的水，跟娘家再没有任何关系，其实这种想法是错误的。女儿和儿子一样，都是父母生的，享有的权利也是一样的。在事例中，母亲以女儿出嫁为由剥夺她们的继承权的做法是不合法的。

虽然出嫁的女儿与儿子享有平等的继承权，但是在实际生活中出嫁的女儿因为种种原因，在父母健在时，没有像做儿子的一样尽到赡养义务。因此，法院在判决时，一般在肯定他们具有继承权的基础上，根据权利义务相一致的原则，在分配遗产时会适当少分。当然，有扶养能力或者抚养条件较好的子女虽然与父母共同生活，但对需要扶养的父母不尽扶养义务，在父母去世后分配遗产时，一般会少分或不分。

8. 父母一方去世后，子女能否要求分割遗产？

典型案例

铁成钢与甄若水夫妇生有一个儿子铁如峰和一个女儿铁静宁。2004年6月，铁如峰大学毕业后，找到了工作，买了房，成了家。而铁宁静高中毕业后，就开始工作，但一直没有找到合适的对象。2008年9月，铁成钢不幸因病去世。办完丧事的两个月后，铁如峰就跟母亲提出要求分割父亲遗留下的40万元。但是其母亲甄若水坚决不同意，并骂他是不孝之子，只有等到她去世以后才可以继承遗产。为此，母子之间有了隔阂。直到有一天，人民法院在普法宣传时，甄若水咨询了该问题，才发现是自己当初误会了儿子，原来根据法律规定，父母一方去世后，子女是可以要求分割遗产的。

法律分析

我国很多地方的民间传统习惯中，父母一方去世而另一方还健在时，一般并不马上对父母的财产进行处理，而是等到父母双方都离世后，子女才对父母遗留下来的财产进行处理。正如案例中，当父母中还有一人健在就要求分割已经去世一方的遗产，一般会被认为不孝顺、不道德的表现。其实，根据我国法律规定，被继承人死亡后继承就开始，也就是父母一方死亡，儿女和其他继承人都有要求继承其遗产的权利。所以，子女可以在父母一方死亡后，依法要求继承父母遗留下来的遗产，并不需要等到父母双方都死亡后才来处理财产。因此，铁如峰在其父铁成钢去世后，向其母亲提出分割其父的遗产的要求是符合法律规定的，甄若水不能以任何理由予以拒绝。

当然，如果父母一方死亡尚有另一方健在的，做子女的不要求继承遗产，而是把遗产交给健在的一方保管的，使健在的一方在精神上有个寄托，在生活上有所保障，也是符合人之常情的，与我国传统风俗习惯也是一致的。但是，在有些情况下，如果子女不及时处理父母一方遗留下来的财产，其继承权极有可能受到侵害。比如父母一方去世后，另一方带遗产再婚的，如不处理遗产，子女应有的遗产可能会被再婚父母一起带走。所以，在什么时候处理父母死亡一方的遗产这个问题上，合法的继承人在任何时候都可以提出遗产分割要求。

9. 继承继母的遗产后，能否再继承生母的遗产？

典型案例▎

1991 年 11 月，张大龙父亲张福全与其母亲王桂枝协议离婚。当时协议约定，年仅 6 岁的张大龙由其父张福全抚养，王桂枝每月支付扶养费 500 元。离婚后，张福全又与李晓梅结婚，生有一子张小龙，张大龙也一直跟随继母李晓梅生活。但其生母王桂枝因性格比较倔强，一直未再结婚。2006 年 7 月，李晓梅因车祸不幸去世，且生前没有遗嘱，张大龙遂以第一顺序继承人身份继承了其遗产。福无双至，祸不单行。2009 年 5 月，王桂枝因患重病不治身亡。王桂枝生前拥有一套房产和 10 万元存款。在处理王桂枝遗产时，张大龙与其外祖父王玉玺发生分歧，其外祖父认为其已经继承了其继母的遗产，就不应当再继承生母的遗产，房屋和存款都归自己一个人所有。为此，张大龙将其外祖父告到法院。

法 津分析

根据我国婚姻法的相关规定，继母和受其抚养教育的继子女之间的权利义务关系，适用婚姻法中父母子女关系的有关规定。继父母与继子女的关系是由于父母一方死亡，另一方再婚，或者因父母离婚，一方或双方再婚而形成的。我国继承法还规定，法定继承人中的子女包括有抚养关系的继子女，父母也包括有抚养关系的继父母。也就是说，继父母、继子女之间只要有抚养关系，相互之间就有继承权。本案例中，张大龙与其继母李晓梅已经形成了我国法律上的抚养关系，因此张大龙有权继承李晓梅的遗产。

父母与子女之间的关系，不会因为父母离婚而解除。离婚后，子女无论是不是由父或母直接抚养，仍是父母双方的子女。张大龙虽然一直与父亲和继母一起共同生活，但是张大龙仍然是王桂枝的儿子。对继母遗产的继承，并不影响其对生母遗产继承的权利。当然，如果生母另有遗嘱就是例外情形。在本案例中，张大龙与生母王桂枝的关系，并没有因父母离婚而解除，双方之间的权利义务关系仍然存在，相互之间仍然存在继承遗产的权利。所以张大龙要求继承生母遗产的要求合乎法律的规定，应当得到支持。反之，其外祖父的说法是不合法的。

10. 保险金能否作为遗产继承？

典 型案例

肖金莲与史玉洁系婆媳关系。2009 年 7 月，高辉作为老板给曾平生（肖金莲之子、史玉洁之夫）购买了一份最高额 5 万元的人身意外伤害综合保险，未指定受益人。2011 年 3 月，曾平生在驾驶公司大货车时，不幸发生车祸，当场死亡。料理完后事之后，婆媳二人因为保险公司 5 万元保险金的归属发生了纠纷。无奈之下，婆婆肖金莲将儿媳作为被告起诉到法院，要求分割 5 万元的保险金。法院经审理，认为投保人高辉在为被保险人曾平生购买人身意外伤害综合保险时，并未曾指定受益人。根据相关法律规定，该保险金应当作为被保险人的遗产。肖金莲和史玉洁二人作为曾平生的第一顺序法定继承人，对曾平生死亡后的取得的 5 万元保险金均享有继承权，遂判决各分得 2.5 万元。

法津分析

在现实生活中，很多人都认为，只要是死亡人留下来的财产就都属于遗产范围，都可以进行继承，保险金也是一样，其实这种想法是错误的。对于保险金是不是属于遗产，能不能作为遗产进行继承，要根据实际情况进行判定，保险金是不是遗产主要取决于保险金的财产性质。根据我国法律规定，如果该保险已经指定了具体的受益人，那么所取得的保险金就不能作为遗产来分割，而应由指定的受益人直接取得。如果出现以下情况，则保险金作为被保险人的遗产，由保险人依照我国继承法的规定履行给付保险金的义务：①没有指定受益人，或者受益人指定不明无法确定的；②受益人先于被保险人死亡，没有其他受益人的；③受益人依法丧失受益权或者放弃受益权，没有其他受益人的。另外如果受益人与被保险人在同一事件中死亡，不能确定死亡先后顺序的，则推定受益人死亡在先。在本事例中，高辉给曾平生购买人身意外伤害综合保险时，未指定受益人，符合第一种情况，理应按照我国继承法的规定进行继承，所以法院最终判决二人对保险金进行均分的做法是正确的。

11. 抚恤金可以继承吗?

典型案例||

刘富有和王建英生有一个儿子和两个女儿,两个女儿都已成家。儿子刘天亮小时候患有小儿麻痹症,至今未婚。王建英去世后,刘富有又与初中同学张萍萍结婚,重新组建了家庭。此后不久,刘富有从邮政局退休,与张萍萍回到农村老家生活。2009年12月,刘富有不幸因车祸去世,该单位知道后,按照有关规定,一次性发给刘富有家属抚恤金3万元。在处理该抚恤金时,刘富有两个女儿与张萍萍发生纠纷,将其诉至法院要求平均分割3万元抚恤金。该案后经法院进行调解,刘富有两个女儿放弃了该项请求,由张萍萍和刘天亮各领取1.5万元。

法津案例||

在现实生活中,很多人将抚恤金与遗产混为一谈。其实抚恤金又称抚恤费,是由国家或有关单位依照有关规定发放给死者家属或伤残职工的费用。国家机关、企事业单位和社会团体的职工,因公负伤被确定为残废、完全丧失劳动能力不能工作的,有关国家机关、企事业单位或社会团体应发给伤残职工抚恤金,直至伤残职工死亡时为止。因此在性质上,抚恤金并不属于死者遗产。

第一,国家机关、企事业单位或者社会团体的职工,因公死亡时,定期按一定标准发放给受死者供养的直系亲属一定的抚恤金,直至受供养人成年或失去供养条件为止。这种抚恤金是发放给死亡职工的直系亲属的,因此,属于直系亲属的财产,不能作为死亡职工的遗产由所有继承人继承。

第二,交通肇事致人死亡抚恤费在交通事故中死亡的公民,肇事单位应给受死者供养的直系亲属一定数额的抚恤费。这些抚恤费是发放给受供养人的，属于受供养人的财产，而不是死者的遗产，不能以遗产继承的方法分割。

第三，因革命军人致残、牺牲而发放的抚恤金依照我国兵役法的规定，现役军人参战或因公负伤致残的由部队评定残废等级，发给残废军人抚恤证和一次性发给抚恤金，这些抚恤金是发放给残废军人的，属于其个人的财产，在其死后可以作为遗产，由其继承人继承。

现役军人牺牲、病故的，我国兵役法规定的应由国家一次性发给家属一笔抚恤金；其家属无劳动能力或者无固定收入不能维持生活的再由国家定期发给抚恤金，这些抚恤金属于军人家属所有，军人死后不能作为其遗产处理。如国务院《军人抚恤优待条例》第14条规定："一次性抚恤金发给烈士、因公牺牲军人、病故军人的父母（抚养人）、配偶、子女；没有父母（抚养人）、配偶、子女的，发给未满18周岁的兄弟姐妹和已满18周岁但无生活来源且由军人生前供养的兄弟姐妹。"

综上所述，在本案例中，刘富有去世后，其生前单位发给其亲属的抚恤金并不是遗产，因此不是由其法定继承人像继承遗产一样进行继承。法院最后根据当事人之间的实际情况进行调解，由张萍萍和刘天亮各领取1.5万元，是符合法律规定和人之常情的。

12. 公积金可以继承吗？

典型案例‖

姜某于今年10月去世，生前未立遗嘱，留下住房、银行存款等各项遗产，另有住房公积金17.4万余元。姜某去世后，其妻子黄某、儿子姜小某与姜某的父亲姜某某因遗产继承发生分歧。妻子黄某认为该笔住房公积金应用于继续偿还住房贷款，不应作为遗产在继承人之间分配；而姜某的父亲姜某某则认为住房公积金也应当作为遗产进行分配；儿子姜小某对分配的数额有不同意见。最终，姜小某一纸诉状将母亲黄某和爷爷姜某某诉至法院。根据《继承法》第15条规定的"继承人应当本着互谅互让、和睦团结的精神，协商处理继承问题。遗产分割的时间、办法和份额，由继承人协商确定"，法院成功对此案进行了调解，黄某及姜某某自愿放弃对姜某遗产的继承，姜某遗留下的17.4万元住房公积金归姜小某继承。

法律分析

这是一起典型的因住房公积金继承引发的祖孙三代纠纷案件。《婚姻法解释（二）》第11条规定："婚姻关系存续期间，下列财产属于婚姻法第十七条规定的'其他应当归共同所有的财产'：……（二）男女双方实际取得或者应当取得的住房补贴、住房公积金；……"所以对该公积金应区分婚前婚后，婚前部分全部是遗产，婚后部分只有二分之一是遗产。结合本案，对于姜某的17.4万公积金也应当按照婚前婚后标准进行区分，婚前部分全部是遗产，可以依法由其父亲姜某某、妻子黄某以及儿子姜小某进行分割；而婚后部分的二分之一应属于其妻子黄某所有，剩下的二分之一是遗产，由姜某某、黄某以及姜小某进行分割。

根据我国法律规定，个人继承或受遗赠住房公积金的，继承人或受遗赠人可持经公证的继承或遗赠文件，到被继承人或遗赠人单位开具"住房公积金支取申请书"，再到归集部门提取所遗留的住房公积金本息余额和办理销户手续。在职期间去世的职工，由其合法继承人或受遗赠人提取住房公积金本息余额。其结余公积金可以由其合法继承人继承。职工或其合法继承人提取的公积金，免征个人所得税。

13. 无人继承的遗产该如何处理？

典型案例

　　叶武明与妻子沈蓉蓉夫妻关系特别好，遗憾的是，二人婚后一直没有子女。双方风雨同舟20多年，直到沈蓉蓉因病去世。在其去世之后，叶武明心灰意冷，很多人都给他介绍对象，他都一一予以拒绝。因此他一直孤身一人生活，直到去世。因叶武明没有子女，所以村委会帮忙料理了后事。叶武明去世后，遗留了一栋三间砖混结构房屋，因其没有继承人，又没有立下遗嘱，最终该房屋归其所在的村民委员会所有。

法律分析

　　一般来说，无人继承的遗产，是指没有法定继承人也没有遗嘱继承人，或者全部继承人都放弃继承权或被剥夺继承权的遗产。在没有法定继承人的条件下，虽有遗嘱但其遗嘱只处分了部分遗产，或遗嘱只部分有效，其未经处分的遗产或遗嘱无效部分的遗产，一般也属于无人继承的遗产。具体而言，无人继承的遗产，包括以下四种情形：①公民死亡时，既没有法定继承人，也没有受遗赠人，没有法定继承人，是指没有第一顺序也没有第二顺序的法定继承人；而遗嘱继承人须在法定继承人中指定；②公民死亡时，虽然有法定继承人，或者遗嘱继承人，或者受遗赠人，但他们全部放弃继承或是拒绝接受遗赠；③公民死亡时，虽有法定继承人或是遗嘱继承人，但是全部丧失继承权，同时又没有受遗赠人或是受遗赠人放弃受遗赠；④公民死亡时，无法定继承人也没有受遗赠人。

那么在上述情况出现后，无人继承遗产，那么遗产该怎么处理？根据我国《继承法》规定，无人继承又无人受赠的遗产，根据死者生前身份确定遗产归属问题。如果死者生前是集体所有制组织成员的，归所在的集体所有制组织所有。如果死者生前不是集体所有制组织成员的，归国家所有。在上述案例中，叶武明死后，既没有法定继承人，也没有受遗赠人，故其遗留下来的遗产，应归其所在的集体所有制组织所有。

在日常生活中，虽然有的被继承人没有继承人，但在他生前还有需要他抚养的或者生前对他尽了更多的扶养义务的人。因此我国法律规定，对继承人以外的依靠被继承人抚养的缺乏劳动能力又没有生活来源的人，或者继承人之外的对被继承人扶养较多的人，可以分给他们适当的遗产。

14. 多份遗嘱并存，应该怎么办？

典型案例‖

曹不为与妻子米子兰生育有两个儿子，分别是曹孝文和曹孝武。两个儿子现已成家另过。妻子米子兰不幸去世后，曹不为四处打工，省吃俭用，积攒了 10 万元人民币。2001 年 8 月，曹不为感觉大儿子比较孝顺，就到公证处办理了一份公证遗嘱，表示自己死后 10 万元存款由大儿子曹孝文继承其中 6 万，小儿子曹孝武继承 4 万。2006 年以后，曹不为发现大儿子两口子对自己不如以前孝顺了，就重新亲笔书写了一份遗嘱，表示自己死后 10 万元存款由大儿子曹孝文继承 4 万，小儿子曹孝武继承 6 万。2009 年曹不为突发疾病去世，料理完父亲后事之后，两兄弟因为父亲的 10 万元遗产各执一词，最后闹到法院。法院最终判决按照公证遗嘱的内容对曹不为的遗产进行分割。

遗嘱见证人：①无民事行为能力人、限制行为能力人，即 18 周岁以下的未成年人和精神病人不能作为遗嘱见证人。但是 16 周岁以上未满 18 周岁的公民，如果以自己的劳动收入为主要生活来源的，视为完全行为能力人，可以作为遗嘱见证人。②与继承人、受遗赠人有利害关系的人。与继承人、受遗赠人有利害关系的人，由于利益关系的影响，难以保证其证明的真实性、公正性，所以这些人也不能作为遗嘱见证人。

　　在司法实践中，继承人、受遗赠人的债权人、债务人、共同经营的合伙人，都被视为与继承人、受遗赠人有利害关系的人，不能作为遗嘱见证人。在该案例中，风如至作为风清扬的遗产继承人，在立遗嘱时作为见证人签名，违反了我国《继承法》的规定，所以法院判其无效。而风清扬在电话里对其子风百强的承诺也并不符合口头遗嘱的形式要件，所以也是无效的。在两个遗嘱都无效时，应当按照法定继承对遗产进行分割，所以法院最终判决遗产按照法定继承顺序由风百强和风如至继承是正确的。

16. 受遗赠人先于遗赠人死亡，遗产怎么办？

典型案例

　　孙长江是个单身汉，一生未曾娶妻，一直跟父母一起生活。在父母去世后，孙长江就开始一个人生活。侄子孙赣江平时对孙长江很孝敬，过年过节也会给他送吃送喝的。孙长江也觉得这侄子不错，就写了一份遗嘱，表明在其去世后，其所有的三间瓦房由其侄子孙赣江继承。不幸的是，侄子孙赣江因车祸先于孙长江去世。孙长江去世后，本村村民委员会帮其料理了后事。事后，由于孙长江遗留下的三间瓦房，侄媳李卫红与村委会产生了纠纷。最后经法院司法人员出面调解，三间瓦房，村委会拥有一间，剩下两间属于李卫红所有。

法 律分析

遗赠作为遗嘱继承的一种特殊形式，是指公民以遗嘱的方式将个人财产的一部分或全部赠与国家、集体或者法定继承人以外的人，而在其死亡时才发生法律效力的法律行为。也就是说，受遗赠人可以是自然人，也可以是法人或者其他组织，也可以是与赠与人有密切关系的人或者与遗赠人没有任何关系的人。根据我国《继承法》规定，遗赠生效必须具备三个条件：①遗赠的意思表示真实有效；②遗赠人先于受遗赠人死亡；③受遗赠人明示表示接受遗赠。

由于遗赠在立遗嘱人死亡时才发生法律效力，如果受遗赠人先于遗赠人死亡，则遗嘱无效。在本案例中，因为作为受遗赠人的孙赣江先于立遗嘱人孙长江死亡，故孙长江立下的遗嘱无效。那么，如果孙赣江妻子李卫红的主张基于此，则显然不能得到法院的支持。在孙长江既没有法定继承人，遗赠又失效的情况下，三间瓦房属于无人继承的财产。因考虑到孙赣江及其妻子李卫红尽了主要赡养义务，故在分割孙长江遗产时，考虑分给孙赣江一些份额，孙赣江死后这一份额就由其妻李卫红继承，这是符合我国法律规定的。

我国法律不限制赠与人处理自己的财产给受赠人。受遗赠人尽管无偿取得遗产，一般是只享有权利不履行义务，但对被继承人生前所负的债务，应先用其遗产进行偿还。如果还有剩余，剩余部分再执行遗赠，受遗赠人本身不负清偿债务的义务。此外，赠与人不得剥夺无独立生活能力又无其他生活来源的法定继承人的遗产份额。

而在现实生活中，在赠与人立下遗嘱将遗产赠与他人时，受遗赠人通常情况下不知道怎样做才表示接受遗赠。根据我国《继承法》相关规定，受遗赠人如果知道受遗赠后，必须在两个月内作出接受或者放弃受遗赠的明示表示。如果到期没有表示，则就视为受赠人放弃受遗赠。所以，受遗赠人没有明示表示接受遗赠，事后不能再接受遗赠。

17. 遗赠扶养协议，可以解除吗？

典型案例‖

2008 年初，王大爷的妻子因交通事故受伤瘫痪，卧床不起，王大爷又年事已高，没有子女，由于妻子需要人照顾，王大爷联系上了张先生，希望张先生能够照顾陪伴妻子一段时间。于 2008 年 6 月 9 日，王大爷与张先生签订了一份协议，其主要内容为：王大爷及其妻子现年事已高，身残体弱，无人照顾，同意由张先生照顾夫妻两人的生活及死后事宜，并在夫妻两人去世后将夫妻两人的一切财产（主要是房产）赠与张先生。同年 9 月 18 日，王大爷将 40 万元银行存款交给张先生，目的是请张先生为其买房用于养老。可天不从人愿，王大爷的妻子不久便去世了。王大爷要求张先生将 60 万元返还，但张先生认为协议中已经写明将一切财产赠送与他，那这 40 万元理所应当也是属于赠与，拒不返还。无奈之下，王大爷只好到法院起诉，要求张先生返还 40 万元。经法院审查认为：张先生提交的书面协议不能证明 40 万元属于赠与。王大爷作为 40 万元存款的所有权人，有权要求张先生及时返还占有的财产。法院最终支持了王大爷的诉讼请求。

法律分析‖

在上述案件中，王大爷与张先生于 2008 年 6 月 9 日所签订的协议，是一份遗赠扶养协议。所谓遗赠扶养协议，是指在受扶养人与扶养人之间签订的，由扶养人承担受扶养人的生养死葬的义务，受扶养人自己的财产在其死后转归扶养人所有的协议。自愿合法达成的协议，任何一方都不能随意变更或者撤销，如果给对方造成损失，还要依法承担相应的赔偿责任。但这并不是说，双方一旦签订遗赠扶养协议，就不可以解除。

如果扶养人对受扶养人不履行生养死葬义务、不妥善安排受扶养人的生活、虐待受扶养人或者随意中断对受扶养人的扶养或者照顾，受扶养人可以解除遗赠扶养协议，而且无须支付扶养人为供养受扶养人而支出的扶养费。本案中张先生认为在该协议签订后，该协议就已发生效力，自己已经取得这40万元银行存款所有权，但这一观点其实是错误的。只有在王大爷及其妻子去世以后，该遗赠抚养协议中所述财产才归张先生所有。张先生主张该笔40万元银行存款属于赠与，但根据民事诉讼上"谁主张谁举证"的原则，其有义务提供相关证据证明自己的主张，可现在张先生无法提交相应的证据证明，故无法认定该赠与存在。

而王大爷将40万元银行存款交给张先生的本意，是想让其为自己购买用于养老的房屋。两人虽然没有签订任何书面协议，但实际上是形成了民法上的委托合同关系。依照相关法律规定，王大爷作为委托人是可以随时解除委托合同的，如果给受托人张先生造成损失，应当承担赔偿责任。而作为受托人的张先生应当将该银行存款还给所有人王大爷。因此，法院作出支持王大爷诉讼请求的判决是正确的。

18. 遗产分割后，被继承人生前所负的债务怎么办？

典型案例

张某死后留有遗产100万元。张某立有遗嘱，将价值50万元的房产留给女儿，将价值 10 万元的汽车留给外甥。遗嘱未处分的剩余 40 万元存款由妻子于某与女儿按照法定继承各分得一半。遗产处理完毕后，贾某通知于某等人，张某死亡前一年向其借款，本息累计 70 万元至今未还。经查，贾某所言属实，此借款系张某个人债务。张某妻子于某与女儿不知此事该如何处理，遂向当地法律服务中心进行咨询。

法律分析‖

根据我国《继承法》规定，继承开始以后，继承人在遗产分割之前，应首先用被继承人遗留下来的财产清偿被继承人遗留的债务，清偿后剩余的财产，才作为实际存在的遗产按照法定继承进行分割。也可以在继承开始后，继承人先根据法律规定对遗产进行分割，然后按照各自所继承的遗产份额的多少，按比例分别承担清偿被继承人债务的责任。但是需要注意的是，这种承担必须以遗产的实际价值为限，而且各继承人应对债权人承担连带责任。

此外最高人民法院《关于贯彻执行〈中华人民共和国继承法〉若干问题的意见》（以下简称《继承法意见》）第 62 条规定："遗产已被分割而未清偿债务时，如有法定继承又有遗嘱继承和遗赠的，首先由法定继承人用其所得遗产清偿债务；不足清偿时，剩余的债务由遗嘱继承人和受遗赠人按比例用所得遗产偿还；如果只有遗嘱继承和遗赠的，由遗嘱继承人和受遗赠人按比例用所得遗产偿还。"

本案例中，张某的女儿继承 50 万元的房产，属于遗嘱继承；张某的外甥继承 10 万元的汽车，属于受遗赠；于某和张某的女儿对 40 万元存款的继承，属于法定继承。因此，此案例中，法定继承、遗嘱继承和遗赠都存在。根据我国司法解释的相关规定，应先由法定继承人用其所得的遗产（40 万元存款）偿还债务，即于某和张某的女儿各自承担20万；剩余的30万元债务，由遗嘱继承人张某的女儿和受遗赠人张某的外甥，按照所得遗产的比例(5:1)予以清偿，其中张某的女儿仍需要清偿25万，因此张某的女儿共需要向债权人贾某偿还45万，张某的外甥需要负担5万，而张某之妻于某需要偿还20万。

婚姻家庭继承典型判例 第二篇

一、婚姻典型判例

1. 原告连振文诉被告盛业虎、韦岩峰债权债务纠纷案件

裁判要旨

《婚姻法》第41条规定，"离婚时，原为夫妻共同生活所负的债务，应当共同偿还"。根据该条的规定可知，夫妻共同债务，是指在婚姻关系存续期间，夫妻双方或一方为维持共同生活的需要，或出于为共同生活的目的从事经营活动引起的债务，若与婚后的共同生活无关或为了个人的需要而负有的债务应属夫妻个人债务。而《婚姻法解释（二）》第24条关于"债权人就婚姻关系存续期间夫妻一方以个人名义所负债务主张权利的，应当按夫妻共同债务处理"的规定，应理解为是夫妻一方以个人名义为夫妻双方谋取利益时所负的债务，债务人的配偶对债务是否为家庭共同利益所负应享有抗辩权，而举债的一方对该债务是否用于谋取家庭共同利益负有举证责任，否则不能认定为夫妻共同债务。

案件事实

被告盛业虎与被告韦岩峰原为夫妻。2003年9月20日，盛业虎向原告连振文出具借条一张，内容为："今借到连振文人民币贰拾万元整，期限叁个月（2003年9月20日~2003年12月20日），年利率10%"（2003年10月13日，广州市芳村区出具［2003］穗芳证字第3373号公证书，证明上述借条上盛业虎的签名属实）。

2003 年 9 月 25 日，韦岩峰向广州市东山区人民法院（现为广州市越秀区人民法院）提起诉讼，要求与盛业虎离婚。2003 年 12 月 25 日，广州市东山区人民法院作出〔2003〕东法民一初字第 2461 号民事判决书，判决：准予韦岩峰与盛业虎离婚；离婚后，韦彦希由韦岩峰携带抚养，盛业虎无须支付抚养费；位于惠州市惠城区竹树新村 D 栋一单元 102 房及广州市天河区林和西路中泰广场主楼裙楼第三层 353 号铺位产权归韦岩峰和盛业虎共同共有；离婚后，海尔 1 匹分体空调、格兰仕微波炉、29 寸海尔彩电、扬琴、取暖器各一台，红木双人床一张，14 寸电视机一台归韦岩峰所有；29 寸彩电、TCL 数码相机、消毒碗柜、洗衣机各一台及书机、办公桌椅各一张归盛业虎所有；盛业虎支付 3 921.05 元给韦岩峰。

因盛业虎一直未清偿上述借款，原告连振文认为，盛业虎与韦岩峰尽管已经离婚，仍应对上述债务承担连带清偿责任，遂于 2005 年 1 月 10 日诉至天河区人民法院，以盛业虎与韦岩峰为共同被告，请求判令：①两被告连带清偿欠款本金贰拾万元；②两被告连带清偿利息；③本案诉讼费由被告承担。

后韦岩峰与盛业虎均不服该判决，上诉至广州市中级人民法院。

法院判决

广州市中级人民法院审理后认为：上诉人连振文与被上诉人盛业虎之间的借贷关系有借条和公证书为证，双方也予以认可，法院对借款的事实予以确认。连振文上诉认为应当遵循《婚姻法解释（二）》第 24 条的规定，将此债务认定为盛业虎与韦岩峰的共同债务。然而司法解释是对现行法律的解释，《婚姻法解释（二）》第 24 条是对《婚姻法》第 41 条的解释与细化。根据《婚姻法》第 41 条的规定，认定夫妻共同债务应具备两个条件：一是该债务是婚姻关系存续期间所发生；二是该借款是用于夫妻共同生活。所以对《婚姻法解释（二）》第 24 条所规定的"夫妻一方以个人名义所负债务"应理解为是夫妻一方以个人名义为夫妻双方谋取利益时所负的债务，债务人的配偶对债务是否为家庭共同利益所负应享有抗辩权，而举债的一方对该债务是否用于谋取家庭共同利益负有举证责任，否则不能认定为夫妻共同债务。本案中，借款不是以盛业虎与韦岩峰二人共同名义所借，盛业虎未提供证据证实该借款是在与韦岩峰婚姻关系存续期间为夫妻双方的共同利益所借，在夫妻拥有巨额存款和财产的情况下，也不能合理解释借款是用于夫妻共同生活的开支，因此，盛业虎向连振文所借的 20 万元款项应当认定为盛业虎的个人欠款，由其个人承担清偿责任。连振文请求判令盛业虎与韦岩峰对 20 万元借款及利息承担连带清偿责任，法院不予支持。综上所述，连振文上诉请求理由不充分，法院不予支持，原审判决并无不当，可予维持。最终该院判决：驳回上诉，维持原判。本案二审受理费 5 890 元由上诉人连振文负担。

2004 年 10 月 15 日，广州市中级人民法院作出判决：维持原审判决第一、二、四项判决；变更原审判决第三项判决为：位于惠州市惠城区竹树新村 D 栋一单元 102 房归韦岩峰所有。位于广州市天河区林和西路中泰广场主楼裙楼第三层 353 号铺位归盛业虎所有；变更上述判决第五项为：盛业虎支付 211 515.41 元给韦岩峰；位于广州市天河区林和西路中泰广场主楼裙楼第三层 353 号铺位的债务由盛业虎负担。另据广州市中级人民法院查明，盛业虎在离婚诉讼中，先后提取了其名下的银行存款 31 万余元，广州市东山区人民法院对盛业虎的账户余额冻结了 96 700.73 元。

法律依据

《中华人民共和国民事诉讼法》第 153 条；
《中华人民共和国婚姻法》第 41 条；

最高人民法院《关于适用〈中华人民共和国婚姻法〉若干问题的解释（二）》第 24 条；

最高人民法院《关于贯彻执行〈中华人民共和国民法通则〉若干问题的意见（试行)》第 122 条。

2. 原告梁三俊诉被告原慧莲离婚案件

裁判要旨

一般情况下，离婚时，夫妻共同财产分割要根据男女平等，保护妇女、儿童和老人合法权益，尊重当事人意愿和照顾无过错方的原则进行处理。其中对"照顾无过错方"的理解，通常认为是指有婚外情的因素或第三者致使离婚的，有婚外情或第三者的一方为过错方。这种认识未免狭窄。事实上，一方故意毁损夫妻共同财产，将夫妻共同财产积极、显著减少的，本质上是侵害了另一方对夫妻共同财产的财产权，这种行为的违法性是显而易见的，行为人应当对自己的违法行为承担相应的法律责任。

案件事实

1996 年 12 月 5 日，原告梁三俊与被告原慧莲登记结婚，婚后生有一女，取名梁佩琴，现年四岁，随梁三俊生活。共同生活期间，原、被告双方常因家庭琐事发生争吵。1999 年农历三月十九日晚，原慧莲因与梁三俊发生矛盾，一气之下，用家中剪刀和刀片将家中电器、家具、灶具、衣物等予以不同程度的毁坏，并将家中存放的 30 条公主烟、7 条桂花烟和 1 条蝴蝶泉烟全部捣烂。当晚被告离家出走。事后，梁三俊于 5 月 9 日向孝义市公安局报案。同年 5 月 14 日，孝义市公安局兑镇刑警中队传唤原慧莲进行询问调查，原对毁坏家中财物的事实全部予以承认。该局委托孝义市物价事务所对被损坏的家庭财物进行鉴定评估。经鉴定，被毁坏的物品总价值 7 540 元，其中原慧莲陪嫁物价值 1 524 元。2000 年 2 月 1 日，孝义市公安局以涉嫌故意毁坏公私财物，对原慧莲取保候审，并提出起诉意见移送孝义市人民检察院，但检察院未立案。

2001 年 1 月 10 日，梁三俊向孝义市人民法院起诉，要求判决准予其与被告原慧莲离婚，婚生女由其抚养，并由被告赔偿毁坏财物之损失 7 540 元。被告原慧莲答辩称："原告提出离婚，我完全同意。我一气之下毁损家中一部分衣物是事实，其他是以前双方吵架时碰坏的。损坏的财物都是结婚时双方家长赠送的，是共同财产，没有侵犯原告的利益，不存在赔偿责任。离婚后女儿可以随原告生活，但必须保证我随时看望女儿的权利。"

法 院判决

孝义市人民法院经审理认为：原、被告双方婚后因家庭琐事发生矛盾，不能得到妥善解决，发展到被告毁坏家中财物并离家出走，双方积怨较深，夫妻感情确已破裂，已无和好可能。原、被告双方同意离婚，应准予离婚。被告因家庭矛盾故意毁坏家庭财物，有明显过错，严重侵犯了属原告部分所有的家庭财产权，属侵权行为，应承担赔偿责任。因被告有明显过错，故在分割夫妻共同财产时应少分。最终判决：准予原、被告双方离婚；婚生女儿梁佩琴随原告生活，但仍是双方共同子女；家庭共同财产除被告陪嫁物外，其余家庭财产损失 6 016 元，由被告偿付原告。

法 律依据

《中华人民共和国婚姻法》第 25 条、第 29 条；

最高人民法院《关于审理离婚案件处理财产分割问题的若干具体意见》第 21 条。

3. 原告应超诉被告刘媛媛婚姻无效案件

裁判要旨||

对于一方当事人以婚姻未达到法定婚龄为理由，要求解除（宣告）无效婚姻关系的处理应当从严把握。因为婚龄可随着时间的经过而补正，补正后该无效的理由就消除了，婚姻就应转化为有效婚姻。此点，应根据《婚姻法解释（一）》第8条规定："当事人依据《婚姻法》第十条规定向人民法院申请宣告婚姻无效的，申请时，法定的无效婚姻情形已经消失的，人民法院不予支持"。

案件事实||

原告应超与被告刘媛媛双方于2000年2月相识并同居。同年4月21日，因刘媛媛未到法定结婚年龄，应超为刘媛媛制作虚假的身份证明后，双方办理了结婚登记，领取了结婚证。此后，双方即以夫妻名义共同生活。同年11月13日，刘媛媛生育一子。2001年5月29日，原告应超以被告不达法定婚龄与其结婚，双方相识时间短、缺乏深入了解，性格、志趣等各方面存在很大差异，无法继续生活下去为理由，起诉至武汉市江汉区人民法院，请求依法解除无效婚姻关系。被告刘媛媛答辩称：原告应超另有新欢，自己尚在哺乳期内，请求法院驳回原告应超的起诉。

法院判决||

武汉市江汉区人民法院经审理确认上述事实，并认为原、被告双方以虚假的身份证明隐瞒被告的真实年龄登记结婚，且登记结婚时被告未到法定结婚年龄，这种行为虽是违法的，婚姻应属无效婚姻，但被告于2000年11月13日分娩生育一子，至原告起诉时仅有七个月。《婚姻法》第 34 条规定："女方在怀孕期间、分娩后一年内或中止妊娠后六个月内，男方不得提出离婚。"鉴于本案被告现正处于上述特定期间内，应予特殊保护。为维护妇女儿童的合法权益，对原告在被告分娩不到一年内起诉，要求解除双方的无效婚姻关系的诉讼请求，不予支持。法院最终裁定如下：驳回原告应超要求解除与被告刘媛媛无效婚姻关系的起诉。

法津依据‖

《中华人民共和国婚姻法》第 34 条；

《中华人民共和国妇女权益保障法》第 2 条第 2 款；

最高人民法院《关于适用〈婚姻法〉若干问题的解释（一）》第 8 条；

最高人民法院《关于适用〈中华人民共和国民事诉讼法〉若干问题的意见》第 139 条。

4. 陈某某诉杨某某其他婚姻家庭纠纷案件

裁判要旨‖

我国《婚姻法》第 41 条规定："离婚时，原为夫妻共同生活所负的债务，应当共同偿还。共同财产不足清偿的，或财产归各自所有的，由双方协议清偿；协议不成时，由人民法院判决。"最高人民法院《关于人民法院审理离婚案件处理财产分割问题的若干具体意见》中规定，夫妻为共同生活或为履行抚养、赡养义务等所负债务，应认定为夫妻共同债务，离婚时应以夫妻共同财产清偿。婚前一方借款购置的房屋等财物已转化为夫妻共同财产的，为购置财物借款所负债务，视为夫妻共同债务。

案件事实‖

被告与张某某于 2011 年 12 月 2 日登记结婚。2012 年 2 月 1 日，张某某填写申请表向中国建设银行股份有限公司上海金山石化支行（以下简称建行石化支行）申请个人助业贷款，申请表中借款申请人配偶声明一栏中内载："本人是借款申请人张某某的配偶，同意借款申请人向建设银行申请贷款，本人同意用本申请书所列的抵（质）押物抵（质）押，本人承诺与借款人共同偿还贷款"。被告在该栏中签字确认。2012 年 3 月 1 日，张某某在都市路房屋上设立最高债权限额为 217 万元的抵押，并办理了抵押权登记，抵押权人为建行石化支行。2013 年 2 月 4 日，原告将张某某诉至法院，法院依法追加建行石化支行为第三人参加诉讼。诉讼中，各方达成调解协议，法院出具（2013）闵民五（民）初字第 333 号民事调解书，内载："本案在审理过程中，经人民法院主持调解，双方当事人自愿达成如下协议：一、原告陈某某与被告张某某于 2012 年 8 月 31 日就上海市闵行区都市路 XXX 弄 XXX 号 XXX 室房屋签订的《上海市房地产买卖合同》及变更协议继续履行；二、原告陈某某于 2013 年 4 月 27 日前代被告张某某向第三人中国建设银行股份有限公司上海金山石化支行清偿上海市闵行区都市路 XXX 弄 XXX 号 XXX 室房屋上设定的全部贷款本息（具体金额以还款当日银行借款流水账目为准）；三、第三人中国建设银行股份有限公司上海金山石化支行于收到原告陈某某清偿的全部贷款本息次日注销设定在上海市闵行区都市路 XXX 弄 XXX 号 XXX 室房屋上的抵押登记；四、被告张某某于上海市闵行区都市路 XXX 弄 XXX 号 XXX 室房屋注销抵押登记当日协助原告陈某某将上述房屋产权变更登记至原告陈某某名下，过户期间产生的相关税费由原告陈某某负担；五、原告陈某某尚需支付被告张某某的剩余房款 90 万元在原告陈某某代被告张某某清偿的上述贷款本息中予以扣除，扣除后由原告陈某某代被告张某某清偿的剩余款项，由被告张某某于 2013 年 5 月 31 日前向原告陈某某付清，如被告张某某逾期支付，则应当加倍支付原告陈某某迟延履行期间的债务利息；六、被告张某某于 2013 年 5 月 31 日前向原告陈某某支付逾期过户违约金 4 万元；七、案件受理费减半收取计人民币 9 150 元，财产保全费 5 000 元，合计 14 150 元，由被告张某某负担，此款由被告张某某于 2013 年 5 月 31 日前直接支付原告陈某某。"同年 5 月，原告代张某某清偿银行贷款本息合计 1 515 158.28 元。此后，张某某于同年 12 月 20 日支付原告 2.2 万元，于 2014 年 2 月 1 日支付原告 2 800 元，于同月 25 日支付原告 2 000 元，于同年 9 月 30 日支付原告 2 000 元，尚余 640 508.28 元债务未予清偿。

以上事实，由原告提供的（2013）闵民五（民）初字第 333 号民事调解书、抵押权登记证明、房地产登记簿、个人贷款还款凭证、个人贷款结清证明、结婚证、补发入账证明申请书及法院调取的贷款放行通知书、个人贷款支付凭证、个人助业借款合同、贷款申请表、美事成采购合同、贷款业务申报审批表、个人助业借款支用单等证据及当事人的庭审陈述所证实，并均经庭审质证。

法 院判决

上海市闵行区人民法院认为，债权人就婚姻关系存续期间夫妻一方以个人名义所负债务主张权利的，应当按夫妻共同债务处理。本案中，张某某向银行贷款，并在都市路房屋上设立抵押权。被告承诺共同偿还贷款，故该债务属夫妻共同债务。此后，原告代张某某清偿银行贷款，原告、张某某及建行石化支行还就逾期过户违约金、案件受理费、保全费、迟延履行期间的债务利息等其他项目达成协议，该协议实质上系债权转让协议，即建行石化支行将其对张某某和被告的债权转让给原告，且三方还就还款时间、债务数额等内容作出补充约定，由此原告取得对张某某和被告关于上述项目的债权，现原告要求被告承担连带清偿责任，于法有据，法院予以支持。关于债务数额，原告依民事调解书所载内容计算各项金额无误，对迟延履行期间的债务利息计算符合法律规定，法院予以确认。据此，依照《婚姻法》第41条和《民事诉讼法》第253条之规定，判决如下：被告杨某某就张某某所欠由原告代为清偿的银行贷款差额、逾期过户违约金、案件受理费、保全费合计人民币640 508.28元及以640 508.28元为本金自2013年6月1日起算至实际清偿之日止按中国人民银行同期同档贷款利率的两倍计算的利息承担连带清偿责任；案件受理费人民币10 225.08元、保全费人民币3 732.54元，合计13 957.62元，由被告杨某某负担。

法津依据

《中华人民共和国婚姻法》第41条；

《中华人民共和国民事诉讼法》第253条。

5. 夏某某诉夏雷婚姻家庭纠纷上诉案件

裁判要旨

在法院审理的婚姻家庭纠纷案件中，涉及亲子关系认定的情况时有发生。由于亲子鉴定是确定或否定亲子关系最直接、最有力的证据，因此，在此类诉讼中，一方当事人往往会申请亲子鉴定。但在审判实践中，也经常碰到另一方当事人拒做亲子鉴定的情况。在当事人一方无正当理由拒做亲子鉴定的情况下，如何依据其他间接证据推定亲子关系存在与否，往往成为案件审理的难点。本案中法官合理运用推定规则确认亲子关系的存在，较好地维护了妇女、儿童的合法权益，对于今后处理类似案件具有一定的参考和借鉴价值。

案件事实

原告（上诉人）夏某某的法定代理人张敏（化名）与被告（被上诉人）夏雷原系男女朋友关系，2001年9月两人相识相恋，张敏于2002年6月至2003年3月曾居住在夏雷家，2006年7月，张敏怀孕时在外租房居住。后张敏与夏雷因张敏怀孕问题发生矛盾，夏雷及其家人曾要求张敏堕胎，遭张敏拒绝。2007年3月19日，张敏生育了夏某某，在夏某某的出生证明父亲一栏上由张敏填写了夏雷的名字。2007年7月21日，张敏曾带夏某某至夏雷家，与夏雷及其家人发生纠纷。后夏某某诉至法院，要求夏雷作为夏某某的父亲承担自2007年3月起每月2000元的抚养费至夏某某18周岁时止。

为证明张敏与夏雷之间的亲密关系以及夏某某系夏雷女儿的事实，夏某某向法院提供了以下证据：①照片一组，证明张敏与夏雷系男女朋友关系；②邮件整理稿一份，证明2006年8月23日夏雷发邮件给张敏，要求张敏堕胎；③派出所询问笔录一份，证明张敏因夏某某抚养费问题与夏雷的家人发生纠纷，夏雷的妹妹在笔录上证实张敏与夏雷曾是男女朋友，且张敏生了一个婴儿；④居委会证明一份，证明张敏在2002年6月至2003年3月期间居住在夏雷家中；⑤租赁协议2份，证明张敏与夏雷曾在外租房共同生活；⑥证人张丽芹的证言，证明张敏在2006年7月至10月租赁其房屋居住，期间夏雷与其母亲曾来找张敏要求其堕胎；⑦居委会干部出具的情况说明，证明居委会在张敏怀孕期间曾应夏雷母亲的请求为张敏未婚怀孕一事做过张敏的工作，要求张敏进行人工流产。

在法院一审和二审期间，夏雷经合法传唤，均未到庭应诉，也未发表书面辩论意见。

法院判决||

上海市闵行区人民法院经审理认为，夏某某提供的上述证据真实有效，但对夏某某与夏雷间存在亲子关系的证明力不强。根据"谁主张、谁举证"原则，夏某某应当提供相当证据证实其与夏雷的关系。现夏某某未能举证证实张敏与夏雷在2003年3月之后至2006年7月亦存在同居关系或两性关系，因此也无法证明夏某某与夏雷存在亲子关系。据此，依照《民法通则》第5条的规定，判决驳回夏某某要求夏雷支付抚养费的诉讼请求。

宣判后，夏某某不服一审判决，向上海市第一中级人民法院提起上诉，认为其举证责任已完成，现夏雷拒绝到庭，无法做亲子鉴定，本案应推定自己与夏雷之间存在父女关系，请求二审法院依法改判。

上海市第一中级人民法院经审理认为，现有证据表明夏某某的母亲张敏与夏雷曾经谈过恋爱，并曾同居，双方关系密切。张敏怀孕后夏雷及其家人曾要求其堕胎，遭张敏拒绝，双方为此产生矛盾。对此，夏某某提供了相应证据证明上述事实，并以其与夏雷之间存在亲子关系，提出了要求夏雷支付抚养费的诉请。而夏雷对反驳夏某某的诉讼请求所依据的事实应承担举证责任。现夏雷不到庭应诉，应视为放弃自己的抗辩权利，并承担对其不利的法律后果。鉴于夏某某对自己与夏雷之间存在亲子关系的举证已初步完成，夏某某在本案诉讼过程中申请亲子鉴定，由于夏雷不到庭应诉，本案无法做亲子鉴定，目前夏某某尚年幼，亟须抚养，据此推定夏某某与夏雷之间的亲子关系成立，夏某某为张敏与夏雷所生。根据法律规定非婚生子女享有与婚生子女同等的权利，不直接抚养非婚生子女的生父或生母，应当负担子女的生活费和教育费，直至子女独立生活为止。据此判决：撤销一审判决；夏雷自2009年3月起按月支付夏某某抚养费300元，至夏某某18

周岁时止；夏雷于判决生效之日起补付夏某某自 2007 年 3 月至 2009 年 2 月的抚养费 7200 元。

法 津依据 ‖

《中华人民共和国民事诉讼法》第 130 条、第 153 条第 1 款第 3 项；

《中华人民共和国婚姻法》第 25 条；

最高人民法院《关于民事诉讼证据的若干规定》第 2 条。

6. 关某等诉车某悼念权纠纷案件

裁 判要旨 ‖

在民法学理论上，悼念权属于身份权的范畴。虽然它并不是一种法定民事权利，但符合我国传统伦理道德的观念，可以纳入法律保护的范畴。鉴于墓碑并非是唯一寄托亲属哀思的方式，立碑者依照死者生前的声明未在墓碑上对死者亲属予以署名，该行为并不构成对死者亲属悼念权的侵害。

案 件事实 ‖

原告关某、关某某系关书聪（化名）之子女。1958 年 6 月，关书聪与王某某结婚，婚后生有一女王某。1996 年 8 月关书聪死亡。1998 年 10 月，王某某与被告车某结婚。2002 年 12 月 5 日，王某某由他人代书做声明书一份，内容为："……1. 从立此见证之日起至我死亡之时，均不允许下列人员到我家中或医院等处探望我，只有我妻子车某可以陪伴我：……女儿王某及其丈夫、子女，继女关某某及其子女，继子关某及其子女；2. 我故去后不必通知上列的所有人员，骨灰由车某保存，不允许他们悼念，在车某去世后，由她的儿子将我二人的骨灰合并，撒入大海，完成我的心愿……3. 我去世后妻子的名分只留给车某，在任何牌位或碑铭等具有悼念意义的地方只列车某为我的妻子。"该声明书经北京市宝鼎律师事务所律师见证。

2009年3月18日，王某某死亡。被告在王某某的墓穴前立墓碑一块，写有"爱夫王某某之墓，生于一九二七年十一月十三日，故于二〇〇九年三月十八日，妻车某敬立"。此后，三原告认为作为王某某的子女，对其父有权进行悼念、哀思并在父亲的墓碑上署名，被告未在三原告父亲的墓碑上刻原告姓名的行为侵犯了原告追思、悼念父亲的权利，给原告造成了无法补救的精神伤害。请求法院判令被告停止侵害，赔礼道歉；重新更换王某某墓穴的墓碑，刻上三原告的姓名；被告赔偿三原告精神损失1 000元。

法 院判决

北京市西城区人民法院经审理认为，悼念死者不只有在墓碑上刻原告的名字这种方式，还可以通过其他方式进行悼念、祭奠活动。据王某某生前留有声明书的意愿，被告车某的行为并未侵犯原告的人格权和身份权。原告要求被告停止侵害，赔礼道歉，并要求被告重新更换王某某墓穴的墓碑，刻上三原告的姓名及赔偿精神损失1 000元之请求，不予支持。判决：驳回原告关某、关某某、王某之诉讼请求。

7. 王某某诉吴某离婚财产纠纷案件

裁 判要旨

夫妻共同财产，是指受我国《婚姻法》调整的在夫妻关系存续期间夫妻所共同拥有的财产。结婚前一方父母以其一方子女名义购房，交付定金、首付款，婚后该房产登记在该方个人名下的，虽然房产登记发生在婚后，但其登记在一方个人名下，根据《婚姻法解释（二）》第22条第1款"当事人结婚前，父母为双方购置房屋出资的，该出资应当认定为对自己子女的个人赠与，但父母明确表示赠与双方的除外"的规定，应视为父母对其子女个人的赠与，故而在此种情形下，夫妻离婚时，该房产应认定为一方婚前个人财产，不能认定为夫妻共同财产。

案件事实

原告王某某、被告吴某于2006年1月15日办理结婚仪式并开始同居生活，于2007年9月7日办理结婚登记。在共同生活中，原、被告因办理澳龙小区B20-3-601室房屋过户事宜产生冲突，无法互谅互让，甚至大打出手，原告与被告已经难以共同生活，从2006年夏天分居至今，原告要求离婚，被告亦同意，双方感情确已破裂。原、被告无婚生子女、无夫妻共同债权、债务。夫妻关系存续期间共有财产有家具（电视柜1500元、茶几500元、床1700元）、家电（冰箱2700元、电视2300元、电脑3000元、饮水机900元），以上财产价值为双方认可的估价。另查明，原、被告共同居住的澳龙小区B20-3-601室房屋，是被告父亲吴井焕、母亲韩淑英以被告名义于2007年8月20日向大庆市澳龙房地产开发有限公司交付的定金5000元，于2007年9月2日交付的首付55000元。原、被告婚后，被告父母继续为该房屋偿还房贷。

法院判决

大庆市龙凤区人民法院认为：夫妻双方在共同生活中应互相谦让、多沟通交流，原、被告结婚后，发生冲突和矛盾，无法互谅互让，甚至大打出手，且双方从去年夏天分居至今，原告要求离婚，被告亦同意，双方感情确已破裂，对原告要求离婚的诉讼请求本院予以支持。

本案原告出生于 1987 年 1 月 10 日，2006 年办理结婚仪式时，原告尚未达到法定结婚年龄，原、被告系无效婚姻，不受法律保护。原、被告合法有效的婚姻关系成立时间为原、被告办理结婚登记的日期即 2007 年 9 月 7 日。婚姻期间双方共同居住的房屋购买于 2007 年 8 月 20 日，被告的父母以被告名义交付定金、首付均发生在双方结婚登记之前，且被告父母一直为该房屋偿还房贷。虽房屋登记办理发生在原、被告结婚登记之后，但登记在被告吴某个人名下，且原告未提供相关证据证实房贷系原、被告共同偿还的主张，根据《婚姻法解释（二）》第 22 条第 1 款之规定，"当事人结婚前，父母为双方购置房屋出资的，该出资应当认定为对自己子女的个人赠与，但父母明确表示赠与双方的除外"，故澳龙小区 B20-3-601 室房屋为被告吴某婚前个人财产，原告要求按共同财产分割的诉讼请求于法无据，法院不予支持。

对原、被告认可的共同财产：家具（电视柜 1 500 元、茶几 500 元、床 1 700 元）及家电（冰箱 2 700 元、电视 2 300 元、电脑 3 000 元、饮水机 900 元），因双方已经对价值达成一致意见，故法院将按照双方估价依法予以分割。综上所述，判决如下：准予原告王某某与被告吴某离婚；财产分割：电视机一台、电视柜一套、饮水机一台、床一张归原告王某某所有，电脑一台、冰箱一台、茶几一个归被告吴某所有，原告王某某于判决生效之日起七日内支付被告吴某折价款 100 元；驳回原告其他诉讼请求。案件受理费 300 元，由原、被告负担 150 元。

法 津依据‖

《中华人民共和国婚姻法》第 32 条、第 39 条；

最高人民法院《关于适用〈中华人民共和国婚姻法〉若干问题的解释（二）》第 22 条。

8. 张某诉黄某离婚纠纷案件

裁判要旨

在人身安全保护裁定案件审查中，根据加害人的施暴情节，人民法院及时适用远离令，可以禁止加害人在受害人经常出现的特定场所范围的一定距离内活动，以便防止家庭暴力再次发生，切实保护受害人及其特定亲属的人身安全。

案件事实

申请人张某（女）与被申请人黄某（男）于 2010 年 9 月登记结婚。婚礼当日，在黄某家宴请亲友。酒席结束后，张某提出前往车站送别从深圳赶来道贺的多位好友，黄某以当地有新娘结婚当日不得出家门的习俗为由不予准许。张某稍有争辩，黄某即当众殴打张某一记耳光。自此，黄某对张某动辄辱骂、殴打、威胁，经常半夜喝得酩酊大醉回家后，辱骂殴打张某，强行发生性行为，即便在张某经期也不例外。

2011 年一年内，张某因遭受黄某殴打而 5 次报警。2011 年 12 月 1 日，张某再次被殴打致眼部瘀伤、头部皮下血肿、背部软组织挫伤。因无法继续忍受，张某逃回娘家躲避。但黄某仍紧追不舍，多次到张某工作单位及其父母家辱骂、殴打张某，致使张某因无法正常工作而辞职，甚至不敢在公众场所出现。即便如此，黄某仍多次，包括在除夕夜和大年初二到张某父母家谩骂、威胁，寻衅滋事，严重影响了张某及其父母的正常生活，使他们处于极端恐惧之中。2012 年 2 月 3 日，张某向法院申请人身安全保护裁定并起诉离婚。

法 院判决

广东省珠海市香洲区人民法院经审查认为，张某所提交的报警记录、门诊病历等证据材料，显示其曾经多次遭受黄某暴力伤害。从婚礼当日黄某当众殴打、婚后多次酒后无故殴打、强行发生性行为等情节来看，黄某的施暴情节较为严重。张某搬回父母家居住后，黄某仍然多次前往张某单位及父母家辱骂、威胁、殴打，导致张某极端恐惧而辞职，且不敢外出。张某向法院起诉离婚，意图脱离黄某的暴力控制，但黄某极可能再到张某父母家施暴，甚至引发恶性家庭暴力事件，所以仅裁定禁止黄某殴打、威胁张某，不足以保障张某及其父母的安全和正常生活，有必要裁定禁止黄某在张某现居住地（张某父母家）一定距离内活动。另一方面，黄某现居住地与张某父母家相隔 10 余个公交车站，其工作地也与张某父母家相隔甚远，限制其在距张某父母家的特定距离内活动，不会妨害其正常生活。关于远离的距离，在综合考虑保障张某及其父母人身安全及避免过分限制黄某行动自由的情况下，酌定远离距离为 100 米。2012 年 2 月 8 日，香洲区法院作出了（2012）香民一初字第 680 号民事裁定：禁止被申请人黄某殴打、威胁申请人张某及张某亲友；禁止被申请人黄某骚扰、跟踪申请人张某及张某亲友；禁止被申请人黄某在距离申请人张某现居住地 100 米范围内活动。该份裁定保护期限为六个月，裁定一经送达即发生法律效力。

为保障裁定切实执行，香洲区法院向张某现居住地辖区派出所送达了（2012）珠香法民一初字第 680 号协助执行通知书，函告辖区派出所协助执行下列事项：监督被申请人黄某履行（2012）珠香法民一初字第 680 号民事裁定，如发现被申请人黄某有违反民事裁定所禁止的行为，及时出警，并采取相关措施，搜集、固定证据，制作笔录；救助、保护申请人张某的人身安全；反馈被申请人黄某履行（2012）珠香法民一初字第 680 号民事裁定书的情况。辖区派出所接协助执行通知书后表示将配合做好远离令的执行工作，如黄某违反裁定，靠近张某现居住地 100 米范围内，接警后将及时出警，保护张某人身安全，搜集、固定证据，向法院反馈裁定执行情况。

9. 叶成毅与陈敏离婚后因孩子探望权纠纷诉陈敏案件

裁判要旨‖

所谓探望权，是指夫妻离婚后，不直接抚养子女的父或母一方有探望子女的权利。直接抚养子女的一方有义务协助非抚养一方行使探望的权利。探望权可以保证夫妻离异后非直接抚养子女的一方能够定期与子女相聚，有利于弥补家庭解体给父母子女之间造成的感情伤害，有利于未成年子女的健康成长。根据《婚姻法》第 38 条第 1 款规定："离婚后，不直接抚养子女的父或母，有探望子女的权利，另一方有协助的义务。"

案件事实‖

原告叶成毅与被告陈敏于 2001 年 1 月协议离婚。婚生子陈鋆玮（曾用名叶嘉韵）随被告生活。原、被告在离婚时约定，原告享有探视权，每月探视小孩不少于 4 次。离婚后，原告曾于 2001 年 1 月、2 月、4 月、6 月、8 月、10 月、11 月、12 月及 2002 年 1 月共计 11 次探视过小孩。原、被告双方在探视小孩的方式、时间上意见不一致，经常为此发生纠纷。

原告于 2002 年 2 月 7 日向金堂县人民法院起诉。

法院判决‖

四川省金堂县人民法院认为，原、被告离婚后，双方对孩子都有抚养、教育的权利和义务。未与孩子共同生活的一方有探视孩子的权利，另一方有协助的义务。原告要求享有探视权的主张，应予支持。但原告要求赔偿精神损失 5 000 元的诉讼请求，不符合最高人民法院《关于确定民事侵权精神损害赔偿责任若干问题的解释》的规定，不予支持。四川省金堂县人民法院在查清事实、分清是非责任的基础上，判决如下：原告叶成毅从 2002 年 4 月起于每月第 2、第 4 周的周 6 探视孩子；时间为 9 时至 17 时；由被告于 9 时将孩子送至原告居住的单元门口，17 时原告将孩子送回被告居住的宿舍楼梯口；驳回原告的其他诉讼请求。本案案件受理费 50 元，其他诉讼费 150 元，合计 200 元由原告叶成毅负担。

法津依据‖

《中华人民共和国婚姻法》第 38 条；

最高人民法院《关于确定民事侵权精神损害赔偿责任若干问题的解释》。

10. 邸欣诉哲辉涉刑离婚精神损害赔偿纠纷案件

裁判要旨‖

《婚姻法》第 46 条规定："有下列情形之一，导致离婚的，无过错方有权请求损害赔偿：（一）重婚的；（二）有配偶者与他人同居的；（三）实施家庭暴力的；（四）虐待、遗弃家庭成员的。"同时《婚姻法解释（一）》第 28 条规定："《婚姻法》第四十六条规定的'损害赔偿'，包括物质损害赔偿和精神损害赔偿。涉及精神损害赔偿的，适用最高人民法院《关于确定民事侵权精神损害赔偿责任若干问题的解释》的有关规定。"由此可见，因实施家庭暴力导致离婚的，无过错方即有权要求精神损害赔偿。故因家庭暴力导致双方离婚的，施暴方不仅需要承担刑事责任，而且需要向受害方承担物质损害赔偿和精神损害赔偿。

案件事实‖

原告（被上诉人）邸欣（女）与被告（上诉人）哲辉（男）是高中同学，2000 年 10 月 9 日自愿登记结婚，婚后未生育子女。双方婚前感情尚可，婚后，被告曾多次对原告实施了家庭暴力，造成原告身体受伤，共花费医疗费 7 420.7 元及交通费 2 600 元、法医鉴定费 300 元。2004 年 3 月 22 日，广东省口腔医院出具诊断证明书，证明原告需要住院手术治疗右侧髁状骨折，大约需费用10 000 元。另查明，原、被告确认的夫妻共同财产有：被告的养老保险金 6 829 元、住房公积金 4 998 元。被告陈述其还有笔记本电脑、数码相机、手动相机及 10 000 加币在原告处。原告予以否认。原告陈述其因生活所需向彭凤军借款 3 万元属夫妻共同债务，出具了彭凤军证人证言。被告不予确认。

法院判决‖

一审法院判决：

广州市天河区人民法院认为：原、被告虽然是经过自由恋爱而登记结婚，但是在婚后的生活中因双方性格不合等原因产生了矛盾，并发生了争执，使夫妻感情日益淡薄。现双方夫妻感情确已破裂，原告要求离婚，被告表示同意，本院予以确认。

关于原告要求被告赔偿因被告对其实施家庭暴力而产生的医疗费、交通费、法医鉴定费共计 10 320.7 元，被告同意赔偿，本院予以确认。广东省口腔医院出具证明，证明原告要施行治疗右侧髁状骨折手术，约需费用 10 000 元，本院予以确认，被告应予以赔偿。

至于原告要求被告赔偿治疗性病的费用50 000元，因被告否认原告的性病是由其传染，因此，原告提出的该项请求，本院不予支持。但是，被告的暴力行为给原告的身心造成了一定的伤害，结合原告所受到的伤害后果以及被告的经济状况，被告应酌情赔偿原告精神损害抚慰金20 000元。

关于原、被告的夫妻共同财产问题，原告有权依法分割夫妻关系存续期间被告应当取得的养老保险金和住房公积金，可以取得数额的一半5 913.50元。被告提出还有笔记本电脑、数码相机、手动相机及10 000加币等共同财产在原告处，原告予以否认，被告未提交相关证据予以证实，本院不予认定。

原告提出的夫妻共同债务30 000元，被告予以否认，原告提出的该项主张依据不足，本院不予采纳。综上所述，依照《中华人民共和国婚姻法》第17条、第32条、第39条、第46条第1款第3项的规定，判决：准许原告邸欣与被告哲辉离婚；被告哲辉于本判决发生法律效力之日起5日内，赔偿原告邸欣医疗费、交通费、鉴定费损失10 320.7元；被告哲辉于本判决发生法律效力之日起5日内，赔偿原告邸欣手术治疗费10 000元；被告哲辉于本判决发生法律效力之日起5日内，赔偿原告邸欣精神损害抚慰金20 000元；被告哲辉于本判决发生法律效力之日起5日内，支付原告邸欣人民币5 913.50元。本案受理费50元，由被告负担。

二审新事实：

除一审法院查明的事实外，广州市中级人民法院另查明：2004年8月2日，广州天河区人民检察院就被告殴打原告的行为向一审法院提起公诉，指控被告犯故意伤害罪。该案审理期间，原告提起了附带民事诉讼。2004年9月21日，一审法院作出(2004)天法刑初字第1019号刑事判决，认定被告故意伤害他人身体、致人轻伤的行为已构成故意伤害罪，决定判处其有期徒刑9

个月。同日，一审法院作出（2004）天法刑初字第1019号刑事附带民事裁定，认定原告在婚姻存续期间提出损害赔偿请求没有法律依据，裁定驳回原告的起诉。

另查明，一审时被上诉人就其主张提交了其为治疗面部及性病而支出治疗费及交通费的单据。其中，面部治疗的金额为3 088.7元，性病治疗费金额为4 332元，交通费金额为2 600元。

二审判决：

广州市中级人民法院经审理认为：被上诉人起诉要求离婚，上诉人表示同意，表明双方的夫妻感情确已破裂，故原审判决准予两人离婚并无不当。由于上诉人对被上诉人实施家庭暴力，并导致双方离婚，根据《婚姻法》第46条第3项的规定，被上诉人有权请求损害赔偿。上诉人的行为造成被上诉人面部受伤，而被上诉人已举证证明其为治疗面部支出医疗费3 088.7元，故上诉人应予以赔偿。关于面部的后续治疗费，被上诉人已提交广东省口腔医院出具的医学证明，证明其属于必然发生的费用，故上诉人应一并予以赔偿。上诉人对此提出异议，但未提出相反证据加以反驳，其主张依法不能成立。

至于被上诉人请求的其他医疗费，经审查，均属为治疗性病支出的费用。由于被上诉人并无证据证明其性病是由上诉人传染的，而上诉人又表示不同意赔偿该费用，原审判决上诉人向被上诉人赔偿性病治疗费欠妥，本院予以纠正。

关于被上诉人支出的法医鉴定费，因该费用的发生是由上诉人的伤害行为直接引起的，上诉人理应予以赔偿。上诉人上诉认为其不应负担该费用的理由不成立，本院不予支持。关于被上诉人支出的交通费，上诉人表示如果属实则同意赔偿，而诉讼过程中，上诉人并未提出证据否认该费用的真实性，故其亦应予以赔偿。上诉人的暴力行为不仅给被上诉人造成了物质损失，同时也使被上诉人的身心受到了伤害。

对此，根据《婚姻法解释（一）》第 28 条的规定，被上诉人有权请求物质损害赔偿和精神损害赔偿。因此，原审判决上诉人向被上诉人赔偿精神损害抚慰金并无不当。上诉人依据最高人民法院《关于人民法院是否受理刑事案件被害人提起精神损害赔偿民事诉讼问题的批复》，主张其无须赔偿精神损害抚慰金给被上诉人的理由不成立，本院不予支持。综上所述，判决如下：维持广州市天河区人民法院（2004）天法民一初字第 2040 号民事判决第一、三、四、五项；变更广州市天河区人民法院（2004）天法民一初字第 2040 号民事判决第二项为：上诉人于本判决发生法律效力之日起 5 日内，赔偿被上诉人医疗费、交通费、鉴定费损失共 5 988.7 元。一、二审案件受理费各 50 元，均由上诉人负担。

法津依据

《中华人民共和国婚姻法》第 46 条第 3 项；

最高人民法院《关于适用〈中华人民共和国婚姻法〉若干问题的解释（一）》第 28 条；

最高人民法院《关于人民法院是否受理刑事案件被害人提起精神损害赔偿民事诉讼问题的批复》。

二、收养典型判例

1. 杨晓芳诉何贤医院将其婴儿送他人收养要求返还孩子案件

裁 判要旨 ‖

我国《收养法》第 31 条第 2 款规定："遗弃婴儿的，由公安部门处以罚款；构成犯罪的，依法追究刑事责任。"此外《刑法》第 261 条也规定："对年老、年幼、患病或者其他没有独立生活能力的人，负有扶养义务而拒绝扶养，情节恶劣的，处五年以下有期徒刑、拘役或者管制。"可见，我国法律既保护父母子女间的身份权，也严禁父母以任何形式遗弃子女。任何违反有关法律，遗弃子女的行为，都要受到法律的追究和制裁。

案件事实 ‖

1992 年 8 月 26 日，怀孕的原告杨晓芳到番禺市新造镇探亲时突然临产，被送进番禺市新造镇卫生院待产。因属难产，被告番禺市何贤纪念医院（下称何贤医院）应新造镇卫生院的要求，派出救护车将难产的杨晓芳接到自己的医院，对其作了剖腹手术，产下一女婴。杨晓芳进何贤医院时自称姓名为"杨小芳"，籍贯为"贵阳、湖南"，并交纳押金 700 元及出诊费和车费 47 元。1992 年 9 月 8 日，杨晓芳在未缴交住院、手术、医药等费用 3000 多元的情况下，遗弃自己所生育的女婴（未婚所生），离开何贤医院。此后，何贤医院经多方寻找杨晓芳未果，承担起喂养婴儿的责任。

同年10月3日，婴儿的奶奶常家顺曾到何贤医院看望婴儿，并作出了"杨小芳的婴儿如在10月7日不来领取，则送别人领养，同意医院处理"的书面承诺。

何贤医院在喂养女婴69日以后，因杨晓芳及其家人既未补充住院、手术、医药等费用，亦未再来与何贤医院协商有关处理女婴的事宜，何贤医院在获得番禺市民政局关于"该女婴由医院自行处理"的口头授权后，将婴儿作为弃婴送给他人收养。

杨晓芳从1994年开始，多次到何贤医院协商返还婴儿的事宜未果，于1999年向番禺市人民法院提起民事诉讼，要求医院在返还孩子的同时，赔偿因此产生的调查取证费、误工费、精神损失费共1万元，并承担案件的诉讼费。

法院判决

番禺市人民法院审理认为：原告杨晓芳于1992年8月26日在被告何贤医院处剖腹产下女婴，住院时报假姓名、假籍贯，住院至同年9月8日，没有交齐住院费、手术费、医疗费等费用就离院而去，遗弃婴儿，属违法行为。何贤医院在原告遗弃婴儿以后，喂养婴儿69日，经番禺市民政局口头授权"自行处理"后，才将婴儿作弃婴处理，送给他人收养，其送养行为有效。原告弃婴后反要求何贤医院返还婴儿并赔偿调查取证费、误工费、精神赔偿费及承担诉讼费，显属无理，法院不予支持。据此，该院于1999年12月判决如下：驳回原告杨晓芳的诉讼请求。

法律依据

《中华人民共和国收养法》第4条第2项、第5条；
《中华人民共和国收养法》第31条第2款；
《中华人民共和国刑法》第261条。

2. 王锦怀在解除收养关系十余年后丧失劳动能力又无生活来源诉葛宏霞经济帮助案件

裁判要旨 ‖

我国《收养法》第 30 条:"收养关系解除后,经养父母抚养的成年养子女,对缺乏劳动能力又缺乏生活来源的养父母,应当给付生活费。因养子女成年后虐待、遗弃养父母而解除收养关系的,养父母可以要求养子女补偿收养期间支出的生活费和教育费。"

案件事实 ‖

原告王锦怀与妻子高水兰婚后未有生育。1961 年,王锦怀夫妇收养了未满周岁的葛宏霞,并将其抚育成人。1982 年,葛宏霞结婚。1983 年,葛因家庭琐事与王锦怀夫妇产生矛盾,王锦怀夫妇遂提起诉讼,要求与葛解除收养关系。经法院调解,双方于1983 年解除了收养关系,当时未言及经济帮助问题。1996 年,高水兰病故。一年后,王锦怀因多种疾病缠身,丧失了劳动能力和生活来源,遂又起诉至江苏省通州市人民法院,要求葛宏霞给予经济帮助。

法院判决 ‖

一审判决:

通州市人民法院经审理认为:原告王锦怀与被告葛宏霞自1961 年至 1983 年间形成收养关系属实,但 1983 年经法院调解,双方已解除了收养关系。收养关系解除后,双方的权利义务关系即行解除。王锦怀在与葛宏霞解除收养关系十多年以后仍要求葛宏霞给予经济帮助,缺乏法律依据,对其诉讼请求难予支持。该院依照《收养法》第 28 条(指 1998 年 11 月 4 日修改前,修改后为第 29 条）之规定，于 1998 年 12 月 15 日判决如下：驳回原告王锦怀的诉讼请求。

宣判后，原告王锦怀不服，以原判驳回其诉讼请求适用法律错误为由，向南通市中级人民法院提起上诉，请求二审法院适用《收养法》第 30 条的规定，撤销原审判决，改判由葛宏霞给付其生活费每年 1 200 元。

被上诉人葛宏霞未作书面答辩。

二审判决：

南通市中级人民法院二审认为：王锦怀在与葛宏霞解除收养关系时尚未缺乏劳动能力，仍能自食其力，依法不符合养子女给予经济帮助的情形。但现在王锦怀年老多病，丧失了劳动能力，且孤身一人无其他经济来源，其要求葛宏霞给付生活费，符合《收养法》第 30 条规定的情形，对王锦怀请求的支持，符合法律的规定，符合权利义务一致的民事法律原则，亦有利于保护老年人的合法权益，使老年人能老有所养。原审判决适用法律不当，应予纠正。据此，该院于 1999 年 6 月 16 日作出判决如下：撤销通州市人民法院民事判决；葛宏霞从 1999 年 1 月 1 日起，每月给付王锦怀生活费 80 元，至王锦怀终年止。

法 律依据‖

《中华人民共和国收养法》第 30 条第 1 款；

《中华人民共和国民事诉讼法》第 153 条第 1 款第 2 项。

3. 孙某某、王某某 1 与杨某某为收养纠纷案件

裁 判要旨‖

我国《收养法》第 6 条："收养人应当同时具备下列条件：

（一）无子女；（二）有抚养教育被收养人的能力；（三）未患有在医学上认为不应当收养子女的疾病；（四）年满三十周岁。"第15条："收养应当向县级以上人民政府民政部门登记。收养关系自登记之日起成立。收养查找不到生父母的弃婴和儿童的，办理登记的民政部门应当在登记前予以公告。收养关系当事人愿意订立收养协议的，可以订立收养协议。收养关系当事人各方或者一方要求办理收养公证的，应当办理收养公证。"

案件事实

上诉人（原审被告、反诉原告）孙某某、王某某1与被上诉人（原审原告、反诉被告）杨某某为收养纠纷一案，杨某某于2013年1月23日向内乡县人民法院（以下简称原审法院）提起诉讼，请求：判令确认孙某某、王某某1收养王某某的行为无效，判令王某某由杨某某抚养。诉讼中，孙某某、王某某1提起反诉，请求：判令杨某某补偿抚养费106 478元。

原来，杨某某与孙传云系夫妻。2006年9月5日婚生一女取名杨某。夫妻二人同意将刚满一个月的女儿杨某送给孙传云的姐姐孙某某、姐夫王某某1收养。后杨某取名王某某，2007年12月26日，户口登记于王某某1、孙某某同一户口本上，与王某某1、孙某某之间以父母关系相称。此后王某某一直由孙某某、王某某1教育、抚养至今。

另查：孙某某、王某某1在收养杨某（王某某）之前生有一个儿子取名王冲。2006年至2012年内乡县统计局统计每年城镇居民人均消费性支出分别为：5 023元、6 041元、6 936元、8 099元、9 400元、11 102元、13 048元。

法 院判决‖

一审判决：

内乡县人民法院认为：收养应当符合法定的条件，且应当向县级以上人民政府民政部门登记，收养关系自登记之日起成立。孙某某、王某某1收养王某某虽经孙传云、杨某某同意，但因孙某某、王某某1有子女不具备合法收养条件，且其未能提供在县级以上人民政府民政部门登记的有关收养关系成立的证据。故孙某某、王某某1与王某某的收养关系无效。

故对杨某某请求确认孙某某、王某某1收养王某某行为无效的诉讼请求，原审法院予以支持。但杨某某要求确认由自己抚养女儿王某某，因杨某某与其妻孙传云的婚姻关系尚未解除，与本案不属同一法律关系，原审法院不予支持，不予合并审理。

因该收养行为无效，双方均有过错。王某某2006年至今一直由孙某某、王某某1教育抚养，势必花费一定抚养费，孙某某、王某某1反诉请求补偿抚养费应予以支持。补偿抚养费参照2006年至2012年城镇居民人均消费性支出，结合抚养小孩实际生活需要，由杨某某向孙某某、王某某1酌情补偿。庭审后孙某某、王某某1放弃要求孙传云承担责任，是对自己民事权利的自由处分，原审法院予以支持。

孙某某、王某某1反诉请求过高的部分，原审法院不予支持。根据《收养法》第6条、第15条之规定，判决如下：确认被告孙某某、王某某1与王某某的收养关系无效；原告杨某某（反诉被告）自判决生效之日起五日内向被告孙某某、王某某1（反诉原告）补偿抚养费20000元。如果未按判决指定的期间履行给付金钱义务，应当依照《民事诉讼法》第253条的规定，加倍支付迟延履行期间的债务利息。案件受理费300元，由被告负担。

二审判决：

二审中，各方均未提交新的证据。南阳市中级人民法院认为：本案中，孙某某、王某某1虽经与孙传云、杨某某协商收养王某某，但该收养行为并不符合法律的规定，且未向县级以上人民政府民政部门办理登记，该收养行为依法不能成立。孙某某、王某某1从2006年已实际抚养王某某生活至今，现其请求杨某某支付补偿费用，原审判决参照当地城镇居民人均消费性支付标准，考虑孙某某、王某某1放弃要求孙传云承担责任及当地生活实际，酌情支持20 000元的补偿费用并无不当。孙某某、王某某1认为其抚养小孩付出较多，20 000元的补偿抚养费用过低，并无相应的明确依据，本院不予支持。

综上，原审判决认定事实清楚，适用法律正确。据此判决如下：驳回上诉，维持原判；二审案件受理费700元，由孙某某、王某某1负担；本判决为终审判决。

法律依据

《中华人民共和国民事诉讼法》第170条第1款第1项；

《中华人民共和国收养法》第6条、第15条。

4. 刘某、苏某与刘某某解除收养关系纠纷案件

裁判要旨

我国《收养法》第27条规定："养父母与成年养子女关系恶化、无法共同生活的，可以协议解除收养关系。不能达成协议的，可以向人民法院起诉。"

案件事实

原告刘某、苏某系夫妻关系，于 1978 年 6 月收养了被告刘某某。初期双方关系尚和睦，后因被告刘某某自 2011 年 3 月起沾染赌博恶习，致双方关系日趋恶化。两原告在帮助被告归还高额借款后，关系并未有所改善。两原告遂诉至法院，要求解除收养关系。两原告为证明其主张向本院提供常住人口登记表、保证书、借条、上海市公安局拘留通知书等。被告刘某某未到庭亦未作答辩。

原告刘某、苏某到庭参加了诉讼，被告刘某某经传票传唤未到庭，也未向法院提出不到庭的正当理由，故法院依法缺席进行了审理。本案现已审理终结。

法院判决

上海市浦东新区人民法院认为，养父母与成年养子女关系恶化、无法共同生活的，可以协议解除收养关系。养父母主张解除收养关系，事实上放弃了要求成年养子女承担赡养义务的权利。本案中，被告因沾染赌博恶习，在两原告为其偿还高额借款后关系并未有所改善，且现两原告要求解除收养关系的态度相当坚决，故对于两原告的诉讼请求，法院予以准许。

另外，应当指出的是，被告经法院合法传唤，无正当理由未到庭应诉，系不尊重诉讼秩序，对此应予严肃批评，由此可能产生的不利诉讼后果，由被告自行负担。据此，判决如下：解除原告刘某、苏某与被告刘某某的收养关系；案件受理费 80 元，减半收取计 40 元，由原告刘某、苏某负担（已交纳）；如不服本判决，可在判决书送达之日起十五日内，向法院递交上诉状，并按对方当事人的人数提出副本，上诉于上海市第一中级人民法院。

法津依据

《中华人民共和国收养法》第 27 条；

《中华人民共和国民事诉讼法》第 144 条。

5. 马某某因与贾某某、张某某变更子女收养纠纷案件

裁判要旨

最高人民法院《关于民事诉讼证据的若干规定》第 77 条规定："人民法院就数个证据对同一事实的证明力，可依照下列原则认定：（一）国家机关、社会团体依职权制作的公文书证的证明力一般大于其他书证；（二）物证、档案、鉴定结论、勘验笔录或者经过公证、登记的书证，其证明力一般大于其他书证、视听资料和证人证言；（三）原始证据的证明力一般大于传来证据；（四）直接证据的证明力一般大于间接证据；（五）证人提供的对与其有亲属或者其他密切关系的当事人有利的证言，其证明力一般小于其他证人的证言。"出生医学证明的证明力大于证人郑秀英、陈凤娟的证人证言，故郑秀英、陈凤娟的证言不予采信。

案件事实

原告马某某（上诉人）诉称，2008 年 12 月，其和被告达成口头协议，由被告张某某、贾某某（被上诉人）夫妇收养自己将要出生的孩子，2009 年 1 月 21 日原告在滑县人民医院生一男孩，被被告夫妇抱走至今，但原告提供的证据显示，孩子的父母为张某某、贾某某。现被告张某某、贾某某经法院合法传唤，拒不到庭参加诉讼，原告所述孩子的身份问题法院无法查明。以上事实有原告的当庭陈述和原告提供的证据：①滑县人民医院编号为 I410479563 号的出生医学证明（复印件）一份；②滑县人民医院

出生医学证明介绍单（复印件）一份予以证实，根据本案的情况，以上证据可以作为认定本案事实的依据；③原告的出庭证人郑秀英是原告的母亲，出庭证人陈凤娟的证言，均是听原告所说，属传来证据。

法 院判决

一审判决：

滑县人民法院认为：原告马某某请求法院宣告与被告贾某某、张某某之间的收养协议无效，要求被告返还孩子，应该提供充分的证据证明自己的主张。但依原告提供的证据显示孩子的父母为被告张某某、贾某某，原告不能充分证明和被告夫妇之间存在收养协议，也不能充分证明所要求的孩子的真实身份。综上，原告提供的证据不充分、不确凿，不能证明自己的主张，对原告的诉讼请求，不予支持。依据《民事诉讼法》第64条、第130条之规定，判决：驳回原告马某某对被告贾某某、张某某的诉讼请求，案件受理费100元，由原告马某某负担。

宣判后，马某某不服上诉称，原审判决以上诉人证据不足为由驳回上诉人诉讼请求错误。首先，证人郑秀英、陈凤娟的证言均证实了上诉人2009年元月在滑县人民医院生孩子的事实；其次，上诉人提供的出生医学证明、出生医学证明介绍单上的名字虽然是二被上诉人，但当时住院期间的所有签字均是上诉人及上诉人的亲属所签，到底是谁当时在滑县人民医院住院，不难查实。综上，原审法院驳回上诉人的诉请判决错误，请求二审法院依法撤销，改判支持上诉人的诉讼请求。

二审判决：

河南省安阳市中级人民法院经二审庭审查明的事实与原审认定事实基本一致，认为上诉人马某某上诉主张请求依法宣告其与被上诉人贾某某、张某某之间的收养协议无效，并要求判令二被上诉人将其孩子送还。就其主张，原审期间提供出庭证人郑秀英、陈凤娟，因两位证人证明的内容不能证明上诉人与二被上诉人之间存在收养协议，也不能充分证明其要求送还的孩子与其之间的关系，且上诉人原审提供滑县人民医院的出生医学证明及出生医学证明介绍单，二份证据均证明孩子的父母为贾某某、张某某，故对上诉人的上诉主张，因其提供的证据不足，本院依法不予采信。原审判决认定事实清楚，适用法律正确。据此判决如下：驳回上诉，维持原判；二审案件受理费 100 元，由上诉人马某某负担；本判决为终审判决。

法津依据

《中华人民共和国民事诉讼法》第 153 条第 1 款第 1 项；

最高人民法院《关于民事诉讼证据的若干规定》第 77 条。

6. 寇某甲等诉寇某丁收养关系纠纷案件

裁判要旨

在我国《收养法》出台之前，对于"事实收养关系是否存在"的判定，应当综合根据亲友、群众是否公认，基层群众自治组织是否认可，共同生活时间长短以及当地的风俗习惯等因素来具体确定是否构成事实收养关系。

案件事实

上诉人（原审原告）寇某甲、寇某乙、寇某丙三人与寇安贵系兄弟姊妹关系，被上诉人（原审被告）寇某丁系寇安贵的侄子。寇安贵终身未婚，于 2011 年 12 月 20 日在北京遇车祸身亡。被告寇某丁为达到独占寇安贵死亡赔偿金的目的，伪造与寇安贵的收

养关系的证明，在事发地向肇事者主张赔偿权。三上诉人认为被
上诉人寇某丁与寇安贵不存在事实收养关系。三上诉人诉请法院，
要求确认被上诉人寇某丁与寇安贵不存在事实收养关系。

法院判决‖

一审裁判：

夏津县人民法院认为：在案件诉讼过程中，原被告分别向法
庭提交了证据证明自己的主张。三原告的证据主要是夏津县公证
处的亲属关系公证书及相关材料；被告方的证据主要是张官屯村
委会及本村群众、亲戚的书证证言。

本案的焦点是死者寇安贵与李贵英是否形成事实收养关系及
寇安贵与被告寇某丁是否形成事实收养关系。这关系到三原告的
主体资格是否适格以及死者寇安贵死亡赔偿金的分配。死者寇安
贵的叔伯大娘李贵英在世时，死者寇安贵与其一起共同生活，20
世纪 60 年代初二人迁至东北生活，有张官屯村委会、同村族人出
庭证人作证，原告虽然对寇安贵过继给李贵英予以否认，但对二
人在一起生活的事实是认可的，认为是基于怜悯李贵英的生活，
父母才让寇安贵与其在一起的。李贵英去世前二人一直在一起生
活。寇安贵与李贵英在一起生活的时间是 20 世纪 60、70 年代，当
时并无具体的法律法规规范收养行为，从二人在一起共同生活的
时间、实际状况以及周围亲朋群众的认知，能够确认死者寇安贵
与李贵英形成了事实上的收养关系。二人收养关系的形成改变了
死者寇安贵与三原告之间的关系，即寇安贵与生父母及近亲属间
的权利义务关系解除。因此，三原告失去了主张寇安贵与被告寇
某丁是否具有收养关系的主体资格。经原审法院审判委员会讨论，
依照《民事诉讼法》第 119 条第 1 款之规定，原审法院作出裁定：
驳回原告寇某甲、寇某乙、寇某丙的起诉；案件受理费 100 元，由
三原告承担。

二审裁判：

德州市中级人民法院认为，本案当事人争议的焦点问题是：寇安贵与李贵英之间是否成立收养关系。《民事诉讼法》第 119 条第 1 款规定，"起诉必须符合下列条件：（一）原告是与本案有直接利害关系的公民、法人和其他组织；……"因此，虽然本案中三名原告起诉要求的是确定寇某丁与寇安贵之间是否成立收养关系，但是其提起该诉讼请求的前提是具有诉的利益，如果不具有诉的利益，则没有提起诉讼的权利。

在原审一审开庭时，寇某丙认可"寇安贵 14 岁时随寇宝堂生活"，寇某乙称"寇安贵送李贵英入土为安"，寇某甲称"寇安贵跟我大娘生活有这事"；周长福（三原告的舅舅）作证称，"周长芬是我姐姐，她给我说寇安贵跟着他二大娘。已经很长时间了，……"寇宝禄（和原告是一个院里，支分不近）作证称，"寇安贵照顾他大娘，就过继给她了"。寇安忠作证称，"我七八岁时寇安贵过继给我亲大娘，我父亲告诉我的。后来寇安贵走了，那年我 10 岁左右，他走之前他俩在一起生活……"夏津县东里镇张官屯村民委员会出具《证明》称"寇保田、周常芬因生活困难将寇安贵过继给李贵英，寇安贵随李贵英共同生活，母子相称。……李贵英与寇安贵系养母与养子关系"。重审一审开庭时，被上诉人申请证人王金生（原告父亲的朋友）、寇安顺（与原、被告一个院，支分不远）、寇保昌（原告院里的叔）、王保恩（原告邻居）出庭，这四位证人也均证明寇安贵过继给李贵英的事实。由于寇安贵过继给李贵英的时间是在 1962 年左右，当时并没有关于收养的法律法规，因此应当根据亲友、群众是否公认，基层群众自治组织是否认可，共同生活时间长短等来确定是否构成收养关系。本案中，寇安贵过继给李贵英、长期跟随李贵英生活的事实，当事人及亲友、群众、张官屯村民委员会等都是认可的，因此可以认定寇安贵与李贵英之间成立收养关系。虽然原告与寇安贵在血缘上存在兄弟姐妹关系，但是在寇安贵被他人收养的情况下，寇安贵与近亲属间的权利义务关系解除，上诉人不再享有相关利益，无权提起本案诉讼。虽然上诉人在一审时提交有公证书，但公证书只是证据的一种，根据最高人民法院《关于民事诉讼证据的若干规定》第9条之规定，有相反证据足以推翻有效公证文书证明的事实的，不能免除当事人的举证责任，况且公证书并没有涉及到收养关系的问题。

综上所述，上诉人与本案没有诉的利益，原审裁定驳回起诉并无不当。经本院审判委员会讨论，裁定如下：驳回上诉，维持原裁定；案件受理费100元，依法退回上诉人寇某甲、寇某乙、寇某丙；本裁定为终审裁定。

法津依据

《中华人民共和国民事诉讼法》第119条第1款；

《中华人民共和国民事诉讼法》第119条第1款、第170条第1款第1项、第175条；

最高人民法院《关于民事诉讼证据的若干规定》第9条。

三、继承典型判例

1. 唐某诉李某某、唐某乙法定继承纠纷案件

裁判要旨

夫妻之间达成的婚内财产分割协议是双方通过订立契约对采取何种夫妻财产制所作的约定，是双方协商一致对家庭财产进行内部分配的结果，在不涉及婚姻家庭以外第三人利益的情况下，应当尊重夫妻之间的真实意思表示，按照双方达成的婚内财产分割协议履行，优先保护事实物权人，不宜以产权登记作为确认不动产权属的唯一依据。

案件事实

唐某甲与被告李某某系夫妻关系，二人生育一子唐某乙。唐某甲与前妻曾生育一女唐某，离婚后由其前妻抚养。唐某甲父母均早已去世。唐某甲于 2011 年 9 月 16 日在外地出差期间突发疾病死亡，未留下遗嘱。

2010 年 10 月 2 日，唐某甲与被告李某某签订《分居协议书》，双方约定："唐某甲、李某某的感情已经破裂。为了不给儿子心灵带来伤害，我们决定分居。双方财产作如下切割：现在财富中心和慧谷根园的房子归李某某拥有。李某某可以任何方式处置这些房产，唐某甲不得阻挠和反对，并有义务协办相关事务。湖光中街和花家地的房产归唐某甲所有。唐某甲可以任何方式处置这些

房产，李某某不得阻挠和反对，并有义务协办相关事务。儿子唐某乙归李某某所有。唐某甲承担监护、抚养、教育之责。李某某每月付生活费 5 000 元。双方采取离异不离家的方式解决感情破裂的问题。为了更好地达到效果，双方均不得干涉对方的私生活和属于个人的事务"。2012 年 11 月 28 日，北京民生物证司法鉴定所出具司法鉴定意见书，鉴定意见为该《分居协议书》上唐某甲签名为其本人所签。

关于财富中心房屋，2002 年 12 月 16 日，唐某甲作为买受人与北京香江兴利房地产开发有限公司签订了《商品房买卖合同》，约定：唐某甲购买北京香江兴利房地产开发有限公司开发的财富中心房屋，总金额为 1 579 796 元。庭审中，原告唐某、被告唐某乙、李某某均认可截止唐某甲去世时间点，该房屋仍登记在唐某甲名下，尚欠银行贷款 877 125.88 元未偿还。此外，李某某与唐某甲名下还有其他两处房产、汽车及存款等财产。

本案一审的争议焦点是：如何确定唐某甲的遗产范围。

法 院判决

一审判决：

北京市朝阳区人民法院一审认为：原告唐某、被告唐某乙作为被继承人唐某甲的子女，被告李某某作为被继承人唐某甲的配偶，均属于第一顺序继承人，三人对于唐某甲的遗产，应予以均分。本案中，应对哪些财产属于唐某甲的遗产予以界定。关于财富中心房屋，唐某甲与李某某虽然在《分居协议书》中约定了该房屋归李某某拥有，但直至唐某甲去世，该房屋仍登记在唐某甲名下。故该协议书并未实际履行，因此应根据物权登记主义原则，确认该房屋属于唐某甲与李某某夫妻共同财产。该房屋价值应根据评估报告确定的数额减去唐某甲去世时该房屋尚未还清的贷款数额，该数额的一半为李某某夫妻共同财产，另一半为唐某甲遗产，属于唐某甲遗产的份额应均分为三份，由李某某、唐某乙和唐某均分。考虑到唐某乙尚未成年，而唐某要求获得折价款，故法院判决该房屋归李某某所有，由李某某向唐某支付折价款并偿还该房屋剩余未还贷款。关于唐某甲名下的其他房屋、车辆及银行存款等遗产，法院按照法定继承的相关规定予以分割。

综上，北京市朝阳区人民法院依照《继承法》第 2 条、第 3 条、第 5 条、第 10 条、第 13 条之规定，于 2014 年 4 月 8 日判决：被继承人唐某甲遗产车牌号为京 KNxxxx 号北京现代牌轿车由被告李某某继承，归被告李某某所有，被告李某某于本判决生效后十日内向原告唐某支付折价款一万六千六百六十六元六角七分；被继承人唐某甲遗产位于北京市朝阳区湖光中街某房屋归被告李某某所有，被告李某某于本判决生效后十日内向原告唐某支付折价款一百八十万元；被继承人唐某甲遗产位于北京市朝阳区东三环北路 23 号财富中心某房屋归被告李某某所有，并由李某某偿还剩余贷款，被告李某某于本判决生效后十日内向原告唐某支付折价款八十八万五千一百八十元六角九分；被告李某某于本判决生效后十日内向原告唐某支付被继承人唐某甲遗产家属一次性抚恤金一万八千三百六十六元六角七分；被告李某某于本判决生效后十日内向原告唐某支付被继承人唐某甲遗产工会发放的家属生活补助费五千三百六十六元六角七分；驳回原告唐某其他诉讼请求。

李某某、唐某乙不服一审判决，向北京市第三中级人民法院提起上诉称：唐某甲与李某某签订的《分居协议书》的性质应属婚内财产分割协议，财富中心房屋无论登记在何方名下，都应以唐某甲与李某某的有效婚内财产约定确定其归属。请求二审法院撤销原审判决，改判财富中心房屋为李某某个人所有，不属于唐某甲遗产范围。

被上诉人唐某辩称：一审法院认定事实清楚，适用法律正确，请求二审法院依法判决。

二审判决：

北京市第三中级人民法院经二审，确认了一审查明的事实。

本案二审的争议焦点是：财富中心房屋的权属问题及其应否作为唐某甲的遗产予以继承。

北京市第三中级人民法院二审认为：本案中唐某甲与李某某签订的《分居协议书》是婚内财产分割协议，而非离婚财产分割协议。理由如下：首先，从《分居协议书》内容来看，唐某甲与上诉人李某某虽认为彼此感情已经破裂，但明确约定为不给儿子心灵带来伤害，采取"离异不离家"的方式解决感情破裂问题，双方是在婚姻关系存续的基础上选择以分居作为一种解决方式并对共同财产予以分割，并非以离婚为目的而达成财产分割协议；其次，从文义解释出发，二人所签《分居协议书》中只字未提"离婚"，显然不是为了离婚而对共同财产进行分割，相反，双方在协议书中明确提出"分居"、"离异不离家"，是以该协议书来规避离婚这一法律事实的出现；最后，《婚姻法》第19条第1款对夫妻约定财产制作出明确规定："夫妻可以约定婚姻关系存续期间所得的财产以及婚前财产归各自所有、共同所有或部分各自所有、部分共同所有。约定应采用书面形式。没有约定或者约定不明确的，适用本法第十七条、第十八条的规定"。本案所涉及的《分居协议书》中，唐某甲与李某某一致表示"对财产作如下切割"，该约定系唐某甲与李某某不以离婚为目的对婚姻关系存续期间所得财产作出的分割，应认定为婚内财产分割协议，是双方通过订立契约对采取何种夫妻财产制所作的约定。

本案应当优先适用物权法还是婚姻法的相关法律规定？法院认为，该问题首先要厘清物权法与婚姻法在调整婚姻家庭领域内财产关系时的衔接与适用问题，就本案而言，应以优先适用婚姻法的相关规定处理为宜。理由如下：物权领域，法律主体因物而产生联系，物权法作为调整平等主体之间因物之归属和利用而产生的财产关系的基础性法律，重点关注主体对物的关系，其立法旨在保护交易安全以促进资源的有效利用。而婚姻法作为身份法，旨在调整规制夫妻之间的人身关系和财产关系，其中财产关系则依附于人身关系而产生，仅限于异性之间或家庭成员之间因身份而产生的权利义务关系，不体现直接的经济目的，而是凸显亲属共同生活和家庭职能的要求。故婚姻法关于夫妻子女等特别人伦或财产关系的规定不是出于功利目的创设和存在，而是带有"公法"意味和社会保障、制度福利的色彩，将保护"弱者"和"利他"价值取向直接纳入权利义务关系的考量。

因此，婚姻家庭的团体性特点决定了婚姻法不可能完全以个人为本位，必须考虑夫妻共同体、家庭共同体的利益，与物权法突出个人本位主义有所不同。在调整夫妻财产关系领域，物权法应当保持谦抑性，对婚姻法的适用空间和规制功能予以尊重，尤其是夫妻之间关于具体财产制度的约定不宜由物权法过度调整，应当由婚姻法去规范评价。本案中，唐某甲与上诉人李某某所签协议关于财富中心房屋的分割，属于夫妻内部对财产的约定，不涉及家庭外部关系，应当优先和主要适用婚姻法的相关规定，物权法等调整一般主体之间财产关系的相关法律规定应作为补充。

物权法上的不动产登记公示原则在夫妻财产领域中是否具有强制适用的效力？法院认为，唐某甲与李某某所签《分居协议书》已经确定财富中心房屋归李某某一人所有，虽仍登记在唐某甲名下，并不影响双方对上述房屋内部处分的效力。理由如下：物权法以登记作为不动产物权变动的法定公示要件，赋予登记以公信力，旨在明晰物权归属，保护交易安全和交易秩序，提高交易效率。但实践中，由于法律的例外规定、错误登记的存在、法律行为的效力变动、当事人的真实意思保留以及对交易习惯的遵从等原因，存在大量欠缺登记外观形式，但依法、依情、依理应当给予法律保护的事实物权。《物权法》第 28 条至第 30 条对于非基于法律行为所引起的物权变动亦进行了例示性规定，列举了无须公示即可直接发生物权变动的情形。当然，这种例示性规定并未穷尽非因法律行为而发生物权变动的所有情形，婚姻法及其司法解释规定的相关情形亦应包括在内。

在夫妻财产领域，存在大量夫妻婚后由一方签订买房合同，并将房屋产权登记在该方名下的情形，但实际上只要夫妻之间没有另行约定，双方对婚后所得的财产即享有共同所有权，这是基于婚姻法规定的法定财产制而非当事人之间的法律行为。因为结婚作为客观事实，已经具备了公示特征，无须另外再为公示。而夫妻之间的约定财产制，是夫妻双方通过书面形式，在平等、自愿、意思表示真实的前提下对婚后共有财产归属作出的明确约定。此种约定充分体现了夫妻真实意愿，系意思自治的结果，应当受到法律尊重和保护，故就法理而言，亦应纳入非依法律行为即可发生物权变动效力的范畴。因此，当夫妻婚后共同取得的不动产物权归属发生争议时，应当根据不动产物权变动的原因行为是否有效、有无涉及第三人利益等因素进行综合判断，不宜以产权登记作为确认不动产权属的唯一依据，只要有充分证据足以确定该不动产的权属状况，且不涉及第三人利益，就应当尊重夫妻之间的真实意思表示，按照双方达成的婚内财产分割协议履行，优先保护事实物权人。需要指出的是，此处的第三人主要是相对于婚姻家庭关系外部而言，如夫妻财产涉及向家庭以外的第三人处分物权，就应当适用物权法等调整一般主体之间财产关系的相关法律规定。而对于夫妻家庭关系内的财产问题，应当优先适用婚姻法的相关规定。

本案中，《分居协议书》约定"财富中心房屋归李某某拥有，李某某可以任何方式处置这些房产，唐某甲不得阻挠和反对，并有义务协办相关事务"。该协议书系唐某甲与上诉人李某某基于夫妻关系作出的内部约定，是二人在平等自愿的前提下协商一致对家庭财产在彼此之间进行分配的结果，不涉及婚姻家庭以外的第三人利益，具有民事合同性质，对双方均具有约束力。财富中心房屋并未进入市场交易流转，其所有权归属的确定亦不涉及交易秩序与流转安全。故唐某虽在本案中对该约定的效力提出异议，但其作为唐某甲的子女并非《物权法》意义上的第三人。因此，虽然财富中心房屋登记在唐某甲名下，双方因房屋贷款之故没有办理产权过户登记手续，但物权法的不动产登记原则不应影响婚内财产分割协议关于房屋权属约定的效力。且结合唐某甲与李某某已依据《分居协议书》各自占有、使用、管理相应房产之情形，应当将财富中心房屋认定为李某某的个人财产，而非唐某甲之遗产予以法定继承。一审法院根据物权登记主义原则确认财富中心房屋为唐某甲与李某某夫妻共同财产实属不妥，应予调整。最终判决：维持北京市朝阳区人民法院（2013）朝民初字第 30975 号民事判决第一项、第二项、第四项、第五项；撤销北京市朝阳区人民法院（2013）朝民初字第 30975 号民事判决第六项；变更北京市朝阳区人民法院（2013）朝民初字第 30975 号民事判决主文第三项为：位于北京市朝阳区东三环北路二十三号财富中心某房屋归李某某所有，并由李某某偿还剩余贷款；驳回唐某其他诉讼请求。本判决为终审判决。

法津依据

《中华人民共和国物权法》第 9 条；

《中华人民共和国婚姻法》第 19 条；

《中华人民共和国继承法》第 2 条、第 3 条、第 5 条、第 10 条、第 13 条；

《中华人民共和国民事诉讼法》第 170 条第 1 款第 2 项。

2. 段东诉段春法定继承纠纷案件——农村承包土地经营权可否继承

裁判要旨

土地承包经营权是以"户"为单位而取得的，在该户的户主或者其他成员死亡后，若该户仍有成员，则该户不丧失土地承包经营权，该户的其他人员持续享有承包经营权。根据《中华人民共和国农村土地承包法》（以下简称《农村土地承包法》）第31条："承包人应得的承包收益，依照继承法的规定继承。林地承包的承包人死亡，其继承人可以在承包期内继续承包。"第50条："土地承包经营权通过招标、拍卖、公开协商等方式取得的，该承包人死亡，其应得的承包收益，依照继承法的规定继承；在承包期内，其继承人可以继续承包。"该土地承包经营权因不属于第31条、第50条规定的"承包收益"，不得依照《继承法》的规定继承。

案件事实

原告段东、被告段春与案外人段丽系同胞姐弟，其父段明及其母亲分别于2001年和1998年去世。段明生前，与被告段春一起作为一个承包经营户，与所在村集体签订了农村承包经营合同，依法取得了3.6亩土地的承包经营权，并领取了承包经营权证书。段明夫妻去世后，承包经营的土地由被告段春继续承包经营至该承包地被征收。段明自有一处住房，但建筑面积和占用土地面积以及房屋价值，双方均未明确陈述，亦未提供证据证明。

2011年，原、被告所在的村土地和地上房屋因城市建设被征收，涉案的承包土地以及段明的房屋和所占土地亦被同时征收。被告段春领取了涉案承包土地的补偿款129 475.92元和宅基地补偿款 109 382 元。原告段东以该承包地和其父母的宅基地均属其父母的遗产，所得补偿款其应分得相应份额为由要求被告支付，被告予以拒绝。

法 院判决 ‖

河南省夏邑县人民法院于 2012 年 7 月 10 日作出（2012）夏民初字第 790 号民事判决：驳回原告段东的诉讼请求。宣判后，原告段东向河南省商丘市中级人民法院提起上诉。商丘市中级人民法院于 2013 年 1 月 8 日以同样的事实作出（2012）商民二终字第 770 号民事判决书：驳回上诉，维持原判。

法院生效裁判认为：《农村土地承包法》第 15 条规定："家庭承包的承包方是本集体经济组织的农户。"第 16 条规定："承包方享有下列权利：……（二）承包地被依法征收、征用、占用的，有权依法获得相应的补偿；……"从以上法律规定看农村承包地征收补偿的对象是合法拥有土地承包经营权的农户。

从一、二审查明的事实，结合本案涉案土地承包经营权证书等证件材料看，被上诉人段春与其父母属于同一农村承包经营户。本案中，被上诉人父母现已去世，丧失了农户的身份，自然无法得到征收补偿，但作为同一农户成员之一的被上诉人仍然存在，并享有着涉案承包地的农户身份，上诉人系另一农村土地承包经营户的主体，其诉请分割涉案承包地补偿款缺乏法律依据，原审判决由被上诉人享有涉案承包地的补偿利益并无不当。

本案对涉案宅基地及房屋属于双方当事人父母的部分，原审判决已经确认双方当事人及案外人段丽均享有继承权，被上诉人对此并未提出异议，但上诉人原审提供的证据中未显示有房屋补偿款，且宅基地补偿款包含有被上诉人自有宅基地部分，上诉人未提供充分证据证明其父母宅基地在涉案宅基地补偿款中应享有的份额，原审判决对其诉请未予支持并无不当。

法津依据‖

《中华人民共和国农村土地承包法》第 15 条、第 16 条、第 50 条；

最高人民法院《关于审理涉及农村土地承包纠纷案件适用法律问题的解释》第 3 条、第 25 条、第 31 条；

最高人民法院《关于贯彻执行〈中华人民共和国继承法〉若干问题的意见》。

3. 董杏蓉、於嘉建、於智建、於培建、於新建诉於震建遗产继承纠纷案件

裁判要旨‖

遗产是公民死亡时遗留的个人合法财产，继承自公民死亡之时开始，但公民死亡时间与遗产分割时间并不一定是同一个时间，这期间，遗产的价值很可能因为市场因素发生变化或者遗产的表现形式发生变化而导致价值认定产生不同意见。如遗产继承人擅自处分应当与其他继承人共同继承的遗产，遗产因转化而增值的，在分割遗产时，应当按照增值后的价值进行计算。

案件事实‖

2003 年 10 月 27 日，原告於新建和被告於震建因位于宁波市北仑区大碶街道河南村地段的房屋及附属物已被列入北仑开发区建设项目拆迁范围而与宁波市北仑区原大碶镇房屋拆迁办公室分别签订了房屋腾空拆迁协议书，并于同年 11 月 7 日分别取得 244.03 平方米的房屋调产安置面积联系单（又称房票）。2004 年 5 月，於昌财、杨彩凤的子女於爱莲、於黎萍、於瑞祥（已过世，由其妻董杏蓉代理）、於根娣签订关于父母於昌财、杨彩凤在宁波

北仑区大碶镇河南村房地产遗产分配协议 1 份，大致载明：於瑞祥、董杏蓉之子於新建、於震建已于 2003 年 11 月在当地拆迁组以於昌财孙子的身份代理领取了补偿金 584 339 元和房屋拆迁调产安置面积 458.06 平方米的购房联系单，於瑞祥名下分得补偿金 309 339 元和 488.06 平方米的购房联系单。2004 年 9 月 4 日，被告与宁波市北仑新矸房地产开发实业公司签订商品房买卖合同 2 份，凭房票购买了位于宁波市北仑区大碶街道高德公寓 3 幢 401 室及 8 幢 404 室房屋两套，其中 3 幢 401 室拆迁安置面积（即房票面积）为 90.16 平方米，实际面积为 90.51 平方米，支付购房款 148 246 元（含储藏室）；8 幢 404 室拆迁安置面积（即房票面积）为 105.45 平方米，实际面积为 105.91 平方米，被告支付购房款 175 150 元（仓储藏室）。被告购买上述房屋共用去房票面积 195.61 平方米，剩余面积 48.42 平方米，被告转让给他人，得款人民币 5 万元。

2008 年 12 月 15 日，上海市徐汇区人民法院对原告董杏蓉、於嘉建、於智建、於培建与被告於新建、於震建法定继承纠纷一案作出（2008）徐民一（民）初字第 2083 号民事判决书，查明：2003 年 10 月，董杏蓉、於瑞祥与其他共有人所有的祖屋浙江省宁波市北仑区大碶镇横河乡河南村新董家被动迁，於新建与於震建作为代理人出面签订了协议。根据动迁协议，於新建得到了动迁款 292 470 元和优惠购房券 244.03 平方米，后於新建将购房券卖出得款 31 万元，所有款项均交给了原告董杏蓉。於震建得到了动迁款 291 869 元和优惠购房券 244.03 平方米，后於震建将 48.42 平方米购房券售出得款 5 万元，其余购房券用于购买房屋，上述款项中 221 000 元於震建交与於新建，并由於新建交给了董杏蓉。2004 年董杏蓉将动迁款中的 275 000 元分给了祖屋其余的共有人。该院认为，原、被告均系被继承人於瑞祥第一顺序的继承人，依法可以继承於瑞祥的遗产，原、被告均认可祖屋的动迁所得及家具等系於瑞祥与董杏蓉的共同财产，其中的一半财产作为於瑞祥的遗产进行分割，法院予以确认并由法院依法予以分割；至于於震建用于购买房屋的195.61平方米购房券，由于购房时包含了於震建自己的钱款，故本案不予处理，双方可另行协商或诉讼解决。

经评估，位于大碶高德公寓8幢404室和3幢401室在估价时点2010年1月28日的市场价值为人民币13 490 703元。另被告支付了购置该房屋的相关税费和物业管理费。

原告董杏蓉、於嘉建、於智建、於培建、於新建要求确认原告对宁波市北仑区大碶街道高德公寓3幢401室及8幢404室房屋享有38%的所有权份额。审理中，五原告当庭变更为要求确认原告对该房屋享有50%的所有权份额。经一审法院依法进行释明，原告变更诉讼请求为要求对房票的价值及用房票购买房屋后产生的利益进行继承分割。

法院判决

浙江省宁波市北仑区人民法院经审理认为，遗产在未进行分割之前，属继承人共同共有，各继承人均系该遗产的共有人。根据於昌财、杨彩凤在宁波北仑区大碶镇河南村房地遗产分配协议，於瑞祥因祖屋被拆迁其名下分得部分现金和房票，被告作为代理人出面签订拆迁协议而取得195.61平方米房票，该房票应当属于於瑞祥和董杏蓉的共同财产，其中属于於瑞祥的部分系遗产，原、被告双方均系该遗产的共有人。

本案中双方争议的焦点是：原告认为应当按房票的价值和被告投入的资金比例来分割房屋利益；被告认为应当按照房票当时价值进行分割。法院认为，房票是拆迁人给予被拆迁人调产安置时购买安置用房的凭证。因凭房票购买安置用房的价格低于市场商品房价格，使得房票在事实上存在一定的经济价值，具有财产权性质。涉案房票是原、被告双方共同共有财产。被告凭房票购买涉案房屋，同时投入自有资金，房票因被告的购买行为而转换成房屋，原、被告双方对涉案房屋所代表的经济利益应当均享有共有权。被告主张按房票当时价值款项进行分割，因房票与被告投入的资金已转换成房屋，且涉案房屋存在升值事实，故法院对被告的该项主张不予支持，应当以涉案房屋价值为标的进行分割为宜。

关于房票的价格，原告於新建出售价格为 1 270 元/平方米，被告的出售价格为 1 032 元/平方米，法院建议对被告用于购买涉案房屋的房票按折中平均价格 1 151 元/平方米计算。综上所述，法院确定被告购房时的房票价值为 22 5147 元（195.61 平方米 × 1151 元/平方米）。根据被告的购房发票，被告购买涉案房屋支付购房款为人民币 3 233 元，房票的价值在购房成本中的比例为 41.04%。该房票系於瑞祥和董杏蓉的夫妻共同财产，其中属于於瑞祥的部分系遗产，原、被告双方均系放瑞祥的第一顺序继承人，故法院确定原告对涉案房屋价值享有 37.62% 的份额，被告享有 62.38% 的份额。涉案房屋价值经估价为人民币 1 349 703 元，被告主张购房费用和物业管理费等费用应当扣除，该主张合理，法院予以支持，依法核定为 7 641 元。综上，法院确定涉案房票及以房票购买房屋产生的利益合计为人民币 1 342 062 元，原告应当继承分割的金额为 504 883.70 元。最终判决：被告於震建应给付原告董杏蓉、於嘉建、於智建、於培建、於新建房票价值和以房票购买房屋产生的利益合计人民币 504 883.70 元（其中原告董杏蓉应得321 289.70元，原告於嘉建、於智建、於培建、於新建各应分得 45 898.50元）；驳回原告董杏蓉、於嘉建、於智建、於培建、於新建的其他诉讼请求。

法 津依据

《中华人民共和国继承法》第 2 条、第 10 条、第 13 条。

4. 罗芙蓉、罗福玉诉王昌雅等法定继承纠纷案件

裁 判要旨

依照我国传统生活习惯，私章不具有识别个人身份的法律特征，也不具有代表本人意思的法律效力，仅加盖私章而无本人签名且本人提出异议的放弃继承证明，形式上不符合继承人放弃继承的法律要件。继承开始后，在继承人均未表示放弃继承且遗产也未进行分割的情况下，不存在继承人权利被侵犯的问题，遗产归全体继承人共有，任何共有人随时都可以提出分割共有物的请求，该权利实质为形成权而非请求权，不适用诉讼时效的规定。

案件事实

黄家五与罗春林系夫妻关系，婚后共生育罗毅、罗银辉、罗芙蓉、罗福玉四个子女。黄家五购买了成都市金泉街99号房屋并于1959年8月12日取得房屋所有权证。罗春林于1946年10月12日死亡，此后黄家五未再婚，其于1970年9月16日死亡，生前未立遗嘱。黄家五与罗春林的父母均先于黄家五、罗春林死亡。罗银辉于1958年死亡，其与妻子宋玉华婚后共生育罗国庆、罗惠琼两个子女，宋玉华后与他人再婚。罗国庆于1994年7月26日死亡，其与丈夫宋绍成婚后生育一子宋永恒。罗毅于1995年10月死亡，其与妻子王昌雅婚后共养育罗芳丽、罗德成、罗德俊三个子女。

黄家五死亡后，罗毅、王昌雅、罗德俊在成都市金泉街99号房屋居住。1973年12月，罗毅向成都市房产管理局产权监理处申请办理成都市金泉街99号房屋的继承登记，提交了其所在单位出具的关于罗毅的基本情况及在其母亲遗产房屋内居住情况的证明，

罗毅申请办理房屋产权登记的申请书，由罗毅书写的署名为罗福蓉并加盖一枚"罗福容"印章、内容为同意放弃产权、房屋由罗毅继承的证明，由罗毅书写的署名为罗福玉并加盖一枚"罗福玉"印章、内容为同意放弃产权、房屋由罗毅继承的证明。1974 年 1 月 28 日，罗毅取得成都市房产管理局颁发的成都市金泉街 99 号房屋产权证（权字第 4169 号），房屋产权入户名由黄家五变更登记为罗毅。1976 年 4 月 14 日，罗国庆、罗惠群（琼）向成都市产权监理处递交申请书，认为将遗产房屋登记为罗毅一人未征求其意见，申请注销罗毅的产权证进行共有权利登记。

此后，成都市房产管理局产权监理处将权字第 4169 号房屋产权证收回并加盖注销章。成都市房产管理局产权监理处曾告知罗毅、罗国庆等补充各自书面意见。成都市金泉街 99 号房屋的相关继承人一直未向成都市房产管理局产权监理处补充关于继承成都市金泉街 99 号房屋的书面意见重新办理登记。2009 年 8 月，成都市金泉街 99 号房屋参与改造收购，由王昌雅、罗德俊、罗德成与改选方签订《改造房屋收购协议》，收购价款 1 576 894 元。现该房已腾退交出，罗德俊已申领整体搬迁一次性奖励 3 万元。庭审中，罗芙蓉、罗福玉表示请求分割的共有财产可以是房屋补偿款，罗芳丽、罗惠群、宋永恒表示分割的共有财产应当是房屋而不是补偿款。

法院判决

成都市锦江区人民法院经审理认为：

第一，关于成都市金泉街 99 号房屋的权属问题。虽然罗毅曾取得成都市金泉街 99 号房屋产权证，将房屋产权入户名由黄家五变更登记为罗毅，但在罗国庆、罗惠群（琼）提出异议后，成都市房产管理局产权监理处已将该房屋产权证收回并加盖注销章，而黄家五的继承人此后未向成都市产权监理处补充关于继承该房屋的书面协议重新办理登记手续，故该房屋的权属已恢复到罗毅办理变更登记前的状态，即仍然属于黄家五所有。

第二，关于罗芙蓉、罗福玉是否享有房屋继承权的问题。因两份放弃产权的证明均由罗毅书写，虽然加盖有"罗福容"和"罗福玉"印章，但罗福蓉、罗福玉并未在上面签字，不能确定是其本人的意思表示；虽然成都市房产管理局产权监理处在办理罗毅申请变更房屋产权登记过程中，通过了相关审核程序并向罗毅颁发了房屋产权证，但并无证据证明在办理房屋产权变更登记过程中有罗福蓉、罗福玉本人到场，特别是在此次继承登记程序还存在遗漏其他继承人意见、罗福蓉的署名与印章（"罗福容"）不一致等其他问题的情况下，不能据此反推出以罗福蓉、罗福玉名义出具的证明经过其本人的确认；再结合罗毅在其房屋产权证被收回至其去世长达十多年的时间内，未再向产权监理处重新提交关于继承分割房屋的书面意见以及罗芙蓉、罗福玉放弃继承的书面证明这一情况，不能认定罗芙蓉、罗福玉有放弃继承的意思表示。况且，由于颁发给罗毅的房屋产权证已被收回并注销，房屋恢复为产权仍属黄家五所有，现房屋尚未分割处理，目前罗芙蓉、罗福玉也未表示要放弃继承，故即使罗芙蓉、罗福玉曾经在罗毅申请办理房屋变更登记时有过同意放弃继承的意思表示，也并不影响罗芙蓉、罗福玉在房屋分割前所享有的继承权。

第三，关于本案是否已经超过诉讼时效的问题。王昌雅等辩称，黄家五于1970年去世时继承就开始，罗芙蓉、罗福玉至今起诉，早已超过诉讼时效。本院认为，被继承人黄家五死亡时，发生继承的事由，随着继承的开始，黄家五遗产的所有权即应从黄家五名下转到各继承人名下，在黄家五的继承人均未表示放弃继承且遗产也未进行分割的情况下，遗产应当归全体继承人共有，在遗产分割前的共有关系存续期间，任何共有人随时都可以提出分割共有物的请求，现原告罗芙蓉、罗福玉作为黄家五的继承人即遗产的共有人起诉要求分割共有财产，符合法律规定，本案不适用诉讼时效的规定。相反，如果认为本案已过诉讼时效，将会导致成都市金泉街99号房屋始终属于死亡多年的黄家五所有的情况出现，从而产生所有权缺位问题，实际上也剥夺了各继承人的法定权利。

第四，关于遗产范围及各继承人继承份额的问题。成都市金泉街99号房屋属于黄家五死亡时遗留的财产，其继承人均享有继承权，虽然该房屋已由王昌雅、罗德俊、罗德成代表参与改造户黄家五（亡）签订了改造房屋收购协议，但因其他部分继承人明确表示请求分割的共有财产是房屋而不是收购价款，故本案分割处理的遗产范围为成都市金泉街99号房屋。因黄家五的配偶和父母均先于其死亡，故其第一顺序继承人应为黄家五的四个子女即罗毅、罗银辉、罗芙蓉、罗福玉，对成都市金泉街99号房屋的继承份额各为25%。因罗毅在黄家五死亡后、遗产分割前死亡，其继承份额应依法由其配偶王昌雅及其子女罗芳丽、罗德成、罗德俊转继承。黄家五死亡时继承即开始，黄家五未立遗嘱，罗毅因继承取得的房屋所有权份额，系罗毅与王昌雅婚姻关系存续期间所得的夫妻共同财产，罗毅死亡后，其继承份额的一半应归王昌雅所有，剩余一半再由王昌雅、罗芳丽、罗德成、罗德俊均等分割，即罗毅继承成都市金泉街99号房屋的25%份额中，由王昌雅享有15.625%，由罗芳丽、罗德成、罗德俊各享有3.125%。因罗银辉先于黄家五死亡，而罗银辉共生育罗国庆、罗惠群两个子女，其中罗国庆于1994年死亡，生前生育一子宋永恒，故罗银辉继承成都市金泉街99号房屋的25%份额，应依法由罗惠群、宋永恒代位继承，各享有12.5%的份额。

最终判决成都市金泉街99号房屋（建筑面积92.60平方米）由原告罗芙蓉、罗福玉各享有25%的财产份额，由被告王昌雅享有15.625%的财产份额，由被告罗德俊、罗德成、罗芳丽各享有

3. 12.5% 的财产份额，由被告罗惠群、宋永恒各享有 12.5% 的财产份额。

案件宣判后，各方当事人均未提起上诉，判决已发生法律效力。

法律依据

《中华人民共和国继承法》第 2 条、第 3 条第 2 项、第 5 条、第 10 条、第 11 条、第 13 条第 1 款、第 25 条第 1 款；

《中华人民共和国婚姻法》第 17 条第 1 款第 4 项；

《中华人民共和国物权法》第 29 条、第 99 条；

最高人民法院《关于贯彻执行〈中华人民共和国继承法〉若干问题的意见》第 52 条。

5. 李梅、郭重阳诉郭士和、童秀英继承纠纷案件

裁判要旨

夫妻关系存续期间，双方一致同意利用第三人的精子进行人工授精并受孕后，一方事后反悔应当征得另一方同意。在未能协商一致情况下出生的子女，尽管与一方没有血缘关系，仍应视为夫妻双方的婚生子女。一方因此在遗嘱中剥夺该幼子女遗产份额的，该部分遗嘱内容应属无效。

案件事实

1998 年 3 月 3 日，原告李梅与被告郭士和、童秀英之子郭小顺登记结婚。2002 年 8 月 27 日，郭小顺与秦淮区房产经营公司签订《南京市直管公有住房买卖契约》，购买位于该市秦淮区文安里 21 号 602 室建筑面积 45.08 平方米的房屋。同日，郭小顺交付购

房款 14 582.16 元，其中 1 万元系向两被告所借，并由原告李梅分别于 2005 年 3 月及 10 月归还。2002 年 9 月，郭小顺以自己的名义办理了房屋所有权证、土地使用证。2006 年 3 月，南京大陆房地产估价师事务所有限责任公司受南京市秦淮区人民法院委托，对上述房产现价进行评估，评估价值为 19.3 万元。

2004 年 1 月 30 日，李梅、郭小顺与南京军区南京总医院生殖遗传中心签订人工授精协议。通过人工授精，原告李梅于 2004 年 10 月 22 日产一子，取名郭重阳。2004 年 4 月，郭小顺因病住院。5 月 20 日，郭小顺在医院立下遗嘱，主要内容为："①通过人工授精（不是本人精子），孩子我坚决不要；②1984 年私房拆迁分的一套房子，坐落在秦淮区文安里 21 号 602 室，当时是由母亲出资壹万伍按房改政策以我的名义购买的房子，赠予父母郭士和和童秀英，别人不得有异议"。同年 5 月 23 日，郭小顺病故。另外，2001 年 3 月，郭小顺因开店之需向被告童秀英借款 8 500 元；夫妻共同存款 18 705.4 元；原告李梅每月享受低保，另有不固定的打工收入；被告郭士和、童秀英现居住在文安里 21 号 601 室，产权人为被告郭士和，两被告均享有退休工资。

法院判决

南京市秦淮区人民法院经审理认为，根据《继承法》第 5 条规定，"继承开始后，按照法定继承办理；有遗嘱的，按照遗嘱继承或者遗赠办理，有遗赠扶养协议的，按照协议办理"。本案郭小顺死亡后留有自书遗嘱，在遗产处理时应优先按照遗嘱处理。

《民法通则》第 57 条规定："民事法律行为从成立时起具有法律约束力。行为人非依法律规定或者取得对方同意，不得擅自变更或者解除。"最高人民法院在 1991 年 7 月 8 日做出的《关于夫妻离婚后人工受精所生子女的法律地位如何确定的复函》规定："夫妻关系存续期间，双方一致同意进行人工授精，所生子女应视为夫妻双方的婚生子女，父母子女之间权利义务关系适用《婚姻法》的有关规定。"上述法律规定和司法解释表明，虽然通过人工授精所生的子女与夫妻双方或者一方没有血缘关系，但只要是经过夫妻双方同意进行人工授精所生子女，应视为夫妻双方的婚生子女。本案郭小顺无生育能力，其同意通过人工受精方法使妻受胎，表明其对此具有积极的意思表示，同时应视为其对亲子否认权的放弃。其在妻子原告李梅受孕后反悔，应当征得原告李梅的同意并及时采取中止妊娠措施。在原告李梅不知情或者不同意中止妊娠情况下出生的子女，不因郭小顺的事后反悔否认而消灭其与原告郭重阳之间的父子关系。因此，郭小顺在遗嘱中否认其与原告郭重阳亲子关系的内容无效。

《继承法》第 19 条规定："遗嘱应当对缺乏劳动能力又没有生活来源的继承人保留必要的遗产份额。"本案原告郭重阳在郭小顺死亡后出生，尚处幼年，母亲原告李梅没有固定收入，生活来源缺乏保障，依法应当为其保留必要的遗产份额，以保证原告郭重阳生活所需和健康成长。因此，在遗产处理时，应当为原告郭重阳留下必要的遗产，所剩余部分，才可参照遗嘱确定的分配原则处理。故郭小顺遗嘱剥夺郭重阳继承权的部分无效。最高人民法院《关于贯彻执行〈中华人民共和国继承法〉若干问题的意见》第 38 条规定："遗嘱人以遗嘱处分了属于国家、集体或他人所有的财产，遗嘱的这部分，应认定无效。"登记在被继承人郭小顺名下的讼争房产，系其在与原告李梅夫妻关系存续期间取得，应属夫妻共同财产。郭小顺将房产全部处分归其父母，故遗嘱中处分属于原告李梅的一半房产的部分应属无效。

综上，南京市秦淮区人民法院认定郭小顺死亡后遗留的夫妻共同财产有位于南京市秦淮区文安里 21 号 602 室房产和存款 18 705.4 元，扣除偿还被告童秀英的 8 500 元，其中一半应当作为郭小顺的遗产。郭小顺死亡后，继承开始，其中的一半房产在为原告郭重阳保留下必要份额后按照郭小顺的遗嘱分配。鉴于本案的具体情况，一半房产的 1/3 应作为原告郭重阳的必要遗产份额，余下的一半房产的 2/3 由被告郭士和和童秀英共同继承。考虑继承人的实际生活需要及所占份额，该房应归原告李梅所有，李梅按该房产评估价值 193 000 元，折价补偿原告郭重阳 32 166.7 元，补偿被告郭士和 32 166.7 元，补偿被告童秀英 32 166.7 元。遗产存款余额 5 102.7 元按法定继承办理，由法定第一顺序继承人原告李梅、郭重阳、被告郭士和、童秀英四人均分，每人应得 1 276.7 元。上述存款因在原告李梅处，由李梅给付其他三位继承人应得的继承款，并向被告童秀英偿还欠款 8 500 元。据此，南京市秦淮区人民法院于 2006 年 4 月 20 日判决：位于南京市秦淮区文安里 21 号 602 室房屋归原告李梅所有；原告李梅于本判决生效之日起三十日内给付原告郭重阳 33 442.4 元，因郭重阳系无行为能力人，该款由其法定代理人原告李梅保管；原告李梅于本判决生效之日起三十日内给付被告郭士和 33 442.4 元；原告李梅于本判决生效之日起三十日内给付被告童秀英 41 942.4 元。

法律依据

《中华人民共和国民事诉讼法》第 128 条；

《中华人民共和国婚姻法》第 17 条；

《中华人民共和国继承法》第 5 条、第 10 条、第 13 条、第 17 条第 2 款、第 3 款、第 19 条、第 26 条第 1 款、第 29 条、第 33 条；

最高人民法院《关于贯彻执行〈中华人民共和国继承法〉若干问题的意见》第 37 条、第 38 条；

最高人民法院《关于夫妻离婚后人工受精所生子女的法律地位如何确定的复函》。

6. 杨某遗嘱取消未成年人代位继承权纠纷案件

裁 判要旨

《继承法》第 19 条："遗嘱应当对缺乏劳动能力又没有生活来源的继承人保留必要的遗产份额。"此外，最高人民法院《关于贯彻执行〈中华人民共和国继承法〉若干问题的意见》第 37 条对此又作了进一步的补充："遗嘱未保留缺乏劳动能力又没有生活来源的继承人的遗产份额，遗产处理时，应当为该继承人留下必要的遗产，所剩下的部分，才可参照遗嘱分配原则处理"。这些关于遗嘱中必留份的规定，是强制性的规定。遗嘱如果违反上述关于必留份的规定，没有保留缺乏劳动能力又没有生活来源的继承人必要的遗产份额，那么这部分遗嘱内容是无效的。

案 件事实

被继承人杨某与其妻刘某育有二子三女。1953 年杨某夫妇在济南市区购买房屋四间。1977 年刘某去世。1980 年杨某又在院中建房二间。1987 年、1991 年杨某的两个儿子先后去世，各留一子随其各自的母亲生活。1993 年 3 月，杨某立下公证遗嘱，将自己所有的财产及继承老伴的那部分财产指定由三个女儿继承，但未明确遗产的具体分配办法。同年 12 月，杨某病故。其时，杨某的两个孙子杨波、杨涛分别为 16 岁和 11 岁，正在上学，他们母亲均有固定的工资收入，两人父亲生前所在单位各自提供其生活补助费每月 65 元。现诸继承人为继承遗产发生纠纷，三名遗嘱继承人诉至法院，要求按照遗嘱继承遗产。

法院判决

一审法院认定遗嘱有效。二审法院认为，被继承人杨某生前所立遗嘱剥夺了未成年代位继承人的继承权，遂确定遗嘱无效，并依法定继承原则对此案作了改判。

法律依据

《中华人民共和国民事诉讼法》第67条；

《中华人民共和国继承法》第19条；

最高人民法院《关于贯彻执行〈中华人民共和国继承法〉若干问题的意见》第37条。

7. 史永远诉史永其等继承纠纷案件——未尽赡养义务可构成继承权瑕疵

裁判要旨

《继承法》第13条第3款、第4款规定："对被继承人尽了主要扶养义务或者与被继承人共同生活的继承人，分配遗产时，可以多分。有扶养能力和有扶养条件的继承人，不尽扶养义务的，分配遗产时，应当不分或者少分。"故子女之间达成协议分别赡养父母的，对父亲或母亲一方去世后所遗留的个人财产，有赡养能力但未实际承担赡养义务的子女在继承遗产时应不分或者少分。

案件事实

高小四早年丧偶，之前生育两个儿子，其中一子为被告高永兴，另一子在高小四再婚后改名为被告史永其。后高小四携儿子史永其与史志厂再婚，并生育子女即原告史永远、被告史伟荣、史惠君。1975年，高小四、史志厂分家，高小四与被告史伟荣共同生活，史志厂与原告史永远共同生活，分家后双方分开居住。1979 年，史志厂去世。1996 年 6 月 13 日，在光明村村委会主持下，原告与被告史伟荣、高永兴达成关于赡养老人及居住协议，约定在被告史伟荣楼屋旁建小屋一间给母亲高小四居住，小屋未建之前住在被告史伟荣家；被告史伟荣每年供给高小四口粮 500 斤，并配备煤气瓶、灶具，煤气由被告高永兴供给，油盐酱醋及小菜由被告史永其供给；对于医药费，小病由被告史伟荣负责，医药费如较多，由大家商量解决，如生病日久，由被告史永其、史伟荣、史惠君共同分日护理；百年之后费用，由被告史伟荣负担 50%，被告史永其、史惠君、高永兴分担 50%。原告及被告史永其、史伟荣、史惠君在协议上签字，村代表何伟国、楼正炳、李国平在协议上签字，协议还盖有庄市镇光明桥村治保调解委员会公章。2004 年 9 月 9 日，高小四去世。

另查明：根据镇海区庄市街道光明村村委会的相关规定，2001 年 7 月 1 日至 2008 年 12 月 31 日村在册的农业户口可享受购买别墅一套（可置换二套商品房），高小四符合该规定。2010 年 5 月 16 日，被告史永其、史伟荣、史惠君、高永兴签订关于房产分配协议书，约定根据母亲高小四生前子女赡养情况即 1996 年 6 月 13 日的关于赡养老人及居住协议书，高小四名下在光明村可分配的两套商品房由被告史永其、史伟荣购买，被告史惠君、高永兴分别获得补偿款 23 000 元。该补偿款由被告史永其支付 25 500 元，被告史伟荣支付 12 000 元以及高小四名下的土地征用补偿款 8 500 元组成。2010 年上半年，镇海区庄市街道光明村村委会将商品房 4–101 交付被告史永其，被告史永其支付购房款 6 万元；镇海区庄市街道光明村村委会将商品房 3–102 交付被告史伟荣，被告史伟荣支付购房款 6 万元。

故原告要求四被告返还应由原告合法继承的全部财产，即母亲高小四所有遗产的五分之一，合计 121 700 元。

法院判决 ||

浙江省宁波市镇海区人民法院经审理认为,同一顺序继承人继承遗产的份额,一般应当均等。对被继承人尽了主要扶养义务或者与被继承人共同生活的继承人,分配遗产时,可以多分。有扶养能力和有扶养条件的继承人,不尽扶养义务的,分配遗产时,应当不分或者少分。本案被继承人高小四去世后,其名下有可从光明村分配两套商品房的权利和土地征用款 8500 元可以继承。高小四从 1975 年分家后与原告分开居住,与被告史伟荣共同生活,从 1975 年到高小四 2004 年去世前后长达 30 年,原告未对高小四承担任何赡养义务。虽然 1975 年原、被告分家后,原告与父亲史志厂共同生活,但史志厂早在 1979 年已经去世,在 1996 年原、被告等兄弟姐妹协商赡养母亲的事宜时,原告作为高小四的儿子理应与被告一起承担赡养高小四的义务,但 1996 年 6 月 13 日达成的关于赡养老人及居住协议书可以反映出,原告未对高小四承担任何赡养义务,原告也未提供证据证明对高小四承担过赡养义务。

本案中,尽管原告史永远、被告史伟荣按照协议分开赡养父母,但原告负责赡养的父亲在 1979 年就已去世。而被告史伟荣在赡养母亲时出现困难,于是在 1996 年召集其他兄弟姐妹共同商议赡养母亲的事宜,原告当时也参与协商,还在协议上签字,但协议中却无原告的赡养义务内容。原告作为被继承人的儿子也具有一定经济能力,却并未与其他兄弟姐妹一起赡养母亲,直至母亲 2004 年去世,原告也未以任何形式对其母亲承担赡养义务。因此,在分配母亲个人遗产时,法院认为原告未尽赡养义务,故判决其只能继承 1 万元。

综上,法院根据被继承人高小四的遗产及原告所尽赡养义务等实际情况,酌情考虑原告继承高小四的遗产价值为人民币 1 万元。因高小四的遗产已被被告方继承,故应由被告方支付原告可

继承高小四的遗产价款。被告史永其、史伟荣表示，由他们分别
支付原告 5 000 元，法院予以准许。遂判决：被告史永其、史伟荣
分别支付原告史永远可继承高小四的遗产价款 5 000 元，合计人民
币 1 万元，于本判决生效之日起 10 日内履行完毕；驳回原告史永
远的其他诉讼请求。

法 律依据‖

《中华人民共和国老年人权益保障法》第 13 条；

《中华人民共和国继承法》第 13 条；

最高人民法院《关于贯彻执行〈中华人民共和国继承法〉若
干问题的意见》第 30 条。

8. 张桂芝诉裴丽珠等继承纠纷案件——住房补贴债权的分割

裁 判要旨‖

《婚姻法解释（二）》第 11 条规定："婚姻关系存续期间，下
列财产属于婚姻法第 17 条规定的'其他应当归共同所有的财产'：
……（二）男女双方实际取得或者应当取得的住房补贴、住房公积
金；……"该解释将属于共同财产的住房补贴的时间限定为婚姻
关系存续期间。而住房补贴的取得时间是判断住房补贴是否属于
夫妻共同财产的标准。夫妻一方死亡后取得的住房补贴不能溯及
既往，不应认定为与夫妻一方的夫妻共同财产。

案 件事实‖

原告张桂芝与被继承人裴福利原系夫妻关系，2000 年 5 月 24
日登记结婚，两人均系再婚。裴福利与其前妻马秀芝于 1955 年 2

月 14 日登记结婚，马秀芝于 1994 年 9 月 10 日死亡。裴福利于
2001 年 3 月 18 日死亡。四被告是裴福利与其前妻马秀芝的婚生子
女，裴福利的父母均已死亡，原告与四被告是裴福利的法定第一
顺序继承人。被继承人裴福利生前是第三人的单位职工。根据相
关政策规定，天津市于 1999 年 6 月 30 日停止住房实物分配，实行
住房分配货币化。对停止住房实物分配前参加工作，住房未达到
单位住房补贴面积标准的职工，一次性发放住房补贴。按照上述
政策规定，被继承人裴福利应得一次性住房补贴款 99 938.52 元。
第三人是住房补贴的发放单位。其中已经可以发放的部分为 39 975
元，余款 59 963.52 元尚未筹集到位。

原告诉称，诉争住房补贴属于裴福利和原告张桂芝的夫妻共
同财产，请求对被继承人裴福利的住房补贴 99 938.52 元先析产，
其中的一半归原告所有，所余 49 969.26 元作为裴福利的个人遗产
由原告和四被告依法继承；要求第三人依判决给付原告全部应得
金额；诉讼费由被告承担。

被告裴丽珠辩称，发放住房补贴的政策出台于 1999 年，彼时，
原告与被继承人裴福利尚未结婚。故诉争住房补贴不是原告和被
继承人裴福利的共同财产。且根据文件精神，该住房补贴是针对
1991 年之前裴福利的住房状况所作的补贴，彼时，裴福利前妻马
秀芝尚健在，故该住房补贴应属于裴福利与前妻马秀芝的共同财
产。马秀芝已于 1994 年死亡，应先析出马秀芝所有的份额由马秀
芝的继承人（即裴福利及四被告）进行继承，然后再由裴福利的
继承人（即原告和四被告）继承属于裴福利所有的份额。

被告裴丽敏、裴丽勤、裴拥军与裴丽珠意见一致。

第三人天津工艺美术职业学院辩称，"被继承人裴福利是我单
位的职工。按照相关文件，经核实，他的住房补贴应补发
99 938.52 元，其中由市财政拨款 40% 计 39 975 元。此款已到我单
位账上，这笔钱判决后即可发放。其余 60% 计 59 963.52 元为单位

自筹部分，目前这笔钱尚未筹集到位，发放不了，需要等单位筹集到位后另行通知领取"。

法 院判决

天津市河北区人民法院经审理认为，一次性发放住房补贴政策的施行是在 1999 年 6 月 30 日，均不在被继承人裴福利与前妻马秀芝婚姻关系存续期间和裴福利与张桂芝婚姻关系存续期间，故对于一次性住房补贴款原告主张先析产给张桂芝和四被告主张先析产给马秀芝均没有法律依据，不予支持。

本案诉争的一次性住房补贴应属于裴福利生前应得的合法财产。在裴福利死亡后应作为遗产由其法定第一顺序继承人，即配偶张桂芝和其四子女裴丽珠、裴丽敏、裴丽勤、裴拥军继承，具体分配份额应均等，即张桂芝、裴丽珠、裴丽敏、裴丽勤、裴拥军每人各分得总额的 20%。现可以发放的金额 39 975 元，原告与四被告每人均可分得 7 995 元。一次性住房补贴款余额 59 963.52 元，待第三人职业学院可发放时，原告与四被告应每人继承余额的 20% 份额。最终判决：本判决生效后 10 日内，第三人天津工艺美术职业学院给付原告张桂芝，被告裴丽珠、裴丽敏、裴丽勤、裴拥军每人 7 995 元（被继承人裴福利名下职工一次性住房补贴总额 99 938.52 元中 39 975 元部分）；被继承人裴福利名下职工一次性住房补贴总额 99 938.52 元中 59 963.52 元部分，由原告张桂芝，被告裴丽珠、裴丽敏、裴丽勤、裴拥军各继承 20% 份额（待此款可以发放时由原告及四被告按照上述继承份额分别向第三人领取）；驳回原、被告其他诉讼请求。

法 律依据

《中华人民共和国民法通则》第 5 条；

《中华人民共和国婚姻法》第 17 条；

《中华人民共和国继承法》第 3 条、第 10 条第 1 款、第 13 条第 1 款；

最高人民法院《关于适用〈中华人民共和国婚姻法〉若干问题的解释（二）》第 11 条。

9. 李维祥诉李格梅土地承包经营权继承纠纷案件

裁判要旨

根据我国《农村土地承包法》第 31 条第 2 款、第 50 条的规定，林地承包的承包人死亡，其继承人可以在承包期内继续承包。以其他方式承包的承包人死亡，在承包期内，其继承人也可以继续承包。但是，继承人继续承包并不等同于继承法所规定的继承。而对于除林地外的家庭承包，法律未授予继承人可以继续承包的权利。

案件事实

被告李格梅与原告李维祥系姐弟关系。农村土地实行第一轮家庭承包经营时，原、被告与其父李圣云、母周桂香共同生活。当时，李圣云家庭取得了 6.68 亩土地的承包经营权。此后，李格梅、李维祥相继结婚并各自组建家庭。至 1995 年农村土地实行第二轮家庭承包经营时，当地农村集体经济组织对李圣云家庭原有 6.68 亩土地的承包经营权进行了重新划分，李维祥家庭取得 1.8 亩土地的承包经营权，李格梅家庭取得 3.34 亩土地的承包经营权，李圣云家庭取得 1.54 亩土地的承包经营权，三个家庭均取得了相应的承包经营权证书。1998 年 2 月，李圣云将其承包的 1.54 亩土地流转给本村村民芮国宁经营，流转协议由李格梅代签。2004 年 11 月 3 日和 2005 年 4 月 4 日，李圣云、周桂香夫妇相继去世。此后，李圣云家庭原承包的 1.54 亩土地的流转收益由李格梅占有。遂原告就该部分土地的承包经营权要求与被告继承分割，向南京市江宁区人民法院提起诉讼。

法 院判决

江苏省南京市江宁区人民法院经审理认为：根据《农村土地承包法》第 3 条第 2 款的规定，"农村土地承包采取农村集体经济组织内部的家庭承包方式，不宜采取家庭承包方式的荒山、荒沟、荒丘、荒滩等农村土地，可以采取招标、拍卖、公开协商等方式承包"。因此，我国的农村土地承包经营权分为家庭承包和以其他方式承包两种类型。

家庭承包中的林地承包和针对四荒地的以其他方式的承包，由于土地性质特殊，投资周期长，见效慢，收益期间长，为维护承包合同的长期稳定性，保护承包方的利益，维护社会稳定，根据《农村土地承包法》第 31 条第 2 款、第 50 条的规定，林地承包的承包人死亡，其继承人可以在承包期内继续承包。以其他方式承包的承包人死亡，在承包期内，其继承人也可以继续承包。但是，继承人继续承包并不等同于继承法所规定的继承。而对于除林地外的家庭承包，法律未授予继承人可以继续承包的权利。

本案中，讼争土地的承包经营权属于李圣云家庭，系家庭承包方式的承包，且讼争土地并非林地，因此，李圣云夫妇死亡后，讼争土地应由当地农村集体经济组织收回再另行分配，不能由李圣云夫妇的继承人继续承包，更不能将讼争农地的承包权作为李圣云夫妇的遗产分割继承处理。

李圣云、周桂香夫妇虽系原告李维祥和被告李格梅的父母，但李维祥、李格梅均已在婚后组成了各自的家庭。农村土地实行第二轮家庭承包经营时，李圣云家庭、李维祥家庭、李格梅家庭均各自取得了土地承包经营权及相应的土地承包经营权证书，至此，李维祥、李格梅已不属于李圣云土地承包户的成员，而是各自独立的三个家庭土地承包户。李圣云夫妇均已去世，该承包户已无继续承包人，李圣云夫妇去世后遗留的 1.54 亩土地的承包经营权应由该土地的发包人予以收回。

根据《民事诉讼法》第 56 条的规定，对当事人双方的诉讼标的，第三人虽然没有独立请求权，但案件处理结果同其有法律上的利害关系，可以申请参加诉讼，或者由人民法院通知其参加诉讼。在本案的审理过程中，法院通知发包方参加诉讼，并向发包方释明相关的权利义务，但发包方明确表示不参加诉讼，根据不告不理的原则，法院对于讼争土地承包经营权的权属问题不做处理。李维祥、李格梅虽系李圣云夫妇的子女，但各自的家庭均已取得了相应的土地承包经营权，故李维祥、李格梅均不具备其父母去世后遗留土地承包经营权继续承包的法定条件。故对李维祥要求李格梅返还讼争土地的诉讼请求予以驳回。

据此判决：驳回原告李维祥的全部诉讼请求。

宣判后，双方当事人在法定期限内均未提起上诉，一审判决已经发生法律效力。

法 津依据‖

《中华人民共和国民事诉讼法》第 56 条、第 64 条第 1 款；

《中华人民共和国农村土地承包法》第 9 条、第 15 条、第 31 条、第 50 条；

最高人民法院《关于贯彻执行〈中华人民共和国继承法〉若干问题的意见》。

10. 陈雪红等诉陈小芳宅基地继承纠纷案件——农村宅基地房屋拆迁补偿析产继承纠纷

裁判要旨

农村宅基地房屋权利人已死亡，若其所立遗嘱未对缺乏劳动能力又没有生活来源的继承人保留必要遗产份额的，则遗嘱无效，房屋拆迁补偿款按法定继承处理。农村宅基地房屋拆迁补偿原则上分为房屋补偿和宅基地使用权补偿。宅基地使用权审核表登记的内容是确定农村宅基地房屋所有权及宅基地使用权的重要依据。宅基地使用权具有很强的身份属性，实行按户计算，即增人不增地、减人不减地的原则。

案件事实

原告陈雪红、金某（1999年12月出生）系母女关系，被告与原告陈雪红系婆媳关系。坐落于奉贤区四团镇沈家村109号的房屋在1991年办理了宅基地使用证，该证登记户主为被告的丈夫金引明，宅基地使用权审核表中还载有被告陈小芳及其与金引明之子金建东的名字。2005年，金建东死亡。2008年，被告丈夫金引明死亡。被告丈夫金引明生前于2008年4月9日立下一份遗嘱，遗嘱将其遗产全部由被告继承。2008年，上述房屋因A2公路南侧高压走廊征用而动迁。2008年11月26日，被告与上海市奉贤区四团镇规划和环境服务中心签订了动迁补偿安置协议，动迁补偿款共计410913元。两原告与被告就上述动迁补偿款的分割无法达成协议，故起诉法院要求判令分割并继承奉贤区四团镇沈家村109号房屋的动迁补偿款。

法院判决‖

上海市奉贤区人民法院经审理认为：农村宅基地房屋拆迁补偿原则上分为房屋补偿和宅基地使用权补偿。

关于地上物的补偿，应当归属房屋权利人。房屋权利人已死亡的，拆迁补偿款可按继承关系处理。本案中，原告基于继承关系主张宅基地使用权，进而主张分割宅基地房屋拆迁补偿款，于法有据。系争房屋经农村宅基地使用权登记，未进行新建、翻建、改扩建的，以农村宅基地使用权证核定人员为房屋的权利人。因此，宅基地使用权证及审核表登记内容是确定农村宅基地房屋所有权的重要依据。诉争房屋的宅基地审核表登记有被告陈小芳、金引明及金建东。1991 年办理宅基地使用证时金建东虽系未成年人，但农村建房用地审批文件中核定的未成年人可认定为宅基地房屋的共同所有权人，故上述三人对系争房屋享有所有权。另外，本案房屋虽系被告与丈夫金引明于 1985 年建造的，但该房屋装修时金建东已成年，应认定被告陈小芳与丈夫金引明对系争房屋具有主要贡献，可予以多分，对金建东适当予以少分。据此，对于该房屋地上物的补偿款及其他补偿 155 053 元，按照金引明得 35%、陈小芳得 35%、金建东得 30% 的比例进行分割。因该宅基地房屋系家庭共同所有，故对该财产的分割，除考虑权利人对财产的贡献大小外，还应结合财产来源、居住状况等一并予以考虑。由于金建东死亡后，两原告即搬离系争房屋，故搬家补助、安置补助费、奖励费、速迁奖共计 21 731 元，理应归被告陈小芳所有。

关于宅基地使用权的补偿，由于宅基地使用权具有很强的身份属性，系农村集体经济组织无偿提供给本集体成员享有的，并且按户计算。当一户出现人口减少，宅基地仍是由一户中剩余的成员共同使用，宅基地使用权的补偿款则由该户剩余的成员共同所有。本案中，根据宅基地使用权证核定的人员，原告并非系争宅基地使用权人，而宅基地使用权人金引明与金建东已死亡，系争房屋的宅基地使用权当归属被告陈小芳。因此，宅基地使用权的补偿款 234 129 元应由被告陈小芳所有。

关于金引明遗嘱的效力。遗嘱应当对缺乏劳动能力又没有生活来源的继承人保留必要的遗产份额，但金引明所立遗嘱却将其遗产全部处分给被告一人继承，而对缺乏劳动能力又没有生活来源的原告金某没有保留必要的遗产份额，故金引明所立遗嘱无效。本案中，金建东先于其父金引明死亡，根据继承法关于代位继承的规定，即被继承人的子女先于被继承人死亡的，由被继承人的子女的晚辈直系血亲代位继承，且代位继承人一般只能继承他的父亲或者母亲有权继承的遗产份额。因此，本案中原告金某代位继承其父金建东应得份额。金引明所得份额作为其遗产适用法定继承，由被告陈小芳和原告金某进行继承。金建东所得份额作为其遗产亦应按照法定继承的顺序由原告陈雪红、原告金某、被告陈小芳及金引明继承。

综上所述，法院判决：诉争房屋动迁补偿款 410 913.00 元，其中 11 628.98 元归原告陈雪红所有，44 577.74 元归原告金某所有，其余 354 706.28 元归被告陈小芳所有。

宣判后，双方当事人均未提起上诉，一审判决已经发生法律效力。

法津依据

《中华人民共和国民法通则》第 78 条第 1 款、第 2 款；
《中华人民共和国继承法》第 10 条第 1 款、第 11 条、第 13 条第 1 款、第 19 条。

婚姻家庭继承重点法律条文释义

第三篇

一、中华人民共和国婚姻法

(1980 年 9 月 10 日第五届全国人民代表大会第三次会议通过，根据 2001 年 4 月 28 日第九届全国人民代表大会常务委员会第二十一次会议《关于修改〈中华人民共和国婚姻法〉的决定》修正)

第一章　总　则

第一条　本法是婚姻家庭关系的基本准则。
第二条　实行婚姻自由、一夫一妻、男女平等的婚姻制度。
保护妇女、儿童和老人的合法权益。
实行计划生育。

法条释义：本条规定了我国的婚姻制度和原则。

一、婚姻自由原则

婚姻自由又称婚姻自主，是指婚姻当事人享有自主地决定自己的婚姻的权利。婚姻当事人按照法律的规定，有权基于本人的意志，自主自愿地决定自己的婚姻问题，不受他人的干涉和强制。

婚姻自由包括结婚自由和离婚自由。结婚自由，就是结婚须男女双方本人完全自愿，不许任何一方对他方加以强迫，或者第三人加以干涉。保障婚姻自由，是为使男女双方能够依照婚姻法的规定，基于自己的意愿结成共同生活的伴侣，建立幸福美满的家庭。所谓离婚自由，是指婚姻当事人有权自主地处理离婚问题。

双方自愿离婚的，可以协商离婚。一方要求离婚的，可以诉至法院解决。保障离婚自由，是为使无法维持的婚姻关系得以解除，当事人免除婚姻名存实亡的痛苦。结婚自由和离婚自由是统一的，二者相互结合缺一不可。

婚姻自由既与包办、买卖婚姻相对立，又与轻率地对待婚事毫无共同之处。实行婚姻自由，并不是一个人在自己的婚姻问题上可以随心所欲，放任自流，想"结"就"结"，想"离"就"离"，而是必须依照法律的规定处理婚姻大事。坚持婚姻自由，更与在两性关系上任意放荡、违法乱纪、道德败坏的行为水火不相容。每一公民都应当在法律规定的范畴内正确行使婚姻自由的权利。

二、一夫一妻制原则

一夫一妻制是一男一女结为夫妻的婚姻制度。也就是说，一个男人只能娶一个妻子，一个妇女只能嫁一个丈夫，不能同时与两个或两个以上的人缔结婚姻。一夫一妻制是社会主义婚姻制度的基本原则，是在婚姻关系上实现男女平等的必要条件，也是男女真心相爱、建立美满婚姻的要求。

三、男女平等原则

男女平等，是指妇女在政治的、经济的、文化的、社会的和家庭的生活各个方面，有同男子平等的权利和义务。男女平等是婚姻法的一项基本原则，根据这个原则，男女两性在婚姻关系和家庭生活的各个方面，均享有平等的权利，承担平等的义务。婚姻法中男女平等的原则在内容上很广泛，它包括：男女双方在结婚、离婚问题上的权利义务是平等的，夫妻双方在家庭中的地位是平等的，其他男女家庭成员之间的权利义务也是平等的。夫妻间、其他家庭成员间的平等关系，是我国男女两性法律地位平等在婚姻家庭领域中的体现，它是建立美满的婚姻关系和发展和睦的家庭生活的重要保障。

四、特别保护妇女、儿童、老人权益的原则

特别保护妇女、儿童、老人的权益，是婚姻法的一项重要原则。特别保护妇女的权益和实行男女平等是一致的。社会主义制度使妇女获得了同男子平等的权利，但重男轻女的旧习俗不可能在短时期内完全消除。因此，法律不仅要规定男女平等，还要根据生活的实际情况，对妇女的权益给予特殊的保护。婚姻法中规定保护妇女的内容十分广泛。如该法特别规定："女方在怀孕期间、分娩后一年内或中止妊娠后六个月内，男方不得提出离婚。"特别保护妇女权益，对于促进妇女的彻底解放，发挥她们在建设祖国中的"半边天"作用，有着重要意义。

为了保护儿童的健康成长，《婚姻法》规定：父母有抚养子女的义务，这种义务不因离婚而免除，保障婚生子女、非婚生子女、养子女、继子女的权益，禁止溺婴、弃婴和其他残害婴儿的行为。收养法中禁止借收养名义拐骗、买卖儿童。民法通则为未成年人设立监护制度。这些都是对儿童的法律保护。抚育子女，是父母不可推诿的天职。父母要关心子女的身心健康，履行抚养职责，使子女在德智体美劳诸方面全面发展。

特别保护老人的权益，是社会主义家庭的重要任务。赡养老人，是我国人民的美德。父母为了子女的健康成长，长期付出了辛勤的劳动，尽了自己的职责。当他们年老多病，丧失劳动能力或生活发生困难的时候，子女就要承担起赡养的义务。社会主义社会的赡养与封建的孝道，有着本质的不同。在社会主义制度下，对老人的生活照顾，首先是国家、集体承担的，但国家、集体的物质帮助，不能取代家庭成员对老人的赡养责任。作为子女要自觉履行赡养义务，尊老养老，使老人能够安然度过晚年。

五、计划生育原则

推行计划生育是我国的一项基本国策，也是婚姻家庭制度的又一原则。夫妻应当履行计划生育的义务。收养子女，也要符合计划生育的原则。

第三条 禁止包办、买卖婚姻和其他干涉婚姻自由的行为。禁止借婚姻索取财物。

禁止重婚。禁止有配偶者与他人同居。禁止家庭暴力。禁止家庭成员间的虐待和遗弃。

法条释义：本条规定了我国《婚姻法》所禁止的行为。

一、禁止包办、买卖婚姻和其他干涉婚姻自由的行为

坚持婚姻自由原则，就要反对包办婚姻和买卖婚姻，禁止借婚姻索取财物。

包办婚姻，是指第三人违反婚姻自主的原则，包办强迫他人婚姻的违法行为。买卖婚姻，则是指第三人以索取大量财物为目的，强迫他人婚姻的违法行为。买卖婚姻往往表现为第三人向男方要嫁女的身价以及贩卖妇女与人为妻。借婚姻索取财物是指除买卖婚姻以外的其他以索取对方财物为结婚条件的违法行为。

包办婚姻和买卖婚姻都是违反婚姻自由的原则、强迫他人婚姻的行为。它们的区别在于是否以索取钱财为目的。包办婚姻、买卖婚姻都是剥削社会婚姻制度的产物，是和社会主义婚姻制度根本不相容的，必须坚决禁止。其他干涉婚姻自由的行为也在法律禁止之列。对于以暴力干涉他人婚姻自由的人和拐卖妇女的人贩子，要严加惩办。

买卖婚姻和借婚姻索取财物都是以索取一定数量的财物为结

婚的条件，二者的区别是：买卖婚姻是把妇女的人身当作商品，索取嫁女的身价或者贩卖妇女，包办强迫他人的婚姻；借婚姻索取财物，则不存在包办强迫他人婚姻的问题。借婚姻索取财物有多种表现，譬如，双方婚事基本上是自愿的，但女方认为不要彩礼就降低了"身价"，于是就向男方要许多东西。又如，有的女方父母向男方索取一定财物，作为同意女儿出嫁的条件。借婚姻索取财物的行为往往给当事人的婚姻和婚后生活带来困难，也腐蚀了人们的思想，败坏了社会风气，故亦为婚姻法所禁止。至于父母、亲友或者男女双方出于自愿的帮助、赠与，则不能认为是买卖婚姻和借婚姻索取财物的行为，因为这种赠与不是婚姻成立的条件。

二、禁止重婚

实行一夫一妻制就必须反对重婚。《刑法》第 258 条规定："有配偶而重婚的，或者明知他人有配偶而与之结婚的，处二年以下有期徒刑或者拘役。"所谓重婚，是指有配偶的人又与他人结婚的违法行为。有配偶的人，未办理离婚手续又与他人登记结婚，即是重婚；虽未登记结婚，但事实上与他人以夫妻名义而公开同居生活的，亦构成重婚。明知他人有配偶而与之登记结婚，或者虽未登记结婚，但事实上与他人以夫妻名义同居生活，也构成重婚。不以夫妻名义共同生活的姘居关系，不能认为是重婚。重婚是剥削阶级玩弄异性、压迫妇女的罪恶行径，故婚姻法明令禁止重婚。对于重婚的，不仅要解除其重婚关系，还应追究犯罪者的刑事责任。

三、禁止有配偶者与他人同居

除重婚外，其他有配偶者与他人同居的行为也在禁止之列。其他有配偶者与他人同居的行为指有配偶者与第三人未以夫妻名义共同生活，如姘居关系。

近几年在有些地方包养情人现象呈增多趋势，已严重破坏一夫一妻的婚姻制度，严重违背社会主义道德风尚，败坏社会风气，导致家庭破裂，甚至发生情杀、仇杀、自杀，严重影响社会安定，还影响计划生育。我国《婚姻法》规定有配偶者与他人同居导致离婚的，无过错方有权请求损害赔偿。对于其他违反一夫一妻制的行为，由于情况比较复杂，还应当通过党纪、政纪、道德、教育等多种手段、多种渠道予以解决。这样有利于加大对上述现象的遏制力度，更好地保护受害人的合法权益，切实维护一夫一妻的婚姻制度。

四、禁止家庭暴力、禁止虐待和遗弃

建立和维护平等、和睦、文明的婚姻家庭关系，就必须禁止家庭成员间的虐待和遗弃，禁止一切形式的家庭暴力。家庭成员间的虐待，是指用打骂、冻饿、有病不给治疗等方法摧残、折磨家庭成员，使他们在肉体上、精神上遭受痛苦的行为。虐待家庭成员，破坏了家庭的和睦生活，违背了社会主义道德准则，亦为法律所不容。虐待家庭成员，情节恶劣的，即构成虐待罪，要受刑法所制裁。

除禁止家庭成员的虐待外，也要禁止其他形式的家庭暴力。是将家庭暴力含于虐待中禁止，还是禁止一切形式的家庭暴力，是修改婚姻法中争论的一个问题。考虑到虐待和家庭暴力虽有重合之处，但虐待不能包括有的家庭暴力行为，如夫妻之间吵架，丈夫一怒之下失手打死妻子，像这种行为，属于家庭暴力，但不属于虐待，在刑法上适用过失杀人罪，不适用虐待罪。因此，修改婚姻法时单独规定禁止家庭暴力。

家庭成员间的遗弃，是指对于年老、年幼、患病或其他没有独立生活能力的人，负有赡养、抚养或扶养义务的人不履行其义

务的行为。家庭成员间的遗弃，主要包括子女不履行赡养义务而遗弃老人，父母不履行抚养义务而遗弃子女，丈夫不履行扶养义务而遗弃妻子或者妻子不履行扶养义务而遗弃丈夫等行为。遗弃家庭成员是极端个人主义思想的反映，是违反社会公德的可耻行为。遗弃家庭成员情节恶劣构成遗弃罪的，要依《刑法》第261条的规定，处五年以下有期徒刑、拘役或者管制。

第四条　夫妻应当互相忠实，互相尊重；家庭成员间应当敬老爱幼，互相帮助，维护平等、和睦、文明的婚姻家庭关系。

法条释义：本条规定了婚姻家庭中的道德规范。

"清官难断家务事"，婚姻家庭关系是十分复杂的，涉及保障公民人身权、财产权，维护社会主义秩序等问题应当依靠法治的权威性和强制性手段来规范人们的行为；涉及思想品行、生活习俗等问题应当依靠德治的感召力和劝导力提高人们的思想认识和道德觉悟。树立正确的世界观、人生观、价值观，实行继承优良传统与弘扬时代精神相结合，尊重个人合法权益与承担社会责任相统一，努力形成健康和谐、积极向上的思想道德规范。大力倡导尊老爱幼、男女平等、夫妻和睦、勤俭持家、邻里团结的家庭美德。这些对于建立和维护平等、和睦、文明的婚姻家庭关系是至关重要的，也是法治所不能包办代替的。因此，修改婚姻法，必须坚持法治和德治相结合。

本条的规定是婚姻家庭道德规范的法律化，对于建立和维护平等、和睦、文明的婚姻家庭关系具有强有力的推动作用。婚姻以夫妻共同生活为目的，夫妻双方应当互相忠实。家庭的和睦是社会安定的重要基础，要提倡文明婚俗，鼓励家庭成员勤俭持家，建立互爱互助、和睦团结的婚姻家庭关系。

第二章 结 婚

第五条 结婚必须男女双方完全自愿，不许任何一方对他方加以强迫或任何第三者加以干涉。

法条释义：本条是关于男女双方结婚自愿的规定。

结婚，又称婚姻的缔结，是男女双方按照法律的条件和程序确定夫妻关系的一种法律行为。那么，是否男女双方生活在一起或组成家庭就是结婚？并非如此。根据我国婚姻法的规定，结婚应当具备以下三个条件：

首先，结婚的主体必须是异性男女。两性差别是婚姻关系成立的自然条件，我国现行法律不允许同性结婚。

其次，结婚必须符合我国法律规定的条件，按照法律规定的程序进行。对于不符合法律规定的结婚条件结婚的，我国婚姻法规定了婚姻无效，撤销婚姻制度。对于没有按照法律规定的程序组成家庭的，而又符合结婚条件的，应当按照我国《婚姻登记条例》的相关规定补办登记。

最后，结婚形成夫妻间的权利义务关系，非经法定程序，不得任意解除。

根据本条规定，结婚必须男女双方完全自愿，这是婚姻自由原则在结婚上的具体体现。该规定的核心是，男女双方是否结婚、与谁结婚，应当由当事者本人决定。具体而言，包括以下两层含义：

第一，应当是双方自愿，而不是一厢情愿。婚姻应以互爱为前提，任何一方都不得强迫对方成婚。

第二，应当是当事人自愿，而不是父母等第三者采用包办、买卖等方式强迫男女双方结为夫妻。结婚是男女之间以建立家庭、互为配偶为目的的两性结合。当然，法律要求本人出于自愿结婚，但也不排斥男女双方就个人的婚事征求父母、亲友的意见，也不排斥父母、亲友等第三者出于对当事人的关心和爱护对他们的婚姻提出个人观点和建议。

第六条　结婚年龄，男不得早于二十二周岁，女不得早于二十周岁。晚婚晚育应予鼓励。

法条释义：本条是关于法定结婚年龄的规定。

婚姻的自然属性和社会属性要求，结婚只有达到一定的年龄，才能具备适合的生理条件和心理条件，也才能履行夫妻义务，承担家庭和社会的责任。所以，尽管我国法律赋予每个公民结婚的权利能力，但并非所有公民都可以成为婚姻法律关系的主体，只有达到法律规定的结婚年龄的人，才享有结婚的权利。

我国婚姻法关于婚龄的规定，不是必婚年龄，也不是最佳婚龄，而是结婚的最低年龄，是划分违法婚姻与合法婚姻的年龄界限，只有达到了法定婚龄才能结婚，否则就是违法。法定婚龄不妨碍男女在自愿基础上，根据本人情况推迟结婚时间，为贯彻我国计划生育国策，婚姻法也鼓励晚婚晚育。一些单位以享受优惠政策的婚龄代替法定婚龄，不达到这一结婚年龄，不批准男女双方结婚，这样做是不妥的。法律是倡导晚婚，而不是强制晚婚，不是说结婚越晚越好。

婚姻法规定的婚龄具有普遍的适用性，但在某些特殊情况下，法律也允许对婚龄作出例外规定。比如考虑我国多民族的特点，《婚姻法》第50条规定："民族自治地方的人民代表大会有权结合当地民族婚姻家庭的具体情况，制定变通规定。自治州、自治县制定的变通规定，报省、自治区、直辖市人民代表大会常务委员会批准后生效。自治区制定的变通规定，报全国人民代表大会常务委员会批准后生效"。目前，我国一些民族自治地方的立法机关对婚姻法中的法定婚龄作了变通规定。比如新疆、内蒙古、西藏等自治区和一些自治州、自治县，均以男二十周岁，女十八周岁作为本地区的最低婚龄。但这些变通规定仅适用于少数民族，不适用生活在该地区的汉族。

第七条 有下列情形之一的，禁止结婚：

（一）直系血亲和三代以内的旁系血亲；

（二）患有医学上认为不应当结婚的疾病。

法条释义：本条是关于禁止结婚的条件的规定，其中第（二）项对 1980 年婚姻法作了修改。

根据本条规定，法律禁止结婚的条件有两个：

一、禁止一定范围的血亲结婚

血亲主要指出于同一祖先，有血缘关系的亲属，即自然血亲；也包括法律拟制的血亲，即虽无血缘联系，但法律确认其与自然血亲有同等的权利义务的亲属，比如养父母与养子女，继父母与受其抚养教育的继子女。

禁止血亲结婚是优生的要求。人类两性关系的发展证明，血缘过近的亲属间通婚，容易把双方生理上的缺陷遗传给后代，影响家庭幸福，危害民族健康。而没有血缘亲属关系的氏族之间的婚姻，能创造出在体质上和智力上都更加强健的人种。

首先，直系血亲。包括父母子女间，祖父母、外祖父母与孙子女、外孙子女间。即父亲不能娶女儿为妻，母亲不能嫁儿子为夫。爷爷（姥爷）不能与孙女（外孙女）婚配，奶奶（姥姥）不能与孙子（外孙子）结合。

其次，三代以内旁系血亲。包括：①同源于父母的兄弟姊妹

（含同父异母、同母异父的兄弟姊妹），即同一父母的子女之间不能结婚；②不同辈的叔、伯、姑、舅、姨与侄（女）、甥（女），即叔叔（伯伯）不能和兄（弟）的女儿结婚；姑姑不能和兄弟的儿子结婚；舅舅不能和姊妹的女儿结婚；姨妈不能和姊妹的儿子结婚。

二、禁止患有医学上认为不应当结婚的疾病的人结婚

什么是医学上认为不应当结婚的疾病，婚姻法没有规定，母婴保健法规定，男女在结婚登记时，应当持有婚前医学检查证明或医学鉴定证明。婚前医学检查包括严重遗传性疾病、指定传染病、有关精神病三类疾病的检查。经婚前医学检查，对患指定传染病在传染期间内或者有关精神病在发病期内的，医师应当向男女双方说明情况，提出医学意见；经男女双方同意采取长效避孕措施或者施行结扎手术后不生育的，可以结婚。我国婚姻法只是对禁婚情形作了原则性规定，即"医学上认为不应当结婚的疾病"。实践中，可依母婴保健法的规定确定禁止结婚或暂缓结婚的情形，也可由有关部门根据婚姻法原则制定具体规定。

第八条　要求结婚的男女双方必须亲自到婚姻登记机关进行结婚登记。符合本法规定的，予以登记，发给结婚证。取得结婚证，即确立夫妻关系。未办理结婚登记的，应当补办登记。

法条释义：本条是关于结婚程序的规定，对 1980 年婚姻法作了补充。

结婚除必须符合法律规定的条件外，还必须履行法定的程序。根据本条规定，结婚登记是结婚的必经程序。结婚登记是国家对婚姻关系的建立进行监督和管理的制度。认真执行关于结婚登记的各项规定，对于巩固和发展社会主义婚姻家庭制度具有重要

意义。

一、婚姻登记机关

国务院《婚姻登记条例》第 2 条规定："内地居民办理婚姻登记的机关是县级人民政府民政部门或者乡（镇）人民政府，省、自治区、直辖市人民政府可以按照便民原则确定农村居民办理婚姻登记的具体机关。中国公民同外国人，内地居民同香港特别行政区居民（以下简称香港居民）、澳门特别行政区居民（以下简称澳门居民）、'台湾地区'居民（以下简称台湾居民）、华侨办理婚姻登记的机关是省、自治区、直辖市人民政府民政部门或者省、自治区、直辖市人民政府民政部门确定的机关。"

二、结婚登记程序

结婚登记大致可分为申请、审查和登记三个环节。

（一）申请

1. 内地居民结婚，男女双方应当共同到一方当事人常住户口所在地的婚姻登记机关办理结婚登记。办理结婚登记的内地居民应当出具下列证件和证明材料：①本人的户口簿、身份证；②本人无配偶以及与对方当事人没有直系血亲和三代以内旁系血亲关系的签字声明。

2. 中国公民同外国人在中国内地结婚的，内地居民同香港居民、澳门居民、台湾居民、华侨在中国内地结婚的，男女双方应当共同到内地居民常住户口所在地的婚姻登记机关办理结婚登记。

办理结婚登记的香港居民、澳门居民、台湾居民应当出具下列证件和证明材料：①本人的有效通行证、身份证；②经居住地公证机构公证的本人无配偶以及与对方当事人没有直系血亲和三代以内旁系血亲关系的声明。

办理结婚登记的华侨应当出具下列证件和证明材料：①本人

的有效护照；②居住国公证机构或者有权机关出具的、经中华人民共和国驻该国使（领）馆认证的本人无配偶以及与对方当事人没有直系血亲和三代以内旁系血亲关系的证明，或者中华人民共和国驻该国使（领）馆出具的本人无配偶以及与对方当事人没有直系血亲和三代以内旁系血亲关系的证明。

办理结婚登记的外国人应当出具下列证件和证明材料：①本人的有效护照或者其他有效的国际旅行证件；②所在国公证机构或者有权机关出具的、经中华人民共和国驻该国使（领）馆认证或者该国驻华使（领）馆认证的本人无配偶的证明，或者所在国驻华使（领）馆出具的本人无配偶的证明。

（二）审查

1. 予以登记。婚姻登记机关应当对结婚登记当事人出具的证件、证明材料进行审查并询问相关情况。对当事人符合结婚条件的，应当当场予以登记，发给结婚证；对当事人不符合结婚条件不予登记的，应当向当事人说明理由。

2. 不予登记。办理结婚登记的当事人有下列情形之一的，婚姻登记机关不予登记：①未到法定结婚年龄的；②非双方自愿的；③方或者双方已有配偶的；④属于直系血亲或者三代以内旁系血亲的；⑤患有医学上认为不应当结婚的疾病的。

三、事实婚姻问题

事实婚姻，指没有配偶的男女，未进行结婚登记，便以夫妻关系同居生活，群众也认为是夫妻关系的两性结合。

关于事实婚姻的效力，最高人民法院颁布的《关于人民法院审理未办结婚登记而以夫妻名义同居生活案件的若干意见》规定："1986年3月15日婚姻登记办法施行前，未办结婚手续即以夫妻名义同居生活，群众也认为是夫妻关系的，如同居时或者起诉时双方均符合结婚的法定条件，可认定为事实婚姻；如同居时或者起诉时一方或者双方不符合结婚的法定条件，应认定为非法同居关系。"为此，修改后的婚姻法第 8 条增加规定：符合本法规定的结婚条件，"未办理结婚登记的，应当补办登记"。这一规定从积极角度重申了办理结婚登记的必要性，那些符合婚姻法规定的结婚条件，举行了结婚仪式或已经以夫妻名义共同生活，但未办理结婚登记的男女，应尽早补办登记，以使自己的婚姻行为合法化。

第九条 登记结婚后，根据男女双方约定，女方可以成为男方家庭的成员，男方可以成为女方家庭的成员。

法条释义:本条是关于男女结婚后组成家庭的规定。

通常，结婚登记后，举办了婚礼，男女双方就开始了共同生活。根据双方的约定，男女可以到自己的住所，建立小家庭；或者一方到另一方家庭中去，成为其家庭成员。即女方可以到男方家去，男方也可以到女方家去落户。

1980 年婚姻法规定："登记结婚后，根据男女双方约定，女方可以成为男方家庭的成员，男方也可以成为女方家庭的成员。"这一规定体现了男女平等的原则，是对旧的婚姻习俗的改革，其立法精神是提倡男到女家落户的婚姻。这条的规定，对破除封建思想和习俗，推行计划生育，都十分有利。

第十条 有下列情形之一的，婚姻无效：

（一）重婚的；

（二）有禁止结婚的亲属关系的；

（三）婚前患有医学上认为不应当结婚的疾病，婚后尚未治愈的；

（四）未到法定婚龄的。

法条释义：本条是关于无效婚姻的规定，是这次婚姻法修改增加的规定。

无效婚姻，是指欠缺婚姻成立的法定条件而不发生法律效力的男女两性的结合。

一、无效婚姻的情形

（一）重婚

婚姻法规定，我国实行一夫一妻的婚姻制度。因此，一夫一妻是我国婚姻家庭的基本制度。也就是说，一个男人只能娶一个妻子，一个妇女只能嫁一个丈夫。一个人不能同时与两个或两个以上的人缔结婚姻。换句话说，任何人都只能有一个配偶，不能同时有两个或更多的配偶。一夫一妻制是社会主义婚姻家庭制度的基本原则，是在婚姻关系上实现男女平等的必要条件，也是男女真心相爱、建立美满婚姻的要求。实行一夫一妻制就必须反对重婚。

按照刑法及司法解释的规定，构成重婚的法律要件是：当事人需履行婚姻登记手续；或者当事人以夫妻名义同居生活。重婚有两种情况，一是法律重婚：指前婚未解除，又与他人办理结婚登记。在实行单一登记婚的中国，只要双方办理了结婚登记，不论是否同居，重婚即已构成。二是事实重婚：指前婚未解除，又与他人以夫妻名义共同生活，但未办理结婚登记手续。只要双方公开以夫妻名义共同生活，虽未办理结婚登记，也已构成重婚。

重婚是被法律严格禁止的违法行为。《婚姻法》第3条第2款规定，禁止重婚。对于重婚的，不仅要确认重婚者的第二个"婚姻"无效，解除其重婚关系，还应当依法追究重婚者的刑事责任，对此，《刑法》第258条规定，有配偶而重婚的，或者明知他人有配偶而与之结婚的，处二年以下有期徒刑或者拘役。

由于重婚违反了我国一夫一妻的婚姻家庭制度，严重违背了社会主义道德风尚，影响家庭稳定和社会安定，冲击计划生育政策，导致腐败丛生，败坏党风党纪，因此婚姻法明确规定重婚（即指重婚者的第二个婚姻）是无效婚姻。

（二）有禁止结婚的亲属关系的

禁止近亲结婚，是人类长期生活经验的结晶，是人类婚姻的总结。男女近亲结婚，很容易把双方精神上和肉体上的弱点和缺点集中起来，遗传给下一代，有损于下一代的健康，不仅不利于下一代在社会中生活，也给国家、民族的兴旺和社会的发展带来不利的后果。因此，婚姻法将有禁止结婚的亲属关系的婚姻规定为无效婚姻。本条中规定的"有禁止结婚的亲属关系的"，是指有《婚姻法》第7条第1项规定的禁止结婚的情形，即结婚的男女双方是直系血亲或者是三代以内的旁系血亲。

（三）婚前患有医学上认为不应当结婚的疾病

男女结婚组成家庭后，不仅开始了两个人的共同生活，夫妻互相依存、互相帮助、互相扶养，而且还承担着养育子女的义务。为了配偶及子女的身体健康，禁止患有严重疾病的男女双方结婚，其目的是防止当事人所患的疾病传染给对方特别是传染或遗传给下一代，保护下一代的健康，以利于家庭的和睦、幸福。如果结婚的男女双方在结婚时患有法律禁止结婚的疾病，那么，该婚姻则可以确认为无效婚姻。

这里需要注意的是：

第一，婚姻当事人必须是婚前患有《婚姻法》第7条第2项规定的医学上认为不应当结婚的疾病。那么，哪些是医学上认为不应当结婚的疾病，《婚姻法》第7条第2项未作明确的规定，主要考虑的是，随着科学技术的发展，许多医学上认为不宜结婚的疾病会随之治愈，同时还会发现新的不宜结婚的疾病，因此，婚姻法不宜明确具体的规定哪种疾病是医学上认为不宜结婚的疾病。

实际生活中，哪些是医学上认为不宜结婚的疾病，可由行政法规或有关部门具体规定。

第二，导致婚姻无效的当事人所患的医学上认为不应当结婚的疾病，应当是当事人结婚前患有的，而不是结婚后患上的。因为婚姻法第七条明确规定，患有医学上认为不应当结婚的疾病的，是禁止结婚的，也就是说是根本不能结婚的。但在现实生活中，有的要求结婚的男女当事人弄虚作假，欺骗了婚姻登记机关，办理了结婚登记。因此，婚姻法规定，当事人婚前患有医学上认为不应当结婚的疾病的婚姻为无效婚姻。如果婚姻当事人是在婚后患有医学上认为不应当结婚的疾病，或者在婚前患有医学上认为不应当结婚的疾病，在有关部门要确定其婚姻关系无效时，当事人的疾病已经治愈的，则不能确定其婚姻为无效婚姻。

简而言之，对当事人婚前患有医学上认为不应当结婚的疾病的婚姻，应当在当事人疾病治愈前确认其婚姻无效。

（四）未到法定婚龄的

《婚姻法》第 5 条规定，"结婚年龄，男不得早于二十二周岁，女不得早于二十周岁"。男二十二周岁，女二十周岁，是男女可以结婚的法定年龄。法定结婚年龄是指法律规定的男女双方可以结婚的最低年龄，也就是说，男女双方不到这个年龄就不能结婚，只有达到或高于这个年龄才能结婚。对男女最低的结婚年龄予以规定，是古今中外法律的通例，其主要是由于婚姻关系的自然属性和社会属性所决定的。根据人类生长的规律，男女只有达到一定的年龄，其身体、生理和心理才发育成熟，如果过早的结婚，开始过性生活，会对男女双方当事人的身体和心理带来不利的后果。如果过早的结婚，当事人还不完全具备判断和处理事务的能力，很难承担婚后对家庭、子女和社会应尽的责任。因此，婚姻法确定的男二十二周岁、女二十周岁的法定结婚年龄，既考虑了男女青年的身心发育，又考虑到国家控制人口的政策，城乡群众的接受程度，是符合我国国情的。男女当事人结婚，未达到法定结婚年龄，违反了婚姻法关于法定结婚年龄的规定，因此，婚姻法将其规定为无效婚姻。

这里需要注意的是，有关部门在确认某一个婚姻是否有效时，只能对男女当事人在有关部门确认其婚姻是否有效时仍未达到法定结婚年龄的婚姻，确认为无效婚姻。如果男女双方在结婚时的实际年龄低于法定结婚年龄一岁或两岁，等一两年后，当事人或利害关系人申请确认婚姻无效，或有关部门要确认其婚姻无效时，男女双方当事人已达到法定结婚年龄的，不能确认其婚姻为无效婚姻。简而言之，对未到法定结婚年龄的婚姻，应当在男女当事人未到法定结婚年龄届至前提出或确认其婚姻无效。

第十一条 因胁迫结婚的，受胁迫的一方可以向婚姻登记机关或人民法院请求撤销该婚姻。受胁迫的一方撤销婚姻的请求，应当自结婚登记之日起一年内提出。被非法限制人身自由的当事人请求撤销婚姻的，应当自恢复人身自由之日起一年内提出。

法条释义：本条是关于可撤销婚姻的规定，是这次婚姻法修改增加的规定。

可撤销婚姻，是指当事人因意思表示不真实而成立的婚姻，或者当事人成立的婚姻在结婚的要件上有欠缺，通过有撤销权的当事人行使撤销权，使已经发生法律效力的婚姻关系失去法律效力。

依据本条的规定，因胁迫而缔结的婚姻是可以撤销其婚姻关系的。因胁迫而结婚，主要是指婚姻关系中的一方当事人或者婚姻关系之外的第三人，对婚姻关系中的另一方当事人，予以威胁或者强迫，使婚姻中的另一方当事人违背自己的意愿而缔结婚姻关系的婚姻。胁迫婚姻违反了结婚须男女双方完全自愿的原则，是违法婚姻，考虑到被胁迫的一方，在结婚时，虽然是违背了自己的意愿与他人缔结了婚姻关系，但有可能在和他人结婚后，组建了家庭，经过一段时间生活，与对方建立了一定的感情，婚姻关系还不错，特别是在有了孩子的情况下，与对方、与孩子更有一种难以割舍的关系，在这种情况下，法律明确规定胁迫婚姻为无效婚姻，不一定适当。如果受胁迫方不想维持因胁迫而缔结的婚姻，可以向婚姻登记机关或向人民法院请求撤销该婚姻，经有关部门审查核实，宣告该婚姻没有法律效力；如果最初受胁迫，但后来愿意共同生活，则可以放弃申请撤销婚姻效力的请求权，婚姻登记机关或人民法院不能主动撤销当事人的婚姻关系。

本条规定，因胁迫结婚的，受胁迫的一方可以向婚姻登记机关或人民法院请求撤销该婚姻。受胁迫的一方撤销婚姻的请求，应当自结婚登记之日起一年内提出。被非法限制人身自由的当事人请求撤销婚姻的，应当自恢复人身自由之日起一年内提出。这一规定，对提出请求撤销婚姻效力的申请作了如下规定：

第一，提出撤销婚姻效力的请求权人。有权提出撤销婚姻效力的申请人只能是因胁迫结婚的被胁迫人。这是由于因胁迫而缔结的婚姻，受胁迫方在缔结婚姻关系时，不能真实的表达自己的意愿，婚姻关系违背受胁迫方的意志。为了贯彻执行婚姻自由的基本原则，保护当事人的合法权益，让受胁迫方能充分地表达自己的婚姻意志，婚姻法规定，尽管胁迫的婚姻已经成立，但是受胁迫方仍可以在胁迫的婚姻成立后向婚姻登记机关或者人民法院提出撤销其婚姻效力的申请。由于胁迫婚姻的另一方当事人在缔结婚姻关系时，并没有违背自己真实的婚姻意思，换句话说，他（她）在结婚时已经明确知道自己将与被胁迫方结婚，且愿意与其结婚，因此胁迫婚姻的这方当事人在婚姻关系成立后，没有提出撤销婚姻效力的请求权。

第二，提出撤销婚姻效力申请的时间。因胁迫而结婚的，受胁迫方虽然具有撤销该婚姻效力的请求权，但是这一请求权的行使不是没有任何限制的。本条规定，受胁迫的一方撤销婚姻的请求，应当自结婚登记之日起一年内提出。被非法限制人身自由的当事人请求撤销婚姻的，应当自恢复人身自由之日起一年内提出。这个规定表明，受胁迫方必须在法律规定的时间内使行撤销其婚姻效力的请求权。这是因为，因胁迫而缔结的婚姻往往是受胁迫方违背了自己的意愿而缔结的婚姻，如果结婚后受胁迫方自愿接受了已经成立的婚姻关系，那么法律就会让这个婚姻关系继续有效。如果结婚后受胁迫方不愿维持已经成立的婚姻关系，就可以请求婚姻登记机关或者人民法院撤销其婚姻效力，使已经缔结的婚姻关系失效。然而，如果受胁迫方长期不行使这个权利，不主张撤销婚姻的效力，就会使得这一婚姻关系长期处于一种不稳定的状态，不利于保护婚姻双方当事人的合法权益，特别是双方当事人所生子女的利益，也不利于家庭、社会的稳定。同时还可能使婚姻登记机关或者人民法院在判断是否撤销当事人婚姻效力时，由于时间太长而无法作出准确的判断。因此婚姻法规定，受胁迫方提出撤销婚姻效力的请求权必须在法律规定的时间内行使，如果超过了法律规定的期限还不行使，受胁迫方就失去了请求撤销婚姻效力的权利，其所缔结的婚姻为合法有效的婚姻，受胁迫方不得再以相同的理由申请撤销该婚姻。

依据本条的规定，受胁迫方行使请求撤销婚姻效力的请求权的期限是一年，也就是说在这一年期限内，受胁迫方必须决定是否提出请求撤销婚姻效力的申请，否则，受胁迫方就失去了提出申请撤销婚姻效力的权利。那么，这一年的期限从何时起算呢？本条规定的这一年期限的起算时间有两种情形，第一，自受胁迫方结婚登记之日起算，即受胁迫方应当在结婚登记之日起一年内决定是否申请有关部门撤销其婚姻的效力；第二，自受胁迫方恢复人身自由之日起算，即受胁迫方自恢复人身自由之日起一年内决定是否申请有关部门撤销其婚姻的效力。这种情况主要考虑到在胁迫的婚姻中，有的受胁迫方是被非法限制人身自由的，如绑架、拐卖的妇女被迫与他人缔结婚姻关系，这些妇女在被他人限制人身自由，有关部门未解救前，是无法提出撤销婚姻效力的申请的，故被非法限制人身自由的受胁迫方提出撤销婚姻效力的申请时间必须待其恢复人身自由之日起算。

修改婚姻法中，有些人提出应当规定欺诈的婚姻为可撤销婚姻。他们举了一些事例，如欺骗对方，说自己很有钱，能带其出国，如伪造自己的学历、经历、职业、职务，如谎说自己家境显赫、富有，如隐瞒自己的疾病，隐瞒自己的前科，隐瞒自己有子女，隐瞒自己与他人发生过性关系，隐瞒自己的已婚史等等。婚姻法没有采纳这个意见。上述事例虽属欺诈，但却不能因此请求撤销婚姻关系。因为欺诈的情形非常复杂，有的欺诈，如隐瞒未到法定婚龄、禁止结婚的疾病，已婚的欺骗未婚的，本法第10条已规定为无效婚姻，其他因欺诈导致夫妻感情破裂的，可以通过离婚解除婚姻关系。

根据本条的规定，有权撤销婚姻关系的机构为婚姻登记机关或人民法院。

第十二条　无效或被撤销的婚姻，自始无效。当事人不具有夫妻的权利和义务。同居期间所得的财产，由当事人协议处理；协议不成时，由人民法院根据照顾无过错方的原则判决。对重婚导致的婚姻无效的财产处理，不得侵害合法婚姻当事人的财产权益。当事人所生的子女，适用本法有关父母子女的规定。

法条释义：本条是关于无效或者被撤销的婚姻的法律后果的规定，是这次婚姻法修改增加的规定。

本条对无效或者被撤销的婚姻的法律后果作了规定，即无效或被撤销的婚姻，自始无效。当事人不具有夫妻的权利和义务，同居期间所得的财产，由当事人协议处理；协议不成时，由人民法院根据照顾无过错方的原则判决。对重婚导致的婚姻无效的财产处理，不得侵害合法婚姻当事人的财产权益。当事人所生的子女，适用本法有关父母子女的规定。对这一规定具体可理解如下：

第一，无效或者被撤销的婚姻，婚姻关系自始不发生法律效力。即从当事人结婚之时，婚姻就没有法律效力，即使当事人骗取婚姻登记，该婚姻也是自始无效，而不是从婚姻登记机关或人民法院宣告之时起婚姻才没有法律效力。这种婚姻关系不论结婚的事实是否发生，结婚时间是否长久，婚姻关系被法律确认自始不存在，不受法律保护。

第二，无效或者被撤销的婚姻，当事人之间不具有夫妻的权利和义务。婚姻法规定，夫妻有互相扶养的义务。一方不履行扶养义务时，需要扶养的一方，有要求对方付给扶养费的权利。夫妻有相互继承遗产的权利。夫妻财产归各自所有的，一方因抚育子女、照料老人、协助另一方工作等付出较多义务的，离婚时有权向另一方请求补偿。另一方应当予以补偿。离婚时，如一方生活困难，另一方应从其住房等个人财产中给予适当帮助。因一方重婚或有配偶者与他人同居、实施家庭暴力或虐待、遗弃家庭成员而导致离婚的，无过错方有权请求损害赔偿。婚姻法有关夫妻权利义务的规定，前提是合法婚姻，是有效婚姻。由于无效婚姻、可撤销婚姻欠缺婚姻成立的法定条件，是违法婚姻。因此，婚姻法有关夫妻权利义务的规定对无效婚姻、被撤销婚姻的当事人都不适用。

第三，无效或者被撤销的婚姻，当事人所生子女的权利义务关系适用婚姻法有关父母子女间的权利义务的规定。无效婚姻、可撤销婚姻不具有法律效力，但由于男女当事人的同居关系，可能产生生儿育女的事实，随之而来的是对无效婚姻、可撤销婚姻所生子女法律地位的确定。我国婚姻法确立的基本原则之一是保护妇女、儿童和老人的合法权益。《婚姻法》第 25 条规定，"非婚生子女享有与婚生子女同等的权利，任何人不得加以危害和歧视"。婚姻法在规定无效婚姻、可撤销婚姻当事人所生子女的法律地位时，坚持并贯彻了婚姻法的基本原则，规定无效或者被撤销的婚姻当事人所生子女的权利义务，与合法婚姻当事人所生子女的权利义务一样。如父母对子女有抚养教育的义务；子女对父母有赡养扶助的义务。父母不履行抚养义务时，未成年的或不能独立生活的子女，有要求父母付给抚养费的权利。子女不履行赡养义务时，无劳动能力或生活困难的父母，有要求子女付给赡养费的权利。父母有保护和教育未成年子女的权利和义务。在未成年子女对国家、集体或他人造成损害时，父母有承担民事责任的义务，婚姻关系被确认为无效或被撤销后，父母对子女仍有抚养和教育的权利和义务，一方抚养子女，另一方应负担必要的生活费和教育费等。不直接抚养子女的父或母，有探望子女的权利，另一方有协助的义务等。

第四，无效或者被撤销的婚姻，当事人同居期间所得的财产，由当事人协议处理；协议不成时，由人民法院根据照顾无过错方的原则判决。对重婚导致的婚姻无效的财产处理，不得侵害合法婚姻当事人的财产权益。

婚姻法规定无效或者被撤销的婚姻，当事人同居期间所得的财产，在婚姻被确认无效或婚姻关系被依法撤销时，由当事人协议处理。如果无效婚姻或可撤销婚姻当事人在同居期间对财产的归属有约定的，要依据当事人的约定，分割当事人同居期间的财产。如果当事人对同居期间财产的归属没有约定，又达不成协议时，人民法院对当事人同居期间所得的财产，根据照顾无过错方的原则予以分割。即对无效婚姻的无过错一方当事人可以多分财产。但是，对因重婚导致婚姻无效的财产的处理，不得侵害合法婚姻当事人的财产权益。即多分重婚导致的无效婚姻当事人同居期间所得财产给无过错方，不得侵害重婚一方第一个合法婚姻的配偶一方当事人的财产权益。

第三章　家庭关系

第十三条　夫妻在家庭中地位平等。

法条释义：本条是对夫妻在家庭中的地位的规定。

一、夫妻与夫妻关系

夫妻，丈夫与妻子的合称，即男女通过合法的婚姻组成的配偶。较为复杂的表述有：合法有效婚姻所创设的男女法律关系，由此产生大量的法律后果，包括相互依附、共同寝食、相互扶养以及在性生活上相互忠诚的义务。按照通常的说法：夫妻是以共同生活为目的而结合的伴侣。

夫妻双方具有特定的身份，虽然这种身份关系在不同的历史时代有很多不同的内容，但是在根本上，夫妻是性伴侣。这种两性之间的关系与社会上其他的两性关系有着本质的区别。夫妻是两性的结合，互为性对象，同性结合不构成夫妻。夫妻两性的结合还必须是合法的。在有些国家和地区，这种合法结合的方式可能不止一种，有法律婚、仪式婚，仪式婚也是结婚的合法形式之一。不以合法的方式结合的男女两性，不能称为夫妻。

夫妻是性伴侣，需有共同生活的目的。所谓共同生活，包括许多方面。虽然共同生活不仅仅以性生活作为其全部内容，但性生活是夫妻共同生活的重要内容。没有性生活内容的男女两人生活在一起可能是其他关系，但不是夫妻之间的共同生活。性生活于夫妻之间不可或缺，但是性生活也并不是夫妻共同生活的全部，除了性生活，还有住宿、饮食等等。

夫妻是生活的伴侣。生活是多方面的，是非常复杂的，生活着的夫妻有许许多多的权利与义务。婚姻和夫妻共同生活就其本质而言是为了种的繁衍。为了这一目的，夫妻要生育子女、抚养子女、教育子女。夫妻要相互扶养，还要赡养老人。夫妻要面对的，还有许许多多的事情。夫妻关系是人与人之间最为亲密、也最为复杂的关系。

夫妻关系是最为亲密、复杂的人与人之间的关系，但依其性质，我们可以分为人身关系与财产关系两个方面。所谓人身关系，是指人格、身份、地位等没有直接财产内容的权利义务关系。如《婚姻法》第14条、第15条和第16条规定的夫妻的姓名权，参加生产、工作、学习和社会活动的自由权以及计划生育的权利义务等。所谓财产关系，是指夫妻之间在财产的所有与使用、扶养上的权利义务关系。需要说明的是，夫妻财产关系是基于夫妻的人身关系而产生的。

夫妻关系在家庭关系中占有重要地位，夫妻关系是家庭关系的基础，没有夫妻关系就不会产生家庭关系。男女结婚，组成一个新的家庭，也产生了新的家庭关系。夫妻生儿育女，使家庭关系得到进一步的延续、发展。夫妻离婚，则夫妻关系消灭，以夫妻为中心的家庭关系随之消灭。夫妻关系在家庭关系中承上启下，夫妻赡养老人、为老人送终；生育、抚养、教育子女，使其成家立业，代代相传。可以说，夫妻关系在家庭中举足轻重，对整个家庭关系有着决定性的影响。从一定程度上说，家庭的稳定又是社会稳定的基础。家庭不和睦、子女教育出现问题，都会带来社会问题。因此，我们必须认识夫妻关系的性质与特点，了解夫妻关系的内容，处理好夫妻关系。这对于家庭的和睦美满和社会的稳定与健康的发展，具有重要意义。

二、婚姻法对夫妻平等原则的规定

新中国成立几十年来，我国妇女的地位有了很大的提高，男女平等、夫妻平等不再是我国法制建设要达到的目标，而是我国的现实。《中华人民共和国宪法》（以下简称《宪法》）第 48 条规定："中华人民共和国妇女在政治的、经济的、文化的、社会的和家庭的生活等各方面享有同男子平等的权利。国家保护妇女的权利和利益，实行男女同工同酬，培养和选拔妇女干部。"规定夫妻平等原则，是男女平等原则在家庭关系中的集中体现，是社会主义夫妻关系的根本要求和主要特征。针对婚姻法规定的夫妻在家庭中地位平等的原则，可以从以下几个方面理解：

第一，规定夫妻在家庭中地位平等，是作为夫妻关系的指导原则，是确定夫妻各项权利义务的基础，不是夫妻在家庭中具体权利义务的规定。夫妻平等的原则意味着夫妻在共同生活中平等地行使法律规定的权利，平等地履行法律规定的义务，共同承担对家庭和社会的责任。在"家庭关系"一章规定夫妻平等，也是总则中规定的男女平等原则在家庭关系中的具体体现。夫妻平等原则作为家庭关系一章第 1 条，也是家庭关系一章其他各条的指导原则。家庭关系一章中其他各条都要贯彻这一原则。家庭关系一章只有十余条，而现实生活是复杂的，涉及家庭关系会出现各种各样的情况，在司法实践中，要解决矛盾、解决纠纷，要依法作出裁判。在法律没有具体规定的情况下，对夫妻关系的处理，就要依据夫妻在家庭中地位平等这一原则作出判断。因此，这一条规定也为司法实践中处理纠纷提供了依据。

第二，规定夫妻在家庭中地位平等，主要意义在于强调夫妻在人格上的平等以及权利义务的平等。强调夫妻的人格独立，夫妻都是家庭关系中的主体。夫妻双方应当互相尊重对方的人格独立，不得剥夺对方享有的权利。特别是要强调保护妇女，保护妻子在家庭中的人格独立，反对歧视妇女，反对以打骂等方式虐待妇女。重点是保护妇女在家庭中的各项权益。

第三，规定夫妻在家庭中地位平等，不是指夫妻在家庭中权利义务一一对等，也不是指夫妻要平均承担家庭劳务。平等不是平均，家庭劳务要合理分担。对于家庭事务，夫妻双方均有权发表意见，应当协商作出决定，一方不应独断专行。

第十四条　夫妻双方都有各用自己姓名的权利。

法条释义：本条是关于夫妻姓名权的规定。

一、姓名权的概念

《民法通则》第 99 条第 1 款规定："公民享有姓名权，有权决定、使用和依照规定改变自己的姓名，禁止他人干涉、盗用、假冒。"姓名权是自然人依法享有的决定、变更和使用自己姓名并排除他人干涉或者非法使用的权利，在法律上的意义是：①姓名是使自然人特定化的社会标志。自然人是独立的民事主体，可以以自己的名义享有权利并承担义务。自然人在具体的民事法律关系中通过姓名相互标识和区别，彼此作为独立的人格而对待。特定的姓名，代表特定的民事主体，是民事主体资格的外在化表现。②姓名是自然人维持其个性所必不可少的，是自然人作为人所必须具备的人格利益。

《民法通则》是在第五章第四节"人身权"中规定姓名权的。姓名权与生命健康权、肖像权、名誉权、荣誉权、婚姻自主权等放在一节之中，并没有再作分类。但理论上，人身权一般分为人格权与身份权两类，将民事主体自产生就依法享有的权利如生命健康权、肖像权、名誉权等归入人格权，将民事主体获得了特定身份才享有的权利如荣誉权等归入身份权。按照这个标准分类，姓名权应作为人格权，为自然人与生俱来的权利。

二、姓名权的内容

姓名权的主体是自然人，依照民法通则的规定，姓名权的内容有以下几个方面：

（一）姓名决定权

姓名决定权指自然人决定其姓名的权利。为自己命名是自然人的基本权利之一。人可以自己决定随父姓或者随母姓，也可以采取其他姓或不要姓，也有权决定自己的名。但是，自然人应当依法行使姓名权。按照户口登记条例的规定，婴儿出生后一个月内，由户主、亲属、抚养人或者邻居向婴儿常住地户口登记机关申报出生登记，并将其姓名记入户籍登记簿，在户籍登记簿上登记的姓名为正式姓名。未成年人可以行使姓名决定权，但是行使此权以有意思自治能力为前提。如果具有意思自治能力，则可以行使姓名决定权，其监护人不能妨碍其行使权利。在不具有意思自治能力以前，其姓名权由监护人行使。

（二）姓名变更权

姓名变更权是指自然人变更其姓名的权利，这一权利来自于姓名决定权，也是姓名决定权的应有之意。当事人在变更姓名之前，以原姓名参与社会活动，行使权利、承担义务，变更姓名有可能影响到他人的权益。因此行使此权不得任意为之，必须依法变更。按照规定，变更姓名需要在户口登记机关办理姓名变更手续。我国户口登记条例规定，未满 18 周岁的人需要变更姓名的，由其本人或父母、收养人向户口登记机关申请办理变更登记。18周岁以上的人需要变更姓名的，由本人向户口登记机关申请办理变更登记。

(三) 使用姓名权

使用姓名权是指自然人依法使用自己姓名的权利，包括自己使用、不使用和禁止他人使用的权利。当事人行使姓名权必须依法进行。一是，在从事重要法律行为时，有义务使用在户口登记机关登记的正式用名，参与法律关系不使用正式姓名有可能导致权利义务主体不明、法律关系混乱，影响社会经济秩序和他人利益，这是不允许的。二是，不得基于不正当的目的取与他人相同的姓名，此种行为构成侵权。三是，不得滥用姓名权。自然人有充分行使自己姓名权的自由，但其行使以不损害他人为原则。如果基于不正当的目的而改名换姓是法律所不允许的。

还有两点需要说明：①当事人从事文学、艺术等活动，可以取艺名、笔名，决定使用及变更都不需要向户口登记机关办理登记或者变更。但从事重要法律行为必须使用正式姓名。②自然人的姓名在特定情况下可能成为企业名称（商号）。作为企业名称（商号）的，具有知识产权的性质；作为一般姓名使用，则仍属于人格权。自然人的姓名在作为企业名称（商号）使用的情况下，则应当适用有关企业名称的法律法规。

第十五条　夫妻双方都有参加生产、工作、学习和社会活动的自由，一方不得对他方加以限制或干涉。

法条释义：本条是对夫妻人身自由权的规定。

人身自由权是每个公民的权利，本条为什么还要对夫妻的人身自由权专作规定呢？这里规定的夫妻人身自由权并不是公民的人身自由权的全部内容，而是与夫妻关系有关的人身自由权的内容，涉及参加生产、工作、学习和社会活动。实际上讲的是妇女参加社会活动、进行社会交往、从事社会职业的权利。妇女的这一权利，不仅取决于其在家庭中的地位，主要的是取决于妇女在社会中的地位。这一规定的目的在于限制丈夫对妻子人身自由权利的干涉，这是在社会主义条件下妇女参与社会活动的权利的体现。

一、参加生产工作的权利

夫妻有参加生产、工作的自由。所谓生产、工作是指一切社会劳动。我国妇女参加生产与工作非常积极，国家与社会也提供了有力的保障。妇女享有参加生产、工作的自由权而不受干涉，是妇女享有与丈夫平等地位的前提。

二、参加学习的权利

夫妻双方都有参加学习的自由。这里的学习，不仅包括正规的在校学习，也包括扫盲学习、职业培训以及其他各种形式的专业知识与专业技能的学习。保证妇女的学习的自由权，对于提高妇女的文化素质、提高妇女的就业率，对于妇女在家庭中与丈夫的平等地位都是必不可少的。保证妇女学习的自由权，对于子女的培养、对于全民族文化素质的提高，都是必要的。

三、参加社会活动的权利

夫妻双方都有参加社会活动的自由权。所谓社会活动，指参政、议政活动，科学、技术、文学、艺术和其他文化活动，各种群众组织、社会团体的活动，以及各种形式的公益活动等。参加社会活动的自由权来自于公民依法享有的民主权利，是社会主义条件下对夫妻关系的要求。婚姻法对夫妻参与社会活动自由权的规定主要是保护妇女的。

本条规定夫妻的自由权，并不意味着夫妻可以不顾家庭、为所欲为。夫妻行使人身自由的权利，必须符合法律与社会主义道德的要求，必须做到与其他权利义务的一致。公民婚前与婚后截然不同，对配偶、子女、家庭有不可推卸的责任。尤其是现在夫妻双方都要参加工作、劳动与社会活动，家务劳动也是很繁重的。夫妻有参加社会活动的自由，但是夫妻也有相互扶养的义务，有抚养、教育子女的义务，有赡养老人的义务。如果夫妻一方对家庭、子女漠不关心，不顾一切地参加各种社会活动，与本条的立法精神是不相符合的。夫妻之间应当互相尊重、互谅互让、互相协商，将参加工作、劳动和社会活动与尽到对家庭责任协调一致。

第十六条　夫妻双方都有实行计划生育的义务。

法条释义: 本条是对夫妻实行计划生育义务的规定。

我国《宪法》第25条规定:"国家推行计划生育，使人口的增长同经济和社会发展计划相适应。"因此，实行计划生育，控制人口增长，提高人口素质，是我国的一项基本国策。《宪法》第49条第2款规定:"夫妻双方有实行计划生育的义务。"《婚姻法》关于本条的规定，就是要把计划生育的原则落实到每个家庭，每对夫妻之中。实行计划生育，是夫妻双方的一项法定义务，带有强制性。国家政策和法律规定了计划生育的义务，各省、自治区、直辖市也都制订和颁布了计划生育条例等地方性法规，违反计划生育的有关规定，要承担一定的法律责任。

计划生育是基本国策，每对夫妇都有遵守国家政策和法律法规的规定、实行计划生育的义务，违反规定要受到制裁，这是计划生育的一个方面；更为重要的方面，是要解决思想认识上的问题，要破除"重男轻女"、"多子多福"、"养儿防老"、"传宗接代"等陈腐思想，充分认识计划生育的重要性和必要性，自觉地遵守国家政策和法律法规的规定，实行计划生育。必须严格禁止歧视、虐待不生子女或者只生女孩的妇女的现象和行为，克服夫妻思想上重男轻女及传宗接代的旧传统的影响。

　　夫妻双方都有实行计划生育的义务。因此，计划生育并不只是妇女一方的义务，而是夫妻双方的义务，不能片面地把计划生育的义务推给妇女一方。在现实生活中，实行计划生育，往往容易理解成是妇女一方的义务，与男方无关，对此不自觉履行，阻碍了计划生育工作的正常开展，是不符合法律要求的。因此，夫妻双方要共同协商，互相配合，采取切实有效的措施，自觉履行这一法定义务。实行计划生育，夫妻要采用避孕措施。目前我国有许多种避孕方法供夫妻选择，使用起来一般都安全可靠、简便易行，同时也没有什么副作用。如妇女使用的口服避孕药、外用避孕药膜、宫内避孕器、输卵管阻断术等等。男子也有各种避孕方法，如输精管结扎术。还有一种新的绝育方法，只要在男子阴囊输精管处打一针，即可阻断精液排出，从而达到终身避孕的效果。这种方法不用开刀动手术，痛苦小，也不影响性生活，必要时还可以恢复生育能力。

　　夫妻双方都有实行计划生育的义务。但是，男女在生理上有不同的特点和自然分工，胎儿是在母腹中依赖母亲的供养孕育至出生，此间胎儿不能离开母体而独立生存。胎儿与母亲的人身不可分离，母子双方的健康和生命互相关联，到目前为止，妇女在生育方面起着男性不可替代的作用。因此，母亲比父亲更加辛苦，其生育权与健康权理应受到特别保护。许多法律法规都有特别保护孕妇及生育妇女的规定，如婚姻法、妇女权益保障法、母婴保健法、刑法等。《婚姻法》第34条中规定，"女方在怀孕期间、分娩后一年内或中止妊娠后六个月内，男方不得提出离婚"。《中华人民共和国妇女权益保障法》（以下简称《妇女权益保障法》）第45条中规定，女方按照计划生育的要求中止妊娠的，在手术后六个月内，男方不得提出离婚。第51条中还特别规定，妇女有按照国家有关规定生育子女的权利，也有不生育的自由。第27条中还规定，如果以结婚、怀孕、产假、哺乳等为由辞退女职工，由其所在单位或者上级机关责令改正，并可根据具体情况，对直接责任人给予行政处分。《刑法》第 49 条规定，审判时怀孕的妇女，不适用死刑。这些规定，都体现了法律对生育妇女的特别保护。

第十七条　夫妻在婚姻关系存续期间所得的下列财产，归夫妻共同所有：

（一）工资、奖金；

（二）生产、经营的收益；

（三）知识产权的收益；

（四）继承或赠与所得的财产，但本法第十八条第三项规定的除外；

（五）其他应当归共同所有的财产。

夫妻对共同所有的财产，有平等的处理权。

法条释义：本条是关于夫妻共同财产的规定。

本条和第 18、19 条共同构成对夫妻财产制的规定。所谓夫妻财产制，是规定夫妻财产关系的法律制度，包括夫妻婚前财产和婚后所得财产的归属、管理、使用、收益和处分，以及家庭生活费用的负担，夫妻债务的清偿，婚姻终止时夫妻财产的清算和分割等内容，其核心是夫妻婚前财产和婚后所得财产的所有权归属问题

本条第 1 款规定，夫妻在婚姻关系存续期间所得的下列财产，如工资和奖金、从事生产、经营的收益等，归夫妻共同所有。这一规定表明，我国的夫妻共同财产制采用的是婚后所得共同制，即在婚姻关系存续期间，除个人特有财产和夫妻另有约定外，夫妻双方或一方所得的财产，均归夫妻共同所有，夫妻双方享有平等的财产所有权的制度。这里的共同所有指的是共同共有，不是按份共有。

关于夫妻共同财产的范围，本条第1款作了列举式的规定：

第一，工资、奖金。这里的"工资、奖金"应作广义的理解，泛指工资性收入，目前我国职工的基本工资只是个人收入的一部分，在基本工资之外，还有各种形式的补贴、奖金、福利等，甚至还存在着一定范围的实物分配，这些共同构成了职工的个人收入，当然，在一些现代企业或外资企业中，也存在着一定比例的高工资、高收入，甚至年薪、股份期权等，这些收入都属于工资性收入，属于夫妻共同财产的范围。

第二，生产、经营的收益。如果说工资、奖金属于夫妻的劳动所得，那么，从事生产、经营的收益，既包括劳动所得，也包括大量的资本性收入。这里的"生产、经营收益"，既包括农民的生产劳动收入，也包括工业、服务业、信息业等行业的生产、经营收益。随着市场经济的发展，有越来越多的人买卖股票和债券，投资于公司、企业经营，还有不少人依靠自己的资本或筹资兴办公司、企业，这些人成为大量资本的拥有者，经营收益丰厚。这些经营收益也属于夫妻共同财产。在婚姻法修改过程中，有人提出，为保护个人财产权，防止有些人不劳而获、借婚姻取得大量财产，应当将个人的经营收益作为个人特有财产而不是夫妻共同财产。这种意见虽有一定的道理，但是应当看到，经营收益与工资、奖金一样，都是个人的收入，二者没有本质的区别，在共同财产制下都应当属于夫妻的共同财产，否则与法理相悖。如果从事经营的一方怕对方利用婚姻关系侵吞自己的财产，可以通过约定财产制来保护自己的权益。也有人提出，如果把生产经营收益作为夫妻共同财产，在离婚时一方经营的企业财产，另一方如何分割，将是一个很难解决的问题。的确，对一方的经营收益，如股票、股权甚至整个公司企业这类夫妻共同财产的分割，由于涉及婚姻法和公司法、证券法的关系，分割时存在一定的法律障碍，处理起来比较困难。这需要在社会实践和司法实践中积累经验。

有的法院在审理此类案件时的解决办法是：在财产分割问题上，对涉及股票、股份、股权或公司、企业等财产的，在不违反公司法的前提下，采取折价补偿或转移一半股份或股权等方式处理。具体做法：①对股票主要采取直接分割的方式，以避免对股票进行估价或折价带来的麻烦，但在双方协商同意的情况下，采取由持票一方折价给另一方补偿的方式予以分割；②对股份或股权，如经公司其他股东同意且受让一方亦具备公司章程规定的股东条件，采取直接转让一半股份和股权的方式分割，否则，则将股权处理给原持有人所有，由取得股权的一方按股权价值补偿给另一方，该价值尽量由离婚双方协商确定，协商不成的，一般以股权所在公司当年每股的净资产额确定其价值。

第三，知识产权的收益。知识产权是一种智力成果权，它既是一种财产权，也是一种人身权，具有很强的人身性，与人身不可分离，婚后一方取得的知识产权权利本身归一方专有，权利也仅归权利人行使，作者的配偶无权在其著作中署名，也不能决定作品是否发表。但是，由知识产权取得的经济利益，则属于夫妻共同财产，如因发表作品取得的稿费，因转让专利获得的转让费等，归夫妻共同所有。

第四，因继承或赠与所得的财产，但遗嘱或赠与合同中确定只归夫或妻一方的财产除外。关于因继承所得的财产，有人提出，根据我国《继承法》的规定，女婿、儿媳不在法定继承人的范围之内，如果将一方继承的财产作为夫妻共同财产，等于扩大了法定继承人的范围，与继承法的规定相违背；而遗嘱继承则体现了强烈的个人意志性，遗嘱人将其财产指定由特定的人继承，体现了对其所拥有财产的处分权，如果将夫妻一方因遗嘱继承而得到的财产视为夫妻共同财产，等于变更了遗嘱，这违背了遗嘱人的意愿，限制了其对财产的自由处分权，因此，婚姻存续期间，一方继承的财产不宜作为夫妻共同财产。这种观点的意义在于，努力从维护个人财产权的角度出发，积极保护个人权利，应该说，这种观点正是实行分别财产制的理论基础，而正与实行共同财产制的基本观念相对立，如前所述，共同财产制关注更多的是家庭，是夫妻共同组成的生活共同体，而不是个人，在这一制度下，夫妻一方经法定继承或遗嘱继承的财产，同个人的工资收入、知识产权收益一样，都是满足婚姻共同体存在的必要财产，应当归夫妻共同所有。而且，法定继承的财产归夫妻共有，并没有扩大法定继承人的范围，因为女婿、儿媳只是分享了其配偶应得的遗产份额，并不影响其他法定继承人的利益。在遗嘱继承中，可以将遗嘱人交由夫妻一方继承的遗产视为留给整个家庭的财产，如果遗嘱人的本意是只给夫妻一方，不允许其配偶分享，则可以在遗嘱中指明，确定该财产只归一方所有，根据本条第4项的但书和第18条第3项的规定，该遗产就不是夫妻共同财产而是一方的特有财产了，这样，也就体现遗嘱人的意愿了。关于赠与的财产，与此同理，可以将赠与夫妻一方的财产视为赠与整个家庭的财产，归夫妻共同所有，这也是与大多数人的思想观念相符合的，如果说丈夫的朋友赠送的洗衣机只归丈夫所有，妻子用来洗衣服要经过丈夫许可，那才有点奇怪呢。如果赠与人只想赠与夫妻的一方，可以在赠与合同中指明该财产只归其中的一方所有，这样，也就尊重了赠与人的意愿。有人提出，目前一些国家采用的婚后所得共同制一般是指夫妻通过劳动获得的财产，非劳动所得的财产，如继承、受赠的财产等应当规定为夫妻的个人财产。婚姻法没有采纳这种意见。

第五，其他应当归共同所有的财产。这项规定属于概括性规定。随着社会经济的发展和人们生活水平的提高，夫妻共同财产的范围在不断地扩大，共同财产的种类在不断地增加，目前，夫妻共同财产已由原来简单的生活用品发展到汽车、房产、股票、债券乃至整个公司、企业等，今后还将出现一些新的财产类型。

上述四项只是列举了现已较为明确的共同财产的范围，但难以列举齐全，因此，作了这项概括性规定。

本条第 2 款规定："夫妻对共同所有的财产，有平等的处理权。"这是关于夫妻如何对共同财产行使所有权的规定。如前所述，夫妻共同财产的性质是共同共有，不是按份共有，因此夫妻对全部共同财产，应当不分份额地享有同等的权利，承担同等的义务。不能根据夫妻双方经济收入的多少来确定其享有共同财产所有权的多少。夫妻双方对共同财产享有平等的占有、使用、收益和处分的权利。夫妻一方对共同财产的使用、处分，除另有约定外，应当在取得对方的同意之后进行。尤其是重大财产问题，未经对方同意，任何一方不得擅自处分。夫妻一方在处分共同财产时，另一方明知其行为而不作否认表示的，视为同意，事后不得以自己未参加处分为由否认处分的法律效力。夫妻一方未经对方同意擅自处分共同财产的，对方有权请求宣告该处分行为无效，但不得对抗善意第三人，即如果第三人不知道也无从知道夫妻一方的行为属于擅自处分行为的，该处分行为有效，以保护第三人的利益，维护交易安全，因为在多数情况下，由于夫妻在日常生活中互有代理权，第三人很难知道夫妻一方的行为是否经过对方同意，也不必知道。此时，一方因擅自处分行为给配偶造成损失的，应当予以赔偿。因一方擅自处分行为所负的债务，应由该方以个人财产清偿。最高人民法院 1993 年 11 月的《关于人民法院审理离婚案件处理财产分割问题的若干具体意见》第 17 条规定，一方未经对方同意，擅自资助与其没有扶养义务的亲朋所负的债务；或一方未经对方同意，独自筹资从事经营活动，其收入确未用于共同生活所负的债务，不能认定为夫妻共同债务，应由一方以个人财产清偿。

第十八条 有下列情形之一的，为夫妻一方的财产：

（一）一方的婚前财产；

（二）一方因身体受到伤害获得的医疗费、残疾人生活补助费等费用；

（三）遗嘱或赠与合同中确定只归夫或妻一方的财产；

（四）一方专用的生活用品；

（五）其他应当归一方的财产。

法条释义：本条是关于夫妻特有财产的规定。

本条关于夫妻特有财产的规定，是这次修改婚姻法新增加的一个内容，也是完善我国夫妻财产制的一个重要方面。

关于我国夫妻特有财产的范围，本条作了列举式的规定，下面逐一进行介绍：

第一，一方的婚前财产。婚前财产是指夫妻在结婚之前各自所有的财产，包括婚前个人劳动所得财产、继承或受赠的财产以及其他合法财产。婚前财产归各自所有，不属于夫妻共同财产。最高人民法院1993年11月的《关于人民法院审理离婚案件处理财产分割问题的若干具体意见》第6条规定："一方婚前个人所有的财产，婚后由双方共同使用、经营、管理的，房屋和其他价值较大的生产资料经过8年，贵重的生活资料经过4年，可视为夫妻共同财产。"这是关于个人婚前财产转化为夫妻共同财产的规定，是适宜的，曾在司法实践中发挥过重要的作用。2001年修改婚姻法时，考虑到现在夫妻婚前财产越来越多，笼统地将上述规定作为法律规定会产生一些问题，并且从物权制度上也需进一步研究。因此，先是明确一方的婚前财产属于夫妻个人财产，不能转化为夫妻共同财产，即使在离婚时，也不能作为共同财产进行分割，除非当事人另有约定。但为了保护弱者特别是妇女的权益，《婚姻法》增加了第 40 条规定："夫妻书面约定婚姻关系存续期间所得的财产归各自所有，一方因抚育子女、照料老人、协助另一方工作等付出较多义务的，离婚时有权向另一方请求补偿，另一方应当予以补偿。"同时第 42 条规定："离婚时，如一方生活困难，另一方应从其住房等个人财产中给予适当帮助。具体办法由双方协议；协议不成时，由人民法院判决。"此外，第 46 条还规定了离婚过错赔偿制度，该条规定："有下列情形之一，导致离婚的，无过错方有权请求损害赔偿：（一）重婚的；（二）有配偶者与他人同居的；（三）实施家庭暴力的；（四）虐待、遗弃家庭成员的。"

第二，一方因身体受到伤害获得的医疗费、残疾人生活补助费等费用。这里的"医疗费、残疾人生活补助费等费用"是指与生命健康直接相关的财产。由于这些财产与生命健康关系密切，对于保护个人权利具有重要意义，因此应当专属于个人所有，而不能成为共同财产。不少规定夫妻特有财产的国家将具有人身性质的财产规定为夫妻个人财产，如《美国统一婚姻财产法》第 4 节中规定，"对其人身伤害的赔偿"为夫妻个人财产；《瑞士民法典》第 198 条规定，"因精神赔偿所获得的补偿金"为夫妻一方个人所有的财产；《罗马尼亚家庭法典》规定，"保险金或作为造成个人伤害的赔偿而判给的损害赔偿金"为夫妻一方的单独财产。本条将因身体受到伤害获得的医疗费、残疾人生活补助费作为夫妻一方个人财产，有利于维护受害人的合法权益，为受害人能够得到有效治疗、残疾人能够正常生活提供了法律保障。

第三，遗嘱或赠与合同中确定只归夫或妻一方的财产。根据第 17 条第 4 项的规定，因继承或赠与所得的财产，属于夫妻共同财产。但为了尊重遗嘱人或赠与人的个人意愿，保护公民对其财产的自由处分权，如果遗嘱人或赠与人在遗嘱或赠与合同中明确指出，该财产只遗赠或赠给夫妻一方，另一方无权享用，那么，该财产就属于夫妻特有财产，归一方个人所有。这样规定的另一个意义在于，防止夫妻另一方滥用遗产或受赠的财产，如妻子的朋友赠送一笔钱资助孩子上学，而丈夫有酗酒恶习，如果这笔钱属于夫妻共同财产，丈夫就有可能利用它买酒，在这种情况下，赠与人可以在赠与时确定这笔现金只赠送给妻子，属于妻子个人所有，丈夫就无权将其用来酗酒了。

第四，一方专用的生活用品。一方专用的生活用品具有专属于个人使用的特点，如个人的衣服、鞋帽等，应当属于夫妻特有财产。我国司法实践中，在处理离婚财产分割时，一般也将个人专用的生活物品，作为个人财产处理。在婚姻法修改过程中，有一种意见认为，用夫妻共同财产购买的且价值较大的生活用品，如贵重的首饰等，即使为一方专用，也应当属于夫妻共同财产。这一意见未被采纳。价值较大的生活用品，因其具有个人专用性，仍应当归个人所有，这也符合夫妻双方购买该物时的意愿。况且，夫妻对共同财产有平等的处理权，多数情况下，夫妻双方都有价值较大的生活用品。当然，不同经济状况的家庭，"价值较大"的含义不同。

第五，其他应当归一方的财产。这项规定属于概括性规定。夫妻特有财产除前四项的规定外，还包括其他一些财产和财产权利。随着社会经济的发展、新的财产类型的出现以及个人独立意识的增强，夫妻个人特有财产的范围也将有所增加。

第十九条　夫妻可以约定婚姻关系存续期间所得的财产以及婚前财产归各自所有、共同所有或部分各自所有、部分共同所有。约定应当采用书面形式。没有约定或约定不明确的，适用本法第十七条、第十八条的规定。

夫妻对婚姻关系存续期间所得的财产以及婚前财产的约定，对双方具有约束力。

夫妻对婚姻关系存续期间所得的财产约定归各自所有的，夫或妻一方对外所负的债务，第三人知道该约定的，以夫或妻一方所有的财产清偿。

法条释义：本条是关于夫妻约定财产制的规定。

所谓约定财产制，是指法律允许夫妻用协议的方式，对夫妻在婚前和婚姻关系存续期间所得财产的所有权的归属、管理、使用、收益、处分以及对第三人债务的清偿、婚姻解除时财产的分割等事项作出约定，从而排除或部分排除夫妻法定财产制适用的制度。约定财产制是相对于法定财产制而言的，它是夫妻以契约的方式依法选择适用的财产制，而法定财产制是依照法律直接规定而适用的财产制，约定财产制具有优先于法定财产制适用的效力。只有在当事人未就夫妻财产作出约定，或所作约定不明确，或所作约定无效时，才适用夫妻法定财产制。本条第1款即规定："没有约定或约定不明确的，适用本法第十七条、第十八条的规定。"根据本条的规定，我国夫妻约定财产制的内容主要包括以下几个方面：

一、约定的条件和方式

夫妻对财产关系进行约定是一种双方民事法律行为，它不仅要符合民事法律行为的一般要件，还要符合婚姻法的有关规定，因为该约定是基于配偶这一特殊身份发生的。夫妻对财产关系的约定需要符合下列要件：①缔约双方必须具有合法的夫妻身份，未婚同居、婚外同居者对财产关系的约定，不属于夫妻财产约定；②缔约双方必须具有完全民事行为能力；③约定必须双方自愿，夫妻对财产的约定必须出于真实的意思表示，以欺诈、胁迫手段或乘人之危使对方在违背真实意思的情况下作出的约定，对方有权请求变更或者撤销；④约定的内容必须合法，不得利用约定规避法律以损害国家、集体或他人的利益，不得违背社会公共利益。

约定的内容不得超出夫妻财产的范围，如不得将其他家庭成员的财产列入约定财产的范围，不得利用约定逃避对第三人的债务以及其他法定义务。

关于约定的方式，本条第 1 款规定："约定应当采用书面形式。"这样规定的目的，在于更好地维护夫妻双方的合法权益以及第三人的利益，维护交易安全，避免发生纠纷。当然如果夫妻以口头形式作出约定，事后对约定没有争议的，该约定也有效。夫妻以书面形式对其财产作出约定后，可以进行公证。在婚姻法修改过程中，有一种意见认为，夫妻对财产关系的约定，应当进行公证。这种观点不符合公证自愿的原则，而且公证只具有证明的效力，不是约定生效的要件。还有一种意见认为，夫妻对财产的约定应当向婚姻登记机关进行登记，未经登记不生效力或不得对抗善意第三人。由于夫妻财产登记的内容、效力等问题比较复杂，而我国对家庭财产的监管还不够规范和完善，因此这次修改婚姻法没有采纳这种意见。

二、约定的时间和范围

关于约定的时间，本条未作规定。根据我国的实际情况，对约定的时间不必作更多的限制。约定可以在婚前进行也可以在婚后进行。

关于约定的范围，本条第 1 款规定："夫妻可以约定婚姻关系存续期间所得的财产以及婚前财产归各自所有、共同所有或部分各自所有、部分共同所有。"这一规定的范围是比较宽的，根据这一规定，夫妻既可以对婚姻关系存续期间所得的财产进行约定，也可以对婚前财产进行约定；既可以对全部夫妻财产进行约定，也可以对部分夫妻财产进行约定；既可以概括地约定采用某种夫妻财产制，也可以具体地对某一项夫妻财产进行约定；既可以约定财产所有权的归属或者使用权、管理权、收益权、处分权的行使，也可以约定家庭生活费用的负担、债务清偿责任、婚姻关系终止时财产的分割等事项。

关于当事人可以约定采用哪种夫妻财产制，本条未作规定，即没有对当事人可以选择的财产制进行限制。一般来说，当事人可以约定采用的夫妻财产制主要有以下几种：①一般共同制：夫妻的婚前财产和婚姻关系存续期间所得的财产均归夫妻共同所有；②劳动所得共同制：夫妻婚后的劳动所得归夫妻共有，非劳动所得的财产，如继承、受赠的财产、人身损害赔偿金等，归各自所有；③管理共同制：夫妻的婚前财产和婚姻关系存续期间所得的财产归各自所有，同时根据双方的约定，除特有财产外，双方的财产由夫或妻统一管理；④分别财产制：夫妻的婚前财产和婚姻关系存续期间所得的财产均归各自所有，各自独立管理，委托对方管理的，适用有关委托代理的规定。如果当事人不愿意概括地约定采用某种夫妻财产制，也可以对部分夫妻财产，甚至某一项财产进行约定，如当事人可以约定一方从事生产经营的收益归其本人所有，也可以约定一方因身体受到伤害获得的赔偿金归夫妻共同所有。

三、约定的效力

约定的效力，分为对内效力（指夫妻之间）和对外效力（指对第三人）。

首先，关于对内效力，本条第2款规定："夫妻对婚姻关系存续期间所得的财产以及婚前财产的约定，对双方具有约束力。"夫妻对财产关系的约定，对双方具有约束力，双方按照约定享有财产所有权以及管理权等其他权利，并承担相应的义务。

其次，关于对外效力，主要考虑的是在夫妻对财产进行约定，保护夫妻财产权的同时，要保障第三人的利益，维护交易安全。夫妻之间对财产关系的约定，如何对第三人产生效力？关于这一问题，一些国家规定夫妻财产约定须进行登记或为第三人所明知，才能对第三人发生法律约束力。

如前所述，目前我国没有建立夫妻财产登记制度，为了保障第三人的利益不因夫妻财产约定而受到损害，本条第 3 款规定："夫妻对婚姻关系存续期间所得的财产约定归各自所有的，夫或妻一方对外所负的债务，第三人知道该约定的，以夫或妻一方所有的财产清偿。"这一规定以"第三人知道该约定"为条件，即在第三人与夫妻一方发生债权债务关系时，如果第三人知道其夫妻财产已经约定归各自所有的，就以其一方的财产清偿；第三人不知道该约定的，该约定对第三人不生效力，夫妻一方对第三人所负的债务，按照在夫妻共同财产制下的清偿原则进行偿还。关于第三人如何知道该约定，既可以是夫妻一方或双方告知，也可以为第三人曾经是夫妻财产约定时的见证人或知情人。如何判断第三人是否知道该约定，夫妻一方或双方负有举证责任，夫妻应当证明在发生债权债务关系时，第三人确已知道该约定。本款中的"夫或妻一方对外所负的债务"，是指夫妻一方以自己的名义与第三人之间产生的债务，至于是为夫妻共同生活所负的债务，还是个人债务，在所不问，即无论是为子女教育所负的债务，或个人从事经营所负的债务，还是擅自资助个人亲友所负的债务，都适用本款的规定。

第二十条 夫妻有互相扶养的义务。

一方不履行扶养义务时，需要扶养的一方，有要求对方付给扶养费的权利。

法条释义:本条是关于夫妻间扶养义务的规定。根据本条规定，夫妻双方有互相扶养的义务。

这里的扶养是指夫妻之间的一方对其配偶负有提供生活供养

责任的法律关系。如丈夫有住房的，应当向妻子提供该住房供其居住。再如，夫妻共同负担日常生活费用，也是扶养义务的体现。夫妻之间的互相扶养既是权利又是义务，这种权利义务是平等的。也就是说，丈夫有扶养其妻子的义务，妻子也有扶养其丈夫的义务；反之，夫妻任何一方均有受领对方扶养的权利。

根据本条的规定，有扶养能力的一方，对于有残疾、患有重病、经济困难的配偶，必须主动承担扶助供养责任。目前，在我国的一些家庭中，夫妻双方的经济收入还有一定差距，往往是丈夫收入多于妻子，在扶养问题上，丈夫应多承担一些义务。在司法实践中，在处理夫妻互相扶养问题上，更注重保护女方的合法权益。

根据本法第19条的规定，夫妻可以约定夫妻在婚姻关系存续期间所得的财产的归属，如将其中的某项财产或收入，确定归一方所有或双方分别所有。根据本条的规定，夫妻互相扶养是法定的义务，也就是说，无论夫妻就财产的问题作出何约定，都不能免除法定的扶养义务。现实中，有的夫妻约定各自的工资或收入归各自所有，但这并不意味着，夫或妻只负担各自的生活费用而不承担扶养对方的义务，如当一方患有重病时，另一方仍有义务尽力照顾，并提供有关治疗费用。

夫或妻一方不履行扶养义务时，需要扶养的一方可以根据本条第2款的规定，要求对方付给扶养费。应当付给扶养费的一方拒绝付给的，需要扶养的另一方可以通过诉讼获得扶养费。如果夫或妻一方患病或者没有独立生活能力，有扶养义务的配偶拒绝扶养，情节恶劣，构成遗弃罪的，应当承担刑事责任。

夫妻互相扶养是在婚姻存续期间的法定义务，当离婚时，原夫妻双方就不再负担互相扶养的义务。如果一方在离婚后，生活困难的，另一方可以给予其适当的经济帮助。

第二十一条 父母对子女有抚养教育的义务；子女对父母有赡养扶助的义务。

父母不履行抚养义务时，未成年的或不能独立生活的子女，有要求父母付给抚养费的权利。

子女不履行赡养义务时，无劳动能力的或生活困难的父母，有要求子女付给赡养费的权利。

禁止溺婴、弃婴和其他残害婴儿的行为。

法条释义：本条是关于家庭中父母与子女之间抚养和赡养义务的规定。

根据本条第 1 款的规定，父母对子女有抚养教育的义务；子女对父母有赡养的义务。

抚养子女既是父母应尽的义务，也是子女应享有的权利。抚养是指父母抚育子女的成长，并为他们的生活、学习提供一定的物质条件。根据《宪法》第 49 条规定，"父母有抚养教育未成年子女的义务"。《中华人民共和国未成年人保护法》（以下简称《未成年人保护法》）第 8 条规定，父母应当依法履行对未成年子女的监护职责和抚养义务，不得虐待、遗弃未成年人。可见，抚养未成年子女是父母的法定义务。父母对未成年子女的抚养是无条件的，在任何情况下都不能免除；即使父母已经离婚，对未成年的子女仍应依法履行抚养的义务。对成年子女的抚养是有条件的，在成年子女没有劳动能力或出于某种原因不能维持生活时，父母也要根据需要和可能，负担其生活费用或给予一定的帮助。对有独立生活能力的成年子女，父母自愿给予经济帮助，法律并不干预。

父母对子女有教育义务。教育子女是家庭的一项重要职能，家庭教育对子女的成长有很大的影响。父母子女间的亲密关系，为教育子女提供了有利的条件。因此，教育好子女是父母双方在法律上应尽的义务，也是社会道德的必然要求。根据《未成年人保护法》的规定，父母有义务促进未成年人在品德、智力、体质等方面全面发展，把他们培养成有理想、有道德、有文化、有纪律的社会主义事业的接班人。家庭和国家、社会、学校一起对未成年人进行理想、道德、文化、纪律和法律教育，也要进行爱国主义、集体主义、共产主义教育。因此父母应当以健康的思想、品德和适当的方法教育未成年子女，引导他们有益身心健康的活动，预防未成年子女吸烟、酗酒、流浪以及聚赌、吸毒等恶习。父母不但要对未成年子女从政治上、思想上关心教育，同时为子女，尤其是未成年子女的学习和受教育提供应有的物质条件。按照《中华人民共和国义务教育法》（以下简称《教育法》）第 11 条规定，父母必须使适龄的子女按时入学，接受规定年限的义务教育。《未成年人保护法》第 13 条规定，父母应当尊重未成年子女接受教育的权利，必须使适龄的未成年子女接受义务教育，不得使在校接受义务教育的未成年子女辍学。那种对子女只抚养不教育，或者只顾眼前利益让子女"弃学务农"、"弃学从商"的做法，是不符合婚姻法的精神的，同时也是违反义务教育法和未成年人保护法等法律规定，应当承担相应的法律责任。此外，我国的婚姻法从体现男女平等的原则出发，也规定了父母双方共同承担抚养教育子女的义务和责任。如果父或母一方丧失抚养能力，如身患重病，完全丧失劳动或自理能力，可由另一方承担抚养教育子女的义务和责任。

因父母不履行抚养义务而引起的纠纷，可由有关部门调解或向人民法院提出追索抚养费的诉讼。人民法院应根据子女的需要和父母的抚养能力，通过调解或判决，确定抚养费的数额、给付的期限和方法。对拒不履行抚养义务，恶意遗弃未成年子女已构成犯罪的，应根据我国刑法的有关规定追究刑事责任。

父母对子女有抚养教育的义务，同时子女对父母也有赡养扶助义务。赡养是指子女在物质上和经济上为父母提供必要的生活条件；扶助则是指子女对父母在精神上和生活上的关心、帮助和照料。父母抚养教育了子女，也为社会创造了财富，为民族培养了后代，他们理应得到社会和家庭的尊敬和照顾。我国《宪法》第45条规定，中华人民共和国公民在年老的情况下，有从国家和社会获得物质帮助的权利。根据该规定，老年职工可以按照国家的规定领取退休金，没有亲属供养的老人可以享受国家和集体提供的福利。《中华人民共和国老年人权益保障法》（以下简称《老年人权益保障法》）也规定：国家和社会应当采取措施，健全对老年人的社会保障制度，逐步改善保障老年人的生活、健康以及参与社会发展的条件。老年人有从国家和社会获得物质帮助的权利。但是，在我国发展的现阶段，赡养老人还是家庭的一项重要职能。国家和社会对老年人的物质帮助，还不能完全取代家庭在这方面的作用。子女对父母履行赡养扶助义务，是对家庭和社会应尽的责任。根据《宪法》第49条的规定，成年子女有赡养扶助父母的义务。《老年人权益保障法》第10条规定："老年人养老主要依靠家庭，家庭成员应当关心和照料老人。"

子女作为赡养人，应当履行对老年人经济上供养、生活上照料和精神上慰藉的义务，照顾老年人的特殊需要。儿子和女儿都有义务赡养父母，已婚妇女也有赡养其父母的义务和权利。根据《老年人权益保障法》的第11条的规定，赡养人的配偶应当协助赡养人履行赡养义务。一切有经济能力的子女，对丧失劳动能力，无法维持生活的父母，都应予以赡养。对不在一起生活的父母，应根据父母的实际生活需要和子女的负担能力，给付一定的赡养费用。赡养费用一般不低于子女本人或当地的普通生活水平，有两个以上子女的，可依据不同的经济条件，共同负担赡养费用。经济条件较好的子女应当自觉、主动地承担较大的责任。赡养人之间也可以就履行赡养义务签订协议，并征得老年人的同意。居民委员会、村民委员会或者赡养人所在单位监督协议的履行。

赡养人的义务具体还应表现为以下几个方面：一是应当妥善安排老年人的住房，不得强迫老年人迁居条件低劣的房屋。老年人自有的或者承租的住房，子女或者其他亲属不得侵占，不得擅自改变产权或者租赁关系。老年人的自有住房，赡养人有维修的义务。二是赡养人不得要求老年人承担力不能及的劳动。赡养人有义务耕种老年人承包的田地，照管老年人的林木和牲畜等，其收益归老年人所有。三是赡养人不得以放弃继承权或者其他理由，拒绝履行赡养义务。赡养人不履行赡养义务，老年人有要求赡养人付给赡养费的权利。老年人的婚姻自由受法律保护。子女或者其他亲属不得干涉老年人离婚、再婚及婚后生活。赡养人不得因老年人的婚姻变化而消除。子女不仅要赡养父母，而且要尊敬父母，关心父母，在家庭生活中的各方面给予扶助。当年老、体弱、病残时，更应妥善加以照顾，使他们在感情上得到慰藉，愉快地安度晚年。

如果子女不履行赡养义务，需要赡养的父母可以通过有关部门进行调解或者向人民法院提起诉讼。人民法院在处理赡养纠纷时，应当坚持保护老年人的合法权益的原则，通过调解或者判决使子女依法履行赡养义务。对负有赡养义务而拒绝赡养，情节恶劣构成遗弃罪的，应当承担刑事责任。

本条第4款特别规定了禁止溺婴、弃婴和其他残害婴儿的行为。溺婴不仅仅指父母用水溺杀自己的婴儿，父母杀死自己的婴儿的行为都属于溺婴，包括将婴儿用手扼死、用绳索勒死、活埋、闷死、饿死或冻死等行为。弃婴是指父母对自己的婴儿负有抚养义务而拒绝抚养的行为。溺婴和弃婴是有其深刻的社会根源的。在新中国成立以前漫长的历史时期，有些劳动人民因为生活窘迫，无力抚养子女而被迫溺婴或者弃婴。还由于存在着男尊女卑的制度和思想，在生育问题上重男轻女，因而溺、弃女婴较多。新中国成立后，随着社会条件的变化和婚姻法的贯彻执行，溺婴和弃婴的现象已大为减少，但并未完全绝迹。目前，仍有人出于传统偏见，为了想生男孩而溺、弃女婴，有的为了逃避抚养责任而抛弃患有先天性疾病、残疾的婴儿。认真贯彻婚姻法的这一规定，对于保护婴儿的生命、实行计划生育具有重要意义。

父母对子女的抚养是法定义务。除本法规定外，《未成年人保护法》第 8 条中也规定，父母不得虐待、遗弃未成年子女，不得歧视女性未成年人或者有残疾的未成年子女；禁止溺婴和弃婴。根据这些法律规定，父母对子女的抚养义务从子女出生之时开始，不论男婴、女婴，不论是否患有重病、是否有残疾，父母都有义务予以抚养，溺婴、弃婴和其他残害婴儿的行为应当承担法律责任。按照《刑法》第 232 条规定，溺婴属于杀人罪，应被判处三年以上十年以下的有期徒刑。弃婴构成遗弃罪的，按照《刑法》第 261 条规定，处五年以下有期徒刑、拘役或者管制。其他残害婴儿的行为，如属于虐待，构成犯罪的，按照《刑法》第 260 条规定，处二年以下有期徒刑、拘役或者管制，致使婴儿重伤、死亡的，处二年以上七年以下有期徒刑。

适用本条时，应当注意本条适用于婚生父母子女之间、非婚生父母子女之间、继父母子女之间、养父母子女之间的关系。

第二十二条　子女可以随父姓，可以随母姓。

法条释义：本条是关于子女姓氏的规定。

根据本条规定，子女可以随其父亲或母亲的姓。随父姓或随母姓，就是指以其父母的姓作为自己的姓氏，也就是说子女的姓氏与其父亲的姓或其母亲的姓相同。父母在子女出生后，可以协商以谁的姓作为子女的姓氏。如夫姓王，妻姓李，其子女可以姓王，也可以姓李。目前，我国多数子女随其父亲的姓。

同时有人认为，公民有决定自己姓名的权利，任何人无权干涉。由父母起名字，是对子女的自我命名权的否定。实际上，子女在出生时，无民事行为能力，父母确定子女的姓氏是父母行使亲权的体现。子女在成年后，可以通过姓名变更手续，由随父姓改为随母姓，或由随母姓改为随父姓。

非婚生子女，大多随母姓，也可以随生父的姓。继子女可以保留自己原来的姓，即其父或母再婚前使用的姓，也可以随后父或后母的姓。如果继子女已有辨别能力的话，应当尊重其自己的意见。如果继子女小时候，改随后父或后母的姓，其成年后，有权利改回其原来使用的姓。在收养关系下，随着收养关系的成立，养父母子女关系确立，作为身份关系的一种标志，养子女的姓氏应当发生相应的变化，以表明其身份关系的变化。因此收养成立后，养父母可以改变养子女的姓氏。根据《收养法》第 24 条规定，经当事人协商一致，养子女可以保留原姓。同时该条又规定，养子女可以随养父的姓，也可以随养母的姓，这与本条规定是一致的。

第二十三条　父母有保护和教育未成年子女的权利和义务。在未成年子女对国家、集体或他人造成损害时，父母有承担民事责任的义务。

法条释义：本条是关于父母保护教育未成年子女的权利和义务的规定。

一、未成年子女

在 1980 年制订婚姻法时，法律对"未成年子女"没有明确的界定。但在这之后，1986 通过的《民法通则》第 11 条第 1 款规定，十八周岁以上的公民是成年人。根据该规定，未满十八周岁的公民就是未成年人。1991 年通过的《未成年人保护法》第 2 条明确规定，未成年人指未满十八周岁的公民。根据这些法律规定，本条所称的未成年子女是指未满十八周岁的子女。

二、父母对其未成年子女有保护和教育的义务

《民法通则》第 16 条第 1 款规定，未成年人的父母是未成年人的监护人。对未成年子女的保护和教育是父母作为监护人的重要职责。

所谓的保护，是指父母应当保护其未成年子女的人身安全和合法权益，预防和排除来自外界的危害，使其未成年子女的身心处于安全状态。民法通则第十八条第一款规定了监护人的基本职责是："保护被监护人的人身、财产及其他合法权益，除为监护人的利益外，不得处理被监护人的财产。"

本条的"教育"侧重于管教的意思，是指父母要按照法律和道德要求，采取正确的方法，对其未成年子女进行教导，并对其行为进行必要的约束，其目的是为了保障未成年子女的身心健康。

三、父母对其未成年子女的保护和教育既是权利又是义务

父母对其子女的保护和教育是基于亲权和监护权上的权利。如对未成年子女生活进行照顾的权利，在管教子女过程中的惩戒权，当未成年子女被绑架时有要求交还的请求权，还有在未成年子女进行民事活动中的法定代理权。《民法通则》第 18 条规定，监护人依法行使监护的权利，受法律保护。

父母对未成年人的保护和教育也是法律规定的家庭义务。家庭是社会的细胞和窗口，是未成年人出生后的第一所启蒙学校，父母是未成年子女的第一任启蒙老师，未成年子女生活的主要环境就是家庭，所受到的最初教育就是父母的教育，父母的言传身

教，对未成年人的心理、个性、道德品质、理想、情操的形成，都起着非常重要的作用。而且父母一般是和其未成年子女生活在一起，照料他们的衣食住行，而未成年子女对其父母有着很大的依赖性，使父母便于了解他们的行为情况，便于掌握他们的心理和要求，有利于及时有针对性地进行教育。

　　基于上述原因，有些法律明确规定了父母对其未成年子女管教和保护的职责。如根据《未成年人保护法》第 3 条的规定，父母应当根据其能力，同国家、社会、学校一道对其未成年子女进行理想教育、文化教育、纪律和法制教育，进行爱国主义、集体主义和国际主义、共产主义的教育，培养爱祖国、爱人民、爱劳动、爱科学、爱社会主义的公德，反对资本主义的、封建主义和其他腐朽的思想侵蚀。该法第 10 条又规定，父母应当以健康的思想、品行和适当的方法教育其未成年子女，引导其未成年子女进行有益身心的活动，预防和制止未成年子女吸烟、酗酒、流浪以及聚赌、吸毒、卖淫等不良行为。又如《中华人民共和国预防未成年人犯罪法》（以下简称《预防未成年人犯罪法》）第 10 条规定，未成年人的父母对未成年人的法制教育负有直接责任。该法第 14 条规定："未成年人的父母或者其他监护人和学校应当教育未成年人不得有下列不良行为：（一）旷课、夜不归宿；（二）携带管制刀具；（三）打架斗殴、辱骂他人；（四）强行向他人索要财物；（五）偷窃、故意毁坏财物；（六）参与赌博或者变相赌博；（七）观看、收听色情、淫秽的音像制品、读物等；（八）进入法律、法规规定未成年人不适宜进入的营业性歌舞厅等场所；（九）其他严重违背社会公德的不良行为。"该法第 15 条规定，未成年人的父母或者其他监护人和学校应当教育未成年人不得吸烟、酗酒。任何经营场所不得向未成年人出售烟酒。该法第 19 条规定，未成年人的父母或者其他监护人，不得让不满十六周岁的未成年人脱离监护单独居住。该法第 20 条规定，未成年人的父母或者其他监护人对未成年人不得放任不管，不得迫使其离家出走，放弃监护职责。未成年人离家出走的，其父母或者其他监护人应当及时查找，或者向公安机关请求帮助。

这些法律也对父母未能履行监护职责的责任作了相应规定。如《民法通则》第 18 条中规定，监护人不履行监护职责或者侵害被监护人的合法权益的，应当承担责任。人民法院可以根据有关人员和有关单位的申请，撤销监护人的资格。再如《未成年人保护法》第 12 条规定，父母或者其他监护人不履行监护职责或者侵害被监护的未成年人的合法权益的，应当依法承担责任。如父母或者其他监护人不履行监护职责或者侵害被监护的未成年人的合法权益，经教育不改的，人民法院可以根据有关人员和有关单位的申请，撤销其监护人的资格，并根据民法通则的有关规定，另行确定监护人。又如《预防未成年人犯罪法》第 49 条规定，父母未能履行监护职责，放任其未成年子女的违法犯罪的不良行为的，由公安机关对未成年人父母予以训诫，责令其严加管教。该法第 50 条规定，父母让其不满十六周岁的未成年子女脱离监护单独居住的，由公安机关对未成年人父母予以训诫，责令其立即改正。

四、父和母都有权利和义务保护和教育其未成年子女

在新中国成立后，实现了男女平等，在家庭关系上，实行夫妻地位平等。在 1980 年制订婚姻法时，就明确规定了父母都有管教和保护其未成年子女的权利和义务。1992 年通过的《妇女权益保护法》第 45 条第 1 款也明确规定，父母双方对未成年子女享有平等的监护权。这次修改的婚姻法，同样肯定了上述的规定。

五、在未成年子女对国家、集体或他人造成损害时，父母有承担民事责任的义务

根据《民法通则》第 133 条的规定，未成年人造成他人损害

的，由父母承担民事责任。1980 年婚姻法只规定了父母承担经济赔偿的责任，2001 年修改婚姻法时，考虑经济赔偿责任有些窄，于是修改为"承担民事责任"。这样规定，不仅充分保护受害一方的合法权益，而且可以增强父母对其未成年子女管教的责任感。至于承担责任的条件、方法等，应当适用民法通则等法律规定。父母尽了监护责任的，可以适当减轻他的民事责任。如果未成年子女有自己的财产，造成他人损害时，从其本人财产中支付赔偿费用。不足部分，由其父母赔偿。

父母应当承担民事责任的主要方式是赔偿经济损失，除此之外，根据《民法通则》第 134 条的规定，还有以下几种方式：①责令其未成年子女停止侵害；②排除妨害；③消除危险；④返还财产；⑤恢复原状；⑥修理、重做、更换；⑦消除影响、恢复名誉；⑧赔礼道歉等。这些民事责任，可以单独适用，也可以合并适用。

第二十四条　夫妻有相互继承遗产的权利。

父母和子女有相互继承遗产的权利。

法条释义：本条是关于夫妻、父母子女之间有相互继承权的规定。

根据本条的规定，夫妻有相互继承遗产的平等权利，子女有继承父母遗产的平等权利，父母有继承子女遗产的平等权利。在同一亲等中，同一继承顺序中，不论是儿子，还是女儿，也不论是父亲，还是母亲，均有同等的继承权，不因性别的差异而有所区别。本条主要有以下几层含义：

一、继承、继承权与遗产

所谓的继承是指财产所有人死亡或者被宣告死亡之时起，按照法律规定将死者遗留下来的财产转移给他人所有的一种法律制度。死者遗留下来的财产和财产权利，称为遗产。遗留财产的死者，称为被继承人。继承遗产或者有权继承遗产的人称为继承人。继承人根据法律规定，取得遗产的权利，称为继承权。

在我国，继承权的主体是公民（自然人）。在本条里是指夫或妻、父母子女。根据《继承法》的规定，配偶、子女、父母同属第一继承顺序。同一顺序的继承人继承遗产的份额，一般应当均等。也就是说，配偶、子女、父母的继承权是平等的。但是在特殊情况下，同一顺序的继承人继承的份额也不是绝对均等的。如对生活有特殊困难又缺乏劳动能力的继承人，分配遗产时，应当受到照顾。对被继承人尽了主要抚养义务或者与被继承人共同生活的继承人，分配遗产时，可以多分。有抚养能力和有抚养条件的继承人，不尽抚养义务的，分配遗产时，应当不分或者少分。

继承权的客体是被继承人的遗产。遗产包括死者遗留下来的财产和财产权利。我国继承法所确立的继承制度，是单纯的财产继承制度，与以前封建社会中的宗祧继承制度根本不同。根据《继承法》的规定："遗产是公民死亡时遗留下来的个人合法财产，包括：（一）公民的收入；（二）公民的房屋、储蓄和生活用品；（三）公民的林木、牲畜和家禽；（四）公民的文物、图书资料；（五）法律允许公民所有的生产资料；（六）公民的著作权、专利权中的财产权利；（七）公民的其他合法财产。"如个人承包应得的收益。

二、夫妻有相互继承遗产的权利

夫妻互相享有继承权，是夫妻双方在婚姻关系、家庭关系中地位平等的一个重要标志。新中国成立后，1950年中华人民共和国颁布的婚姻法，确立了男女平等的原则，在继承问题上，彻底废除了以男子为中心的宗祧继承制度，在法律上赋予女子与男子同等的继承权。1985 年通过的《继承法》规定，"继承权男女平等"，配偶与子女、父母同为第一顺序的继承人。

　　夫妻间的继承权是基于婚姻的法律效力产生的，是以夫妻的人身关系为前提的。也就是说，只有具备合法婚姻关系的夫妻双方，才能以配偶身份继承对方的遗产。如双方属于婚外姘居的，如"包二奶"的情况下，双方就不享有相互继承权。在实践中还应当区分以下几种情况：①男女双方符合法定的结婚条件，并依法办理了结婚登记手续，但由于种种原因未同居生活。这种情况下，双方是合法婚姻关系，一方死亡时，生存的另一方仍可以以配偶身份继承对方的财产。②在现实生活中，男女双方依法办理了结婚登记手续，但尚未举办婚礼，这在法律上仍是合法的婚姻关系。如果这时候一方死亡，生存的另一方仍可以以配偶身份继承对方的财产。③双方的婚姻根据本法属于无效婚姻的，如重婚，一方死亡时，生存的另一方不享有继承权，不能以配偶的资格继承对方的财产。④双方婚姻根据本法属于可撤销婚姻的，如果婚姻未被撤销之前，一方死亡的，生存的另一方可以继承对方的财产。

　　夫或妻一方死亡时，继承开始，首先要确定哪些财产属于被继承人的遗产。被继承人的财产一般包括在夫妻共同财产中的份额以及其个人财产。共同财产主要是指除另有约定外夫妻在婚姻存续期间所得的财产，包括：工资、奖金；生产、经营的收益；知识产权的收益；继承或赠与所得的财产等。夫妻可约定其个人特有财产全部归共同所有或部分共同所有，这部分财产也属于共同财产。夫妻个人财产主要包括一方的婚前财产；因一方身体受到伤害获得的医疗费、残疾人生活补助费等费用；遗嘱或赠与合同中确定只归夫或妻一方的财产；一方专用的生活用品和其他应当归一方的财产。根据我国《继承法》的规定，在分割遗产时，夫妻在婚姻关系存续期间所得的共同所有的财产，除另有约定外，应当将共同所有的财产的一半分出为配偶所有，其余的为被继承人的遗产。也就是说，被继承人的个人财产、共同财产的一半为其所有遗产，如果丈夫生前没有立遗嘱，其生存的配偶与其他第一顺序的继承人，包括被继承人的子女、父母按照法定继承均分其遗产。

根据本条规定，夫妻一方死亡后，生存的另一方依法继承死者遗产后，就取得了该财产的所有权，有权根据自己的意愿和利益在法律允许的范围内占有、使用和处理该财产，如果再婚，有权带走或处分其继承的财产。对此《继承法》第 30 条明确规定，夫妻一方死亡后另一方再婚的，有权处分所继承的财产，任何人不得干涉。根据该规定，寡妇因再婚离开原家庭时，有权将其继承其亡夫的财产带走。

三、父母和子女间有相互继承权

根据本条的规定，子女可以继承其父母的遗产，父母可以继承其子女的遗产。也可以理解为，父母与子女之间相互有继承权。这种权利是以双方之间的身份为依据的。父母、子女都是被继承人的最近的直系血亲，他们之间有极为密切的人身关系和财产关系。根据《继承法》的规定，子女、父母都是第一顺序的继承人。

（一）父母

这里享有继承权的父母，包括生父母、养父母和有抚养关系的继父母。被继承人的父和母，继承其死亡子女的财产的权利是平等的。

亲生父母与子女之间的关系，是自然血亲关系。亲生父母有对其子女的继承权。父母之间的婚姻的离异和变化，不影响亲生父母与子女之间的关系，父母即使离婚，也可以继承其亲生子女的财产。如父母有抚养能力和抚养条件，但未尽抚养子女的义务，在分配子女的遗产时，应当不分或者少分。

养父母是指收养他人子女为自己子女的人。养父母与养子女虽不是己身所出的血亲，但基于收养关系的确立并对子女尽了抚养义务，是拟制血亲，与亲生父母处于同等的继承地位。养父母对养子女而言，只要他们之间的收养关系没有中断，权利义务依然存在。养父母离婚的，双方仍然对养子女进行抚养的，仍可以继承其养子女的财产。如果养父母离婚，养子女归一方抚养，未尽抚养义务的另一方不能继承养子女的财产。

继父母如果尽了抚养义务，与继子女之间产生一种特殊的拟制血亲。尽了抚养义务的继父母在继承上与亲生父母处于相同的法律地位。如果继父与生母离婚，继子女随生母生活，继父与继子女之间的抚养关系中断，继父与继子女之间的血亲关系消灭，继父不享有继子女的财产继承权。反之继母与生父离婚，继子女随生父生活，继母与继子女之间的抚养关系中断，继母与继子女之间的血亲关系消灭，继母不享有继子女的财产继承权。

（二）子女

享有继承权的子女，包括亲生子女、养子女和有抚养关系的继子女。

亲生子女包括婚生子女和非婚生子女。按照《继承法》第10条的规定，不论婚生子女、还是非婚生子女，都有同等的继承权。成年子女有赡养能力和赡养条件，但未尽赡养义务，在分配父母遗产时，应当不分或者少分。

养子女是指被收养的子女。收养他人子女为自己子女的人为养父母。收养关系一经确立，养子女取得与亲生子女同等的法律地位，同时养子女与生父母之间的权利义务关系消除。这样养子女可以继承养父母的财产，但不能继承其生父母的财产。如果抚养关系解除，养父母与养子女之间的抚养关系终断，原养子女就享有对生父母财产的继承权。

继子女是夫妻一方对另一方与其前夫或前妻所生子女而言。继子女与继父或继母之间形成了抚养和赡养关系，继子女对继父或继母的财产有继承权。如果继父与生母或继母与生父离婚，继父母不再抚养继子女，原继子女也不再赡养原继父母，原继子女不享有对原继父母财产的继承权。还有一点要注意，因为亲生父母子女之间的天然血亲关系不因父母离婚而消灭，因此，有抚养和赡养关系的继子女在继承继父母遗产的同时，仍然有权继承自己生父母的遗产。但是，如果有赡养能力和赡养条件的继子女对其生父或生母未尽赡养义务，在遗产分割上，就应当少分或不分。

作为继承人的子女，不论性别，不论已婚还是未婚，都平等地享有继承权。在我国现实生活中，特别是在广大农村地区，女儿出嫁后，由于一些重男轻女的封建思想，如女儿不能传宗接代，出嫁后，不能在娘家顶门立户等，存在着忽视或取消已婚女儿的继承权现象。按照本条和我国继承法的有关规定，这种做法是错误的。法律保护已婚女儿合法的继承权利。如果女儿出嫁后，赡养其父母的义务主要由她的兄弟们承担。在这种情况下，已婚女儿往往就不提继承父母财产的要求了，这可以看做是其放弃继承权。这种情况，既符合继承法中权利义务相一致的原则，也符合一般情况和不少地区的风俗习惯。

第二十五条 非婚生子女享有与婚生子女同等的权利，任何人不得加以危害和歧视。

不直接抚养非婚生子女的生父或生母，应当负担子女的生活费和教育费，直至子女能独立生活为止。

法条释义：本条是关于非婚生子女和父母权利和义务的规定。这次修改婚姻法对本条的规定进行了完善。

非婚生子女是指没有婚姻关系的男女所生的子女。非婚生子女主要包括以下几种情况：未婚男女或已婚男女与第三人发生性行为所生的子女、无效婚姻当事人所生子女以及妇女被强奸后所生的子女。非婚生子女在我国以前被俗称为"私生子"，具有一定歧视的含义。新中国成立以后，我国法律赋予非婚生子女与婚生子女相同的权利和义务，不仅在婚姻法中明确了非婚生子女的法律地位，而且在继承法中也对非婚生子女的继承问题作出了明确规定。

根据本条的规定，我国婚姻法对非婚生子女的保护主要有以下几个方面：

一、对非婚生子女不得歧视和危害

对于非婚生子女的歧视和危害主要有两方面：一方面是来自家庭内部的歧视和迫害。当非婚生子女的生母或生父与第三方结婚，非婚生子女一般也会随父亲或母亲来到新的家庭。由于非婚生子女的加入涉及到家庭财产的分割等若干利益冲突，非婚生子女往往受到新家庭成员的歧视和虐待。另一方面是来自社会各方面的歧视和迫害。虽然近些年来人们对非婚生子女的认识有了很大的改变，但仍然有一些人还是将对非婚生子女生父母行为的异议和鄙视，发泄在非婚生子女身上，致使一些非婚生子女的身心受到了极大的伤害。

二、非婚生子女的生父、生母都应当负担子女的生活费和教育费

2001年婚姻法修改之前，仅规定非婚生子女的生父应当负担其子女生活费和教育费的一部或全部。这主要是由于当时非婚生子女一般都是随生母生活，因此，法律上需要强调生父应当承担的责任。但是，近些年来，出现了一些非婚生子女随生父生活的情况，这就要求法律对这种情况作出规定，明确其生母在此情况

下应当承担的责任，否则，会造成非婚生子女父母双方法律地位的不平等，无法充分保障非婚生子女的健康成长。因此，婚姻法对此问题作出了修改，明确只要不与非婚生子女生活在一起，未直接抚养非婚生子女的，不论是生父还是生母，都应当负担子女的生活费和教育费，直到该子女独立生活时为止。如果不与非婚生子女生活在一起的一方拒绝履行该抚养义务的，那么，非婚生子女有权向人民法院起诉要求其承担相应的义务。

三、非婚生子女与生父母间有相互继承遗产的权利

我国《继承法》第10条规定："遗产按照下列顺序继承：第一顺序：配偶、子女、父母。第二顺序：兄弟姐妹、祖父母、外祖父母。继承开始后，由第一顺序继承人继承，第二顺序继承人不继承。没有第一顺序继承人继承的，由第二顺序继承人继承。本法所说的子女，包括婚生子女、非婚生子女、养子女和有扶养关系的继子女。本法所说的父母，包括生父母、养父母和有扶养关系的继父母。本法所说的兄弟姐妹，包括同父母的兄弟姐妹、同父异母或者同母异父的兄弟姐妹、养兄弟姐妹、有扶养关系的继兄弟姐妹。"继承法的这一规定，使我国的非婚生子女与婚生子女在继承时与婚生子女完全享有相同的权利和义务，使非婚生子女不会因为其出生问题受到不公平的待遇，在继承财产时不分或者少分。同样，在非婚生子女的父母继承非婚生子女的财产时，他们之间的权利和义务也完全等同于父母子女之间的权利和义务。

我国婚姻法对非婚生子女的准正和认领制度都没有作出规定，但在司法实践中对于生父母在子女出生后补办结婚登记的，一般该子女均视为是婚生子女。至于强制认领的情况，在司法实践中也出现过，一些非婚生子女的生母诉请人民法院通过亲子鉴定的方式来确认其子女的生父，以要求其生父承担相应的法律责任。随着科学技术的发展，目前亲子鉴定的准确率也越来越高，通过

鉴定证据确凿的，法院可以强制要求非婚生子女的生父按照法律的规定负担子女生活费和教育费的一部或全部，直至子女独立生活时为止。

第二十六条 国家保护合法的收养关系。养父母和养子女间的权利和义务，适用本法对父母子女关系的有关规定。

养子女和生父母间的权利和义务，因收养关系的成立而消除。

法条释义：本条是关于养父母和养子女之间权利和义务的规定。

收养是一方当事人领养他人的子女为自己的子女的行为，通过收养行为，收养人和被收养人之间形成了拟制的血亲关系。根据我国现行收养法的规定，合法收养关系的确立应当具备以下几方面条件：

一、收养关系各方当事人应当具备的条件

（一）收养人应当具备的条件

根据我国《收养法》的规定，收养人应当具备以下条件：

1. 无子女，既包括未婚无子女，也包括已婚因生理缺陷无子女或者尚未生育子女。

2. 有抚养教育被收养人的能力。主要是指收养人应当具备一定的抚养子女的经济能力和具有良好的品行。

3. 年满三十周岁。收养法修改之前，曾规定收养人必须满三十五周岁，这一规定比世界上许多国家规定的年龄都高。按照我国《婚姻法》规定的结婚年龄来计算，未生育子女的夫妻一般要等婚后十多年才能收养子女，因此，收养人需三十五岁的规定年龄偏高，不能满足人们收养子女的要求，也不利于对子女的抚养。

收养法修改后降低了收养人的年龄，将收养人的年龄从满三十五周岁改为满三十周岁，以更符合有抚养能力又愿意收养子女的公民的需要。

4. 无配偶的男性收养女性的，收养人与被收养人的年龄应当相差四十周岁以上。

5. 有配偶者收养子女，须夫妻双方同意。这主要因为对子女进行抚育是夫妻双方共同的义务，所以，夫妻双方应当达成协议才能收养，否则，一方收养另一方不接受的，既不利于被收养子女的健康成长，也不利于夫妻感情的和睦。

6. 收养三代以内同辈旁系血亲的规定。收养三代以内旁系血亲的条件比较宽松，主要体现在以下几方面：①父母无特殊困难，有抚养能力的也可以送养其子女。②无配偶的男性收养女性的，不受收养人与被收养人须相差四十周岁的限制。③被收养人可以为十四周岁以上的未成年人。此外，收养法对于华侨收养三代以内同辈旁系血亲的规定更为宽松，除了不受上面所列举的三项条件的限制外，还不受收养人须无子女的限制，即作为收养人的华侨即使有子女，且不止一个子女，也可以作为收养人。

7. 继父母收养继子女的规定。由于继子女和继父母很多情况下是在一起共同生活的，关系十分紧密，而通过收养关系的确立，可以使亲子关系单一化，有助于稳定家庭关系，为继子女的成长提供一个更为健康的生活环境。因此，对于继父母收养继子女的情况，收养法明确可以不受以下条件的限制：①继子女的生父母无特殊困难，有抚养能力的也可以送养；②继子女可以为十四周岁以上的未成年人；③继父母可以有子女；④继父母可以不满三十周岁；⑤继父母患有医学上认为不应当收养子女的疾病的不影响其收养继子女；⑥继父母可以收养两个以上的继子女。收养法修改之前，曾限制继父母只能收养一名继子女，但现实中经常会出现继子女不止一个的情况，为了尊重当事人的意愿，促进家庭的和睦，修改后的收养法放宽了条件，允许继父母收养一个以上的继子女。

（二）被收养人的条件

第一，不满十四周岁的未成年人。对被收养人的年龄进行限制，其目的是为了便于被收养人与收养人之间建立起亲子关系，以保障收养关系的稳定和发展；第二，孤儿、查找不到生父母的弃婴和儿童。由于年满十周岁以上的未成年人属于限制民事行为能力人，具备了一定判断事物的能力，因此，收养年满十周岁以上的未成年人的，应当征求被收养人的意见，由其自己判断是否愿意和他人建立起父母子女关系。

（三）送养人的条件

第一，孤儿的监护人。被收养人的父母死亡或均不具备完全民事行为能力时，其监护人可以作为送养人。根据我国《民法通则》的规定，孤儿或父母不具备完全民事行为能力的未成年人的监护人主要包括：孤儿的祖父母、外祖父母、兄、姐等近亲属以及与孤儿的父母亲关系密切的近亲属或者朋友。监护人送养孤儿的，须征得有抚养义务人的同意。有抚养义务的人不同意送养的，监护人不愿意继续履行监护职责的，应当依照我国《民法通则》的有关规定变更监护权。对于父母不具备完全民事行为能力的未成年人，考虑到其父母不能准确地表达自己的真实意思，未成年人又缺乏自我保护意识，因此，收养法明确规定，在这样的情况下，监护人不得将其监护的未成年人送养。同时，为了确实保护未成年人的合法利益不受侵犯，为其成长提供一个健康的空间，又作出了一项例外规定，即未成年人的父母对该未成年人有严重危害可能的情况下，比如，对该未成年人进行殴打、虐待等行为，使未成年人的健康和生命受到严重威胁的情况下，监护人可以不经其父母的同意将该未成年人送养。第二，社会福利机构。根据我国《未成年人保护法》的有关规定，我国社会福利院主要收容和抚养以下未成年人：①被遗弃的婴幼儿；②公安部门暂时无法查找其生父母或监护人的婴幼儿；③父母双亡，其他监护人又无力抚养的孤儿。因此，在收养人自愿收养社会福利院生活的孤儿、弃婴、残疾儿童时，只能由社会福利机构作为送养人。第三，有特殊困难无力抚养子女的生父母。抚养子女是法律明确规定父母应尽的义务，但是现实中可能由于天灾、人祸或者经济状况等原因，致使有的父母无法对自己的子女进行抚养。比如，有一母亲在其丈夫去世后独自带着两岁的女儿生活，但该母亲在一场车祸中不幸下肢瘫痪，生活无法自理。在这种情况下，为了其女儿更好地成长，应当允许该母亲将其女儿送养。因此，有特殊困难无力抚养子女的生父母也是可以作为送养人的。

二、收养的效力

收养的效力是指因收养行为所导致的法律后果。主要有以下几方面：第一，养父母以及近亲属与养子女之间产生拟制的直系血亲关系。根据《收养法》第23条的规定，自收养关系成立之日起，养父母与养子女的权利和义务关系，适用法律关于父母子女关系的规定，即收养人与被收养人之间形成法律拟制的直系血亲关系，养子女从此取得了与婚生子女完全相同的法律地位。根据我国《婚姻法》、《收养法》、《继承法》等有关法律的规定，养子女和养父母之间的权利和义务主要有：①养父母有抚养教育子女的义务，养子女有对父母赡养的义务；②养子女可以随父姓，也可以随母姓，经当事人协商一致，也可以保留原姓；③养父母有管教和保护未成年养子女的权利和义务；④养子女和养父母互为第一顺序的继承人。此外，养子女与养父母的近亲属之间也产生法律拟制的近亲属的关系，即子女与祖父母、外祖父母、孙子女、外孙子女、兄弟、姐妹之间的权利和义务同样对养子女也适用。比如，养子女与养祖父关系形成后，养子女即可以与其他兄弟姐妹一样，作为第二顺序的法定继承人，继承养祖父的财产。第二，养子女与生父母以及近亲属间的权利和义务关系消除。正如本条第2款的规定，随着养子女与养父母之间建立起拟制血亲关系，养子女与生父母及其他近亲属之间的权利和义务关系即行消除，也就是说，收养关系的建立，不仅使养子女与生父母之间的父母子女关系消除，而且其效力涉及养子女与其祖父母、外祖父母及兄弟姐妹关系的消除。之所以这样规定，主要是为了稳定收养关系，有利于养子女在新的生活环境中与养父母及其近亲属建立起和睦和亲密的家庭关系，也使各方当事人法律上的权利和义务更为明确。

三、收养关系的解除

收养关系的解除是指依法终止原有的亲属关系以及权利义务关系。收养解除的效力不仅及于养子女与养父母，而且也及于养子女与生父母以外的其他近亲属。根据《收养法》的规定，有以下情况之一的，当事人可以解除收养关系：①收养人、送养人双方协议解除收养关系的；②收养人不履行抚养义务，虐待、遗弃等侵犯未成年养子女合法权益行为的；③养父母与成年养子女关系恶化，无法共同生活的。解除收养关系时，当事人应当到民政部门办理解除收养关系的登记。收养关系解除后，养子女与养父母及其他近亲属的权利和义务关系即行消除，与生父母及其他近亲属间的权利和义务关系自行恢复，但成年养子女与生父母及其他近亲属间的权利和义务关系是否恢复，当事人可以协商确定。收养关系解除后，经养父母抚养的成年养子女，对丧失劳动能力又无生活来源的养父母，应当给付生活费。因养子女成年后虐待、遗弃养父母而解除收养关系的，养父母可以要求养子女补偿收养期间支出的生活费和教育费。

第二十七条 继父母与继子女间，不得虐待或歧视。

继父或继母和受其抚养教育的继子女间的权利和义务，适用本法对父母子女关系的有关规定。

法条释义:本条是对继父母与继子女权利义务的规定。

继子女通常是指夫或妻一方与前配偶所生的子女；继父母是指子女母亲或者父亲再婚的配偶。继父母和继子女的关系是由于生父母一方死亡，另一方带子女再婚后形成的。在通常情况下，继父母与继子女之间的关系属于姻亲范围，如果继父母与继子女形成抚养关系，或者继父母将继子女收养为养子女，他们才形成法律拟制直系血亲关系。

在现实中继父母与继子女的关系主要有三种类型：

一是纯粹的直系姻亲关系。指生父或生母与继母或继父再婚时，继子女已经独立生活，或者继子女虽未成年但是由其生父母抚养，继父母没有尽抚养的义务，继子女也没有对继父母尽到赡养的义务。

二是形成收养关系。继父或继母经继子女的生父同意，正式办理了收养手续，将继子女收养为养子女。随着收养关系的确立，该子女与其共同的生父或生母之间的关系仍为直系血亲，而与不在一起共同生活的生父或生母一方的父母子女关系随之消灭。

三是形成双重的权利和义务关系。即生父（母）与继母（父）再婚时，继子女尚未成年，他们随生父母一方与继父或者继母共同生活时，继父或继母对其承担了部分或者全部抚养义务；或者成年继子女事实上对继父母长期承担了赡养义务，形成了赡养关系。这些继子女和继父母实际上形成了收养和继养双重的权利和义务关系。关于继子女的问题，国外大多数国家都鼓励继父母收养继子女，并通过这种转化来调整继子女和继父母的法律关系。

我国《婚姻法》有关继父母继子女的规定，主要有以下几层含义：

首先，继父母和继子女之间不能相互虐待和歧视。目前一方面应当加大对继子女的保护力度，使他们不能因为父母婚姻状况的改变而受到不公正的待遇，另一方面也应当重视对继父母权利的保护，保障他们能老有所养。继父母和继子女之间不能相互虐待和歧视的条款，不仅适用于因生父母与继父母结婚而形成的单纯的姻亲关系，而且也包括已形成抚养关系的继父母与继子女。

其次，继父或继母和受其抚养教育的继子女之间的权利和义务，适用婚姻法父母子女关系的有关规定。该规定主要是指继父母与接受其抚养教育的继子女间事实上形成了抚养关系，即产生类似于拟制血亲关系的情况。但这种拟制血亲关系又和继父母收养继子女有所不同，它不以解除继子女与其生父母间的权利和义务关系为前提。根据本条的规定，继父或继母和受其抚养的继子女间的权利和义务，适用婚姻法对父母子女关系的有关规定，主要包括以下几层含义：①继父母对继子女有抚养和教育的义务。继父母不仅要保证继子女的生活所需，而且要保证继子女能接受正常的教育。对于不履行抚养义务的继父母，未成年的继子女或不能独立生活的继子女，有要求给付抚养费的权利。②继子女对继父母有赡养和扶助的义务。在通常情况下，受继父母抚养成人并独立生活的继子女，应当承担赡养继父母的义务。继子女不履行赡养义务时，无劳动能力的或生活困难的继父母，有要求继子女支付赡养费的权利。③继父母和继子女之间有相互继承财产的权利。我国《继承法》第 10 条规定："遗产按照下列顺序继承：第一顺序：配偶、子女、父母；第二顺序：兄弟姐妹、祖父母、外祖父母。……本法所说的子女，包括有婚生子女、非婚生子女、养子女和有抚养关系的继子女。本法所说的父母，包括生父母、养父母和有抚养关系的继父母。"我国最高人民法院也曾在 1985年《继承法意见》中规定，继子女继承继父母遗产的，不影响其继承生父母的遗产。继父母继承继子女遗产的，不影响其继承生子女的遗产。同时该意见还对已形成抚养关系的继子女的生子女或养子女作出了可以代位继承的规定。④继父母有教育保护未成年继子女的权利和义务。在未成年继子女对国家、集体或者他人造成损害时，继父母应当承担相应的民事责任。

那么，已形成抚养关系的继父母与继子女之间关系能否解除？婚姻法对此问题没有明确规定，但在司法实践中一般是按照以下原则来处理的：首先，在生父母与继父母的婚姻存续期间，对于尚未成年的继子女与继父母的关系，原则上不能解除。其次，如果继子女已经成年，并与继父母的关系恶化，经当事人请求，人民法院可以解除他们之间的权利和义务关系，但是对于已丧失劳动能力、生活困难的继父母，继子女仍有义务承担其生活费用。此外，生父母与继父母离婚的，可以解除已形成的抚养关系。我国最高人民法院 1993 年《关于人民法院审理离婚案件处理子女抚养问题的若干具体意见》中规定，生父与继母或生母与继父离婚时，对受其抚养教育的继子女，继父与继母不同意继续抚养的，仍应由生父母抚养。

第二十八条 有负担能力的祖父母、外祖父母，对于父母已经死亡或父母无力抚养的未成年的孙子女、外孙子女，有抚养的义务。

有负担能力的孙子女、外孙子女，对于子女已经死亡或子女无力赡养的祖父母、外祖父母，有赡养的义务。

法条释义：本条是对祖父母、外祖父母与孙子女、外孙子女之间权利和义务的规定。

这次修改婚姻法对隔代抚养和赡养的规定进行了补充和完善。

祖父母、外祖父母与孙子女和外孙子女是隔代的直系血亲关系，他们之间在具备法律条件的情况下，可以形成抚养和赡养关系。同样，对于父母已经死亡或者无力抚养的孙子女、外孙子女，社会福利院等机构也没有能力完全承担起抚养的义务。因此，隔代扶养可以说是我国在相当长的时间内将面临的一个问题，扶老育幼不仅是我们中华民族需要发扬光大的优良传统，而且也需要法律对此问题作出明确的规定。根据本条的规定，祖孙之间抚养或赡养关系的形成应当具备以下条件：

一、被抚养或赡养人的父母或子女死亡或者无抚养或赡养能力

主要是包括两种情况：①子女在未成年时父母双亡，或者父母丧失抚养能力；②子女在成年后死亡或者丧失扶养能力，无法赡养其父母。在第一种情况下，需要被抚养人的祖父母和外祖父母来承担抚养的义务；第二种情况则需要孙子女和外孙子女来承担赡养的义务。婚姻法修改之前，本条的规定仅限于"父母已经死亡"或者"子女已经死亡的"情况，这次修改婚姻法对此问题进行了调整，增加了"父母无力抚养"和"子女无力赡养"的规定，更加全面地涵盖和规范了现实中存在的隔代抚养和赡养的情况。

二、被抚养或赡养人确实有困难需要被抚养或赡养

祖孙之间扶养关系的形成必须建立在一方确实有困难的基础上，如果被扶养人有一定的经济收入或经济来源，完全能负担自身的生活所需，那么，就不能要求祖父母、外祖父母或者孙子女、外孙子女来承担其抚养或赡养义务。当然，作为一个文明古国，我国有着尊老爱幼的优良传统，如果祖孙之间完全基于亲情，在对方没有困难情况下仍愿承担一定的抚养或赡养义务，那么是一种值得发扬和提倡的美德。

三、承担抚养或赡养义务的人有一定的抚养或者赡养能力

如果具有法律意义上的抚养义务人没有一定的抚养能力，那么就不能再要求其承担相应的法律责任。

关于抚养或赡养的方式，我国婚姻法对此没有作出专门规定，只规定对不履行抚养或赡养义务的人，权利人有要求其履行义务的权利。实践中抚养或赡养的方式主要有以下两种，当事人可以根据自身的情况来选择：一是，共同生活抚养或赡养，即被抚养或赡养人与抚养或赡养义务人共同居住在一起，进行直接的抚养或赡养；二是，通过给付抚养或赡养费、探视、扶助等方式完成扶养义务。

抚养或赡养义务人在履行抚养或赡养义务时，往往需要和被抚养或赡养人就抚养或赡养义务的程序、抚养或赡养的具体方式等内容进行协商，达成对当事人均具有约束力的抚养或赡养协议。如果当事人之间达不成协议，那么，可以请求人民法院通过判决来确定权利和义务。

抚养或赡养协议达成后或者人民法院的判决生效后，当事人的经济和生活状况往往会出现一些新的变化，如果仍然要求当事人按照原有的抚养或赡养协议或者判决来执行，可能会使一方当事人利益受到损害，因此，当事人需要通过一定的途径来变更抚养或赡养权。所谓变更抚养或赡养权是指抚养或赡养义务人、抚养或赡养权利人以及抚养或赡养程序和方法的变更。在抚养或赡养当事人一方或双方在经济和生活状况发生变化时，抚养或赡养权利人和抚养或赡养义务人都有权要求变更原抚养或赡养协议或者有关抚养或赡养的判决。当事人首先可以在自愿、平等的基础上进行协商，协商不成时，可以向人民法院起诉，来重新确定双方的权利和义务。

第二十九条　有负担能力的兄、姐，对于父母已经死亡或父母无力抚养的未成年的弟、妹，有扶养的义务。由兄、姐扶养长大的有负担能力的弟、妹，对于缺乏劳动能力又缺乏生活来源的兄、姐，有扶养的义务。

法条释义：本条是关于兄弟姐妹间扶养的规定。这次修改婚姻法，对兄弟姐妹间的扶养关系作了补充规定。

一、兄弟姐妹间的扶养关系在法律规定上的发展变化

我国1950年婚姻法没有对兄弟姐妹间的扶养关系作出规定，但在实际生活中，兄、姐扶养教育弟、妹却是常见的现象。1980年的婚姻法，结合我国家庭成员间关系较为密切的实际，从爱小育幼的社会主义家庭关系的角度出发，将兄、姐在特定条件和特定情况下扶养弟、妹的内容纳入了法律的调整范围。1980年婚姻法第23条规定："有负担能力的兄、姐，对于父母已经死亡或父母无力抚养的未成年的弟、妹，有抚养的义务。"使有负担能力的兄、姐，对于父母已经死亡或父母无力抚养的未成年的弟、妹的扶养成为一项法定义务。此后，1984年最高人民法院《关于贯彻执行民事政策法律若干问题的意见》第26条作出解释："由兄、姐抚养长大的有负担能力的弟、妹，对丧失劳动能力、孤独无依的兄、姐，有扶养的义务。"根据这一司法解释，由兄、姐抚养长大的有负担能力的弟、妹，与丧失劳动能力、孤独无依的兄、姐间也产生了有条件的扶养义务。

在2001年修改婚姻法中，将弟、妹在特定条件和特定情况下负有扶养兄、姐的义务上升为法律内容，取得了各方面广泛的共识。有的常委委员在婚姻法审议中说，在现实生活中，许多兄、姐在扶养弟、妹时，节衣缩食、倾囊而助、全力以赴，有的甚至牺牲了个人的婚姻。而不少弟、妹长大后，生活很好了，对其兄、

姐却没有回报的意识。按照权利、义务对等原则，弟、妹理应回报尽了扶养义务的兄、姐。扶养不仅是物质方面的，也包括精神上的安慰和生活上的照顾。不要形成"兄姐照管弟妹小，弟妹不管兄姐老"的后果。

修改后的婚姻法把在实际生活中和司法实践中认为是可行的做法以法律形式加以规范，补充规定："由兄、姐扶养长大的有负担能力的弟、妹，对于缺乏劳动能力又缺乏生活来源的兄、姐，有扶养的义务。"这一规定肯定了尊老爱幼的社会主义家庭关系，符合我国历来近亲属关系密切、相互扶助的传统道德，体现了权利义务相一致的法律精神，使得未成年人能够健康成长，老年人生活有所保障。

二、形成兄弟姐妹间扶养义务的条件

（一）负有扶养义务的兄弟姐妹的范围

兄弟姐妹包括同胞兄弟姐妹、同父异母或同母异父兄弟姐妹、养兄弟姐妹和继兄弟姐妹。在一般情况下，兄弟姐妹应由他们的父母抚养，因而他们相互之间不发生扶养与被扶养的权利义务关系。但是在特定条件和特定情况下，兄、姐与弟、妹之间会产生有条件的扶养义务。当然，法律对兄弟姐妹间扶养义务的规定，主要是从同胞兄弟姐妹之间的关系来确定的，因为他们是血缘关系最密切的同辈旁系血亲。对于半血缘的同父异母或者同母异父兄弟姐妹，以及没有血缘关系的养兄弟姐妹和继兄弟姐妹，如果符合法律规定的条件和情形，其相互之间也将产生扶养与被扶养的权利义务关系。

（二）兄弟姐妹形成扶养义务的条件

兄、姐扶养弟、妹，或弟、妹扶养兄、姐不是必然发生的法定义务，而是有条件的。简而言之，就是应尽抚养或赡养义务的父母、子女或者配偶不能尽其抚养或赡养义务时，由有能力的兄弟姐妹来承担扶养义务。兄弟姐妹间的扶养义务是第二顺序的，具有递补性质。但兄弟姐妹间一旦形成扶养义务，那么该义务又是不可推卸的法定义务，义务人应当自觉履行。

1. 兄、姐扶养弟、妹需具备的条件。产生兄、姐对弟、妹的扶养义务，应当同时具备下述三个条件：

第一，弟、妹须为未成年人，即不满 18 周岁。如果弟、妹已经成年，虽无独立生活能力，兄、姐亦无法定扶养义务。

第二，父母已经死亡或者父母无力抚养。这里包含了两种情况：一是，父母均已经死亡，没有了父母这一第一顺序的抚养义务人。如果父母一方尚在且有抚养能力，仍应由尚在的父或母承担抚养义务。二是，父母均尚在或一方尚在但没有抚养能力，比如父母在意外事故中致残没有了劳动能力和生活来源，便产生了由有负担能力的兄、姐扶养弟、妹的义务。

第三，兄、姐有负担能力。在前述两项条件具备时，兄、姐对弟、妹的扶养义务并不必然发生，只有这项条件也具备时，即兄、姐有负担能力时，才产生扶养弟、妹的义务。

2. 弟、妹扶养兄、姐需具备的条件。产生弟、妹对兄、姐的扶养义务，亦应当具备下述三个条件：

第一，兄、姐缺乏劳动能力又缺乏生活来源。如果兄、姐虽缺乏劳动能力但并不缺少经济来源，比如受到他人经济上的捐助或自己有可供生活的积蓄的，则不产生弟、妹的扶养义务。同时，如果兄、姐虽缺少生活来源，但有劳动能力，兄、姐可通过自己的劳动换取生活来源，在此情况下，弟、妹亦无扶养兄、姐的义务。需要说明的是，婚姻法确立的这一条件与 1984 年最高人民法院的司法解释确定的条件有所差异。该司法解释规定的是兄、姐"丧失劳动能力、孤独无依"，婚姻法规定的是"缺乏劳动能力又缺乏生活来源"。首先，"缺乏劳动能力"比"丧失劳动能力"的范围要宽，这使兄、姐更容易获得被扶养的机会。其次，缺乏生活来源比孤独无依涵盖面更大。比如兄、姐的配偶尚在，很难说是"孤独无依"，而"缺乏生活来源"使得兄、姐的配偶尚在但缺少生活来源时，也能得到弟、妹的扶养。

第二，兄、姐没有第一顺序的扶养义务人，或第一顺序的扶养义务人没有扶养能力。比如兄、姐没有配偶、子女，或兄、姐的配偶、子女已经死亡或配偶、子女没有扶养能力。如果兄、姐的配偶尚在或有子女且有扶养能力，应由这些第一顺序的扶养义务人承担扶养义务。

第三，弟、妹由兄、姐扶养长大且有负担能力。这里包含两方面的因素：一是，弟、妹是由兄、姐扶养长大的，这表明在弟、妹未成年时，父母已经死亡或父母无抚养能力，兄、姐对弟、妹的成长尽了扶养义务。按照权利义务对等原则，弟、妹应承担兄、姐的扶养责任。二是，弟、妹有负担能力，若无负担能力则不负扶养义务。

第三十条　子女应当尊重父母的婚姻权利，不得干涉父母再婚以及婚后的生活。子女对父母的赡养义务，不因父母的婚姻关系变化而终止。

法条释义：本条是关于保障老年人婚姻权利的规定。这条规定是这次修改婚姻法新增加的内容。

一、保障老年人的婚姻自由是婚姻法的应有之义

《婚姻法》第2条规定的"婚姻自由"是我国婚姻制度中的首要内容。婚姻自由既包含了年轻人的结婚自由，也包括老年人的再婚自由，这一内涵本来是不言而喻的。然而现实生活中反映出的突出问题是，丧偶或者离异的老人不在少数，而老年人再婚是障碍多、麻烦大、难上难。因此需要在婚姻法中作出有针对性的

规定，进一步使"婚姻自由"在老年人婚姻问题上有具体的体现，以达到保障老年人再婚自由的目的。

现实生活中阻碍老年人再婚有以下三大障碍：

第一是世俗偏见的禁锢。一些人认为，老年人再婚是"老不正经"、"有伤风化"。这种偏见使老年人倍受压抑，动摇了老年人再婚的想法。

第二是老年人自身固有观念的束缚。有的老年人觉得自己再婚会低人一等，让人瞧不起。还有的老人受"终身守节"、"一女不二嫁"等封建残余的影响，放弃了再婚的念头。

第三是子女干涉。一些年轻人认为，父母再婚"有辱门风"，自己脸上无光；父母积攒的财产也会流落外人手里。因此为了自己的名声和财产利益，百般阻挠，想尽办法干涉父母的再婚自由，甚至用侮辱、威胁或者施以暴力来达到阻止父母再婚的目的。

由此可见，从法律上有针对性地强调保护老年人的婚姻自由，特别是再婚自由就显得尤为重要。在老年人再婚的问题上，除了消除世俗偏见，打消老年人自身不正确的固有观念这些无形的枷锁外，更重要的是防止子女对父母婚姻自由的阻挠和干涉，还老年人再婚自由的空间。对于老年人来说，仅有"老有所养"是不够的，还应该"老有所伴"、"老有所慰"。让再婚老人相互关怀照顾，共度幸福晚年，对国家、社会和家庭都有利。老年人再婚，应得到社会的认可和关注，得到子女的理解和支持。给老年人一个金色的晚年，这也是社会文明进步的需要和体现。

第四章　离　婚

第三十一条　男女双方自愿离婚的，准予离婚。双方必须到婚姻登记机关申请离婚。婚姻登记机关查明双方确实是自愿并对子女和财产问题已有适当处理时，发给离婚证。

法条释义:本条是关于协议离婚的规定。

所谓协议离婚，又称行政程序的离婚、登记离婚、合意离婚，是指夫妻双方自愿离婚，并对离婚后子女抚养、财产、债务等问题达成一致的处理意见，经过婚姻登记机关认可即可以解除婚姻关系的一种离婚方式。对此，《婚姻法》第31条规定双方自愿离婚的程序，双方应到婚姻登记机关申请离婚，履行必要的离婚登记手续。经过公权力的确认，发给离婚证，据此解除双方的婚姻法律关系，同时使各方当事人的有关权益获得保护。

一、登记离婚的条件

根据《婚姻法》31条以及《婚姻登记条例》的相关规定，当事人须具备以一下条件，婚姻登记机关准予离婚登记：

第一，双方当事人应当是合法登记的夫妻。离婚行为具有强烈的人身性，只能由具有夫妻身份的当事人本人进行，不能由他人代替。双方在民政机关办理过结婚登记，须持有结婚登记证明。双方如果是同居关系或事实婚姻关系，因其没有办理结婚登记，故需要到人民法院通过诉讼方式解决。按照《婚姻法解释（一）》第5条的规定，1994年2月1日以前，男女双方未办理结婚登记而以夫妻名义共同生活的，如双方已经符合结婚实质要件的，按事实婚姻处理。1994年2月1日后，双方符合结婚实质要件，应补办结婚登记，未补办的，按解除同居关系处理。

第二，双方当事人须具有民事行为能力。一方或者双方为限制民事行为能力或者无民事行为能力，例如一方为精神病患者，或被确认为无民事行为能力人。因离婚登记机关不能确定当事人离婚意愿的真实性，故无法受理其离婚申请。

第三，夫妻双方对离婚须达成合意。双方当事人对离婚的意愿必须是真实的、一致的，并明确表示自己同意离婚。一方不同意离婚或者一方采用欺骗、胁迫等手段达成的离婚协议，不予办理离婚登记。

第四，双方对子女抚养、财产及债务的处理已达成协议。协议的内容应包括离婚后子女的抚养权归属问题，子女的抚养费的负担及数额、给付方式，非直接抚养方对子女的探视方式，夫妻共同财产的分割、债务的清偿、离婚补偿及对生活困难一方的经济帮助。协议不得违背婚姻法基本原则的规定。如果对上述问题未能达成一致意见，双方只能通过诉讼手段解除婚姻关系。

二、登记离婚的程序

离婚登记与结婚登记一样，需要到婚姻登记管理机关办理登记手续，领取离婚证后，双方解除婚姻关系。登记离婚的程序可分为申请、审查、登记三个步骤。

（一）申请

按照《婚姻登记条例》的相关规定，申请离婚登记的双方必须同时到一方常驻户口所在地的婚姻登记机关申请，即一方或双方当事人的户口是本辖区内的常住户口。如果当事人户口所在地与现住址不一致，则只能到一方户口所在地办理协议离婚手续。男女双方是居住在国外的中国居民，如果结婚登记是在驻在国的中国使领馆办理的，双方可直接到该使领馆办理离婚登记，而不必回国办理。

当事人申请登记离婚时，应当向登记机关提交的证件和材料包括：①户口簿；②居民身份证；③结婚证；④离婚协议书。2003年10月1日起施行的《婚姻登记条例》简化了当事人办理离婚登记的手续，当事人无须提交所在单位、村民委员会或居民委员会出具的介绍信。办理离婚登记的香港居民、澳门居民、台湾居民、华侨、外国人应当出具的证件及证明材料：①本人结婚证；

②双方当事人共同签署的离婚协议书；③香港居民、澳门居民、台湾居民应当出具本人的有效通行证、身份证，华侨、外国人还应当出具本人的有效护照或者其他有效国际旅行证件。

（二）审查

婚姻登记管理机关对于当事人的离婚申请应当根据《婚姻法》及《婚姻登记条例》的相关规定，进行严格的审查。一方面，审查当事人是否符合登记离婚的法定条件，对当事人出具的证件、证明材料是否全面、真实进行审查，离婚协议书的内容有无虚假、欺骗情况，对于子女的抚养、共同财产的处理是否合法。另一方面，婚姻登记机关认为有不适当的，应当根据法律的规定帮助当事人进行调整，双方不能达成一致意见的，应建议双方通过诉讼离婚方式解决。

（三）登记

根据《婚姻登记条例》第13条的规定，婚姻登记机关对当事人出具的证件、证明材料进行严格审查后，对当事人确属自愿离婚，并已对子女抚养、财产、债务等问题达成一致处理意见的，应当当场予以登记，发给离婚证。离婚证是证明婚姻关系已经解除的具有法律效力的证明文件。登记离婚的当事人领取离婚证后，婚姻关系即解除。

第三十二条 男女一方要求离婚的，可由有关部门进行调解或直接向人民法院提出离婚诉讼。

人民法院审理离婚案件，应当进行调解；如感情确已破裂，调解无效，应准予离婚。

有下列情形之一，调解无效的，应准予离婚：

（一）重婚或有配偶者与他人同居的；

（二）实施家庭暴力或虐待、遗弃家庭成员的；

（三）有赌博、吸毒等恶习屡教不改的；

（四）因感情不和分居满二年的；

（五）其他导致夫妻感情破裂的情形。

一方被宣告失踪，另一方提出离婚诉讼的，应准予离婚。

法条释义：本条是关于诉讼外调解和诉讼离婚的规定。

一、诉讼外调解

诉讼外调解，其依据来源于本条规定的"男女一方要求离婚的，可由有关部门进行调解"。这种调解属于民间性质。"有关部门"在实践中一般是当事人所在单位、群众团体、基层调解组织等。由这些部门进行调解，符合当事人的非讼心理和社会生活中的传统习惯，易于当事人认可和接受。也由于调解人一般对当事人的情况比较了解，便于做好思想开导工作，缓解夫妻间的矛盾，有助于妥善、及时地化解离婚争议。

对于离婚纠纷，诉讼外调解并不是当事人要求离婚的必经程序，也不是诉讼前的必经程序。当事人可以直接向人民法院起诉，也可以在接受调解后随时退出调解。调解前不能"强拉硬拽"，调解中也不能"强加于人"。因此，经过调解可能会出现不同的结果：第一种是双方的矛盾得到化解，重归于好，继续保持婚姻关系；第二种是双方都同意离婚，在子女和财产问题上也达成一致意见，采用协议离婚的方式，到婚姻登记管理机关办理离婚登记手续；再一种是调解不成，一方坚持离婚，另一方则坚持相反意见，或者虽都同意离婚，但对子女、财产问题达不成协议，而需诉诸法院解决。

二、诉讼离婚程序问题

（一）诉讼离婚的法院管辖

依照我国《民事诉讼法》和《最高人民法院关于适用〈中华人民共和国民事诉讼法〉若干问题的意见》，当事人提起的离婚诉讼，原则上由被告住所地人民法院管辖。但在下述情况下，采用特殊的地域管辖：

1. 被告离开住所地超过一年的，由原告住所地人民法院管辖；双方离开住所地超过一年的，由被告经常居住地人民法院管辖，没有经常居住地的由原告起诉时居住地的人民法院管辖。

2. 被告下落不明或者宣告失踪的，由原告住所地人民法院管辖；原告住所地与经常居住地不一致的，由原告经常居住地人民法院管辖。

3. 被告被劳动教养或者被监禁的，由原告住所地人民法院管辖；原告住所地与经常居住地不一致的，由原告经常居住地人民法院管辖。

4. 非军人对非文职军人提起离婚诉讼由原告住所地人民法院管辖；双方当事人都是军人的，由被告住所地或者被告所在的团级以上单位驻地的人民法院管辖。

5. 被告不在中华人民共和国领域内居住的，由原告住所地人民法院管辖；原告住所地与经常居住地不一致的，由原告经常居住地人民法院管辖。

6. 中国公民双方在国外但未定居，一方向人民法院起诉离婚的，由原告或者被告原住所地的人民法院管辖。

（二）诉讼中的调解和判决

1. 诉讼中的调解。本条规定，"人民法院审理离婚案件，应当进行调解"。这表明调解是人民法院审理离婚案件的必经程序。适用调解程序，其目的在于防止当事人草率离婚，以及在双方当事人不能和解时，有助于平和、妥善地处理离婚所涉及的方方面面的问题。在婚姻生活中，双方难免会有一些冲突和纠葛，有时逞一时之气，就会使矛盾扩大，冲突变得激烈，由此，一些尚未达到不能共同生活程度的婚姻当事人也要求离婚。由法院进行调解，可以促使双方当事人平息怨恨、减少敌对，对自己的婚姻状况和今后的生活进行充分的考虑，珍惜自己与配偶的婚姻关系。即使调解和好不成，双方还是坚持离婚的，也可以调解离婚。调解离婚有助于解决财产和子女问题，由此而达成的调解离婚协议，双方当事人一般都能自觉履行。当然，通过调解达成协议，必须当事人双方自愿，不得强迫；调解也不是无原则的，而应当本着合法的原则进行，调解协议的内容不得违反法律规定。

经过诉讼中的调解，会出现三种可能：第一种是双方互谅互让，重归于好。人民法院将调解和好协议的内容记入笔录，由双方当事人、审判人员、书记员签名或者盖章，协议的法律效力至此产生。第二种是双方达成全面的离婚协议，包括双方同意离婚，妥善安排子女今后的生活、合理分割财产等。人民法院应当按照协议的内容制作调解书。调解书应写明诉讼请求、案件的事实和调解结果，并由审判人员、书记员署名，加盖人民法院印章。离婚调解书经双方当事人签收后即具有法律效力。第三种是调解无效，包括双方就是否离婚或者子女抚养、财产分割等方面达不成协议，在这种情况下，离婚诉讼程序继续进行。

2. 判决。调解不能久调不决，对于调解无效的案件，人民法院应当依法判决。判决应当根据当事人的婚姻状况，判决准予离婚或者判决不准离婚。

一审判决离婚的，当事人在判决发生法律效力前不得另行结婚。当事人不服一审判决的，有权依法提出上诉。双方当事人在15天的上诉期内均不上诉的，判决书发生法律效力。第二审人民法院审理上诉案件可以进行调解。经调解双方达成协议的，自调解书送达时起原审判决即视为撤销。第二审人民法院作出的判决是终审判决。对于判决不准离婚或者调解和好的离婚案件，没有新情况、新理由，原告在 6 个月内又起诉的，人民法院不予受理。

（三）诉讼离婚的条件

在如何把握"感情确已破裂"的离婚尺度上，人民法院在审判实践中积累了不少经验。最高人民法院于 1989 年作出了《关于人民法院审理离婚案件如何认定夫妻感情确已破裂的若干意见》的司法解释，其中既有对感情是否确已破裂的综合分析方法，又有视为感情确已破裂的 14 种情形。

该意见指出：人民法院审理离婚案件，准予不准离婚应以夫妻感情是否确已破裂作为区分的界限。判断夫妻感情是否确已破裂，应当从婚姻基础、婚后感情、离婚原因、夫妻关系的现状和有无和好的可能等方面综合分析。

所谓婚姻基础，即双方在结婚时的感情状况，比如双方是以爱情为基础的婚姻，还是以金钱、地位、容貌为基础的结合；是自主自愿的自由婚姻，还是包办婚姻、买卖婚姻；是经过慎重了解的，还是草率结婚的。婚姻基础是否牢固，必然会对婚后生活、夫妻感情和离婚原因产生直接或间接的影响。

所谓婚后感情，即双方在婚后共同生活期间的感情状况，它是评价婚姻关系好与坏的基本尺度。当事人的道德品质、性格习惯、工作状况、经济合作、子女抚育、家务分担等等，都会不同程度地影响着夫妻感情。夫妻感情处于动态的变化之中，需要对其作历史的、全面的分析，既要考察过去，又要着眼于现在。

所谓离婚原因，即导致离婚的直接诱因，包括使夫妻感情发生变化的因素或事件，比如一方有赌博、吸毒等恶习或实施家庭暴力等。正确考量离婚原因与夫妻感情破裂的内在联系，对于判断夫妻感情是否破裂，是否具有和好可能有重要意义。

所谓夫妻关系的现状和有无和好可能，即双方发生离婚纠纷前后夫妻共同生活的实际状况，以及从当事人主观态度和客观状况看，是否有重归于好的可能性。在离婚纠纷发生的前后，夫妻关系会有不同程度的冲突和恶化，但感情是会因一定的主观和客观条件而发生转化的，在濒于破裂时恢复和好也不是没有可能的。因而需要对夫妻关系的现状有所分析，对其发展前景有所预见。

只有通过对上述几个相互联系的方面进行综合分析，才能作出实事求是的正确判断，为调解提供契机，为判决提供依据。

最高人民法院"若干意见"还规定，根据婚姻法的有关规定和审判实践经验，凡属下列情形之一的，视为夫妻感情确已破裂，一方坚决要求离婚，经调解无效，可依法判决准予离婚：①一方患有法定禁止结婚疾病的，或一方有生理缺陷，或其他原因不能发生性行为，且难以治愈的。②婚前缺乏了解，草率结婚，婚后未建立起夫妻感情，难以共同生活的。③婚前隐瞒了精神病，婚后经治不愈的，或者婚前知道对方患有精神病而与其结婚，或一方在夫妻共同生活期间患精神病，久治不愈。④一方欺骗对方，或者在结婚登记时弄虚作假，骗取结婚证的。⑤双方办理结婚登记后，未同居生活，无和好可能的。⑥包办、买卖婚姻，婚后一方随即提出离婚，或者虽共同生活多年，但确未建立起夫妻感情的。⑦因感情不和分居已满3年，确无和好可能的，或者经人民法院判决不准离婚后又分居满1年，互不履行夫妻义务的。⑧一方与他人通奸、非法同居，经教育仍无悔改表现，无过错一方起诉离婚，或者过错方起诉离婚，对方不同意离婚，经批评教育、处分，或在人民法院判决不准离婚后，过错方又起诉离婚，确无和好可能的。⑨一方重婚，对方提出离婚的。⑩一方好逸恶劳、有赌博等恶习，不履行家庭义务，屡教不改，夫妻难以共同生活的。⑪一方被依法判处长期徒刑，或其违法、犯罪行为严重伤害夫妻感情的。⑫一方下落不明满 2 年，对方起诉离婚，经公告查找确无下落的。⑬受对方的虐待、遗弃，或者受对方亲属虐待，或虐待对方亲属，经教育不改，另一方不谅解的。⑭因其他原因导致夫妻感情确已破裂的。

以上情形，有的属于一方当事人的过错，如一方重婚、非法同居；有的有悖于婚姻目的，如一方有生理缺陷、下落不明；有的属于根本未建立起夫妻感情的情形，如草率结婚；有的则成为导致夫妻感情破裂的诱因，如虐待、遗弃或有赌博等恶习；而有的则是夫妻感情不和的事实证明，如夫妻长期分居。

根据本条，离婚有以下情形：

第一，重婚或有配偶者与他人同居的。重婚是指有配偶者又与他人结婚的违法行为。其表现为法律上的重婚和事实上的重婚。前者是指有配偶又与他人登记结婚。后者是指有配偶者又与他人以夫妻名义同居生活。有配偶者与他人同居，也称姘居，是指有配偶的人与他人过着隐蔽的同居生活，不以夫妻名义，也无永久共同生活目的的行为。重婚和有配偶者与他人同居的行为，严重违反了我国一夫一妻制的婚姻制度，严重伤害夫妻感情，是导致离婚的情形之一。

因重婚而引发的离婚案件，会出现两种情况：一是一方重婚，合法婚姻的另一方起诉离婚的。对此，起诉方坚决要求离婚，调解无效的，应准予离婚。二是重婚一方起诉与原配偶离婚的。对此，如夫妻感情尚未破裂，原配偶坚持不离婚的，可不准予离婚。如果夫妻感情确已破裂，调解无效的，可准予离婚。

因姘居而产生的离婚纠纷，也会出现姘居一方的配偶起诉离婚和姘居一方起诉离婚两种情况，对此，人民法院也应以夫妻感情是否确已破裂为基准，决定准予或者不准予离婚。

在处理涉及重婚和姘居的离婚案件中，应当注意以下几点：①必须分清是非、明确责任。对于重婚的应当依法解除重婚关系，并依法给予刑事制裁；对于姘居的，必要时可以向有关单位提出给予党纪、政纪处分的司法建议。②不能以判决不准离婚作为惩罚重婚一方和姘居一方的手段，强制维持其名存实亡的夫妻关系。无论是无过错方还是有过错方提出离婚，都应以夫妻感情是否破裂作为是否准予离婚的准则。③准予离婚的，应当在子女和财产问题上照顾无过错方的利益，并应当支持无过错方的损害赔偿请求。

第二，实施家庭暴力或虐待、遗弃家庭成员的。家庭暴力和虐待，是指发生在家庭成员之间，以殴打、捆绑、残害身体、禁闭、冻饿、凌辱人格、精神恐吓、性暴虐等手段，对家庭成员从肉体上、精神上进行伤害、摧残、折磨的行为。遗弃是指对于需要扶养的家庭成员，负有扶养义务而拒绝扶养的行为。表现为经济上不供养，生活上不照顾，使被扶养人的正常生活不能维持，甚至生命和健康得不到保障。近年来，因家庭暴力、虐待和遗弃家庭成员而导致离婚的案件增多，甚至发生毁容、残肢、杀夫杀妻等恶性案件。

人民法院处理因家庭暴力或者虐待、遗弃家庭成员而导致的离婚案件，应当查明夫妻及其他家庭成员之间的感情状况，实施暴力、虐待和遗弃行为的事实和情节。如平时感情不好，实施上述行为是经常的、一贯的、恶劣的，已严重伤害了夫妻感情，调解无效的，应准予离婚。如果平时感情尚好，上述行为是一时而为之且情节不严重的，应当责其改过并着重进行调解，化解纠纷。

第三，有赌博、吸毒等恶习屡教不改的。因有赌博、吸毒以及酗酒等恶习而导致的离婚案件不在少数。沾染上这些恶习的人好逸恶劳，不务正业，不但不履行家庭义务，反而常常引发家庭暴力，消耗家庭的经济积蓄，使家庭的安宁、正常的生活难以为继。身染恶习，屡教不改，夫妻不堪同居生活。

对于这类案件，人民法院应当查明有赌博、吸毒、酗酒等行为一方的一贯表现和事实情况。对情节较轻，有真诚悔改表现，对方也能谅解的，应着眼于调解和好。对于恶习难改，一贯不履行家庭义务，夫妻感情难以重建，夫妻难以共同生活的，经调解无效，应准予离婚。

第四，因感情不和分居满二年的。夫妻因感情不和分居满二年，一般来说可以构成夫妻感情破裂的事实证明。"分居"是指夫妻间不再共同生活，不再互相履行夫妻义务，包括停止性生活，经济上不再合作，生活上不再互相关心、互相扶助等。具有分居二年的情形，说明夫妻关系已徒具形式，名存实亡。当事人以此事由诉请人民法院离婚的，如经调解无效，应准予当事人离婚。

适用此项规定，应注意以下问题：①分居的原因是由于夫妻感情不和，而不是因工作、学习等原因导致的两地分居，以及因住房问题造成的夫妻不能同室而居；②分居强调的是夫妻双方互不履行夫妻义务，而不是单方面的不履行家庭义务；③夫妻分居已满二年，但未造成夫妻感情确已破裂或经调解尚有和好可能的，则不能认为已具备准予离婚的条件；④夫妻分居与否、分居是否满二年，都不是当事人诉请离婚的必要条件。如果夫妻感情确已破裂，调解无效的，虽无分居事实或分居未满二年，也应依法准予离婚。

第五，其他导致夫妻感情破裂的情形。导致夫妻感情破裂的原因复杂多样，比如一方犯有强奸罪、奸淫幼女罪、侮辱妇女罪等罪行，严重伤害夫妻感情的。再比如一方婚后患严重的精神疾病，久治不愈，夫妻生活无法维持的。这些情形在婚姻法中难以逐一列举，人民法院应当本着保障离婚自由、防止轻率离婚的原则，根据婚姻法的立法精神和案件的具体情况，作出正确判定。

上述四种情形并非婚姻当事人诉讼离婚的必备条件。婚姻当事人在婚姻生活中，如无以上情况发生，但有其他因素导致夫妻感情破裂、调解无效的，人民法院亦应判决准予离婚。从另一方面讲，即使婚姻当事人间有上述情形发生，但未导致夫妻感情破裂，或虽给夫妻感情造成裂痕，但可以经过调解和好的，人民法院则不能判决解除婚姻关系。

该条第 4 款规定："一方被宣告失踪，另一方提出离婚诉讼的，应准予离婚。"

根据我国《民法通则》第 20 条规定和《民事诉讼法》第 168 条的规定，公民下落不明满二年的，即该人离开自己居住的地方，音讯杳无，已持续达到二年的，其配偶、父母、子女等利害关系人可以向下落不明的人住所地基层人民法院申请宣告他为失踪人。人民法院受理宣告失踪案件后，应当发出寻找下落不明人的公告，公告期间为三个月。公告期间届满，宣告失踪的事实如果得到确认，人民法院应当作出宣告失踪的判决。对夫妻一方被宣告失踪的，婚姻关系已名存实亡，另一方提出离婚请求的，人民法院即应判决准予离婚。

第三十三条　现役军人的配偶要求离婚，须得军人同意，但军人一方有重大过错的除外。

法条释义：本条是关于现役军人离婚的特别规定。

一、军人婚姻与婚姻自由

对军人婚姻实行特别保护并不违背婚姻自由的原则。实行婚姻自由，是我国婚姻法确立的一项基本原则。同时，由于军队担负的特殊任务和军人职业特点，国家对军人婚姻，又有一些特殊的法律规定和政策，它既体现在"现役军人配偶要求离婚，须得军人同意"，也体现在军人择偶必须遵守国家和军队的有关规定，军人配偶也享受国家和社会给予军婚家庭的优待和照顾。

二、立法现状

1984 年最高人民法院《关于贯彻执行民事政策法律若干问题的意见》中规定："现役军人的配偶提出离婚，应按婚姻法第二十六条规定进行审理。军人不同意离婚时，应教育原告珍惜与军人的夫妻关系，尽量调解和好或判决不准离婚。对夫妻感情已经破裂，经过做和好工作无效，确实不能继续维持夫妻关系的，应通过军人所在部队团以上的政治机关，做好军人的思想工作，准予离婚。"这一规定基本上也能解决因军人一方有重大过错准予离婚的问题。因此，这个司法解释是可行的，要求保留婚姻法保护军婚的规定，对该条内容不作补充、修改。

立法机关认为，对军婚予以特别保护是必要的，但是，对于军人一方有过错的，也应作相应的规定，以保护其配偶的合法权益。因此，根据有的常委委员和一些地方、部门、专家的意见，在"现役军人的配偶要求离婚，须得军人同意"之后增加规定"但军人一方有重大过错的除外"。

三、适用这一规定应注意的问题

（一）本条适用的主体

该条规定适用的主体是现役军人和现役军人的配偶。

1. 现役军人，指有军籍的人，包括在中国人民解放军服现役、具有军籍和军衔的军官、士兵。具体包括：

现役军官：被任命为排级以上职务或者初级以上专业技术职务，并授予相应军衔的现役军人。

军士长，专业军士：均属士官、志愿兵役制士兵。军士长是指被任命为基层行政或者专业技术领导管理职务的现役士兵。专业军士是指服现役满5年以上，自愿继续服现役，经批准担任专业技术工作的现役士兵。

军士、兵：在中国人民解放军被授予上士、中士、下士，以及上等兵、列兵军衔的义务兵役制士兵。他们中间的绝大多数由于年龄尚幼，不具备结婚的年龄条件，因此一般不适用本条的规定。

中国人民武装警察部队虽然不属于中国人民解放军的编制序列，但是在婚姻问题上仍按现役军人婚姻问题处理。

现役军人不包括：一是在军事单位中未取得军籍的职工；二是退役军人，包括复员军人、转业军人、退伍军人、离休军人以及退役的革命伤残军人；三是在地方担任某种军事职务的人员。如不属于军队编制的在武装部工作的干部、编入民兵组织或者经过登记的预备役士兵。

2. 现役军人的配偶，指同现役军人履行了结婚登记手续，并领取结婚证的非军人一方。也是本条的主体。

（二）不适用本条规定的两类军人离婚案件

1. 如果双方都是现役军人，则不是该条调整的对象。本条的立法意图，是以一定方式限制军人配偶的离婚请求实现权，从而对军人一方的意愿予以特别支持。如果双方都是现役军人，不管由谁首先提出离婚诉讼，若要适用本条的规定，则必然会妨害另一方军人的利益。这与该条特殊保护军人婚姻的立法意图不相符合。

2. 现役军人向非军人主动提出离婚的，不适用本条的规定，应按一般离婚纠纷处理。中国人民解放军总政治部于 1980 年发布了《关于军队贯彻执行〈中华人民共和国婚姻法〉的暂行规定》，该文件规定："现役军人提出离婚，应持严肃慎重的态度，要不违反法令，不败坏道德。申请离婚者须经所在单位团以上政治机关同意，并出具证明，方可到地方婚姻登记机关登记离婚，或向人民法院提出离婚诉讼。"

（三）现役军人的配偶提出离婚，现役军人不同意的处理

如果婚姻基础和婚后感情都比较好，人民法院应配合现役军

人所在单位对军人的配偶进行说服教育，劝其珍惜与军人的婚姻关系，正确对待婚姻问题，尽量调解和好或判决不予离婚。但是，如果感情确已破裂，确实无法继续维持夫妻关系，经调解无效，人民法院应当通过军人所在单位的政治机关，向军人做好工作，经其同意后，始得准予离婚。

·（四）需征得军人同意的例外情况

"但军人一方有重大过错的除外"，是针对"须得军人同意"而说。"须得军人同意"不是绝对的，如果夫妻感情破裂是由于军人一方的重大过错造成的，非军人配偶一方也可以提出离婚，但过错限定在"重大过错"而非一般的过错。哪些属于军人一方的"重大过错"，将由最高人民法院根据审判实践作出具体的司法解释。总之，处理涉及军人的离婚问题，有关部门必须慎重对待，从严掌握。

四、该条规定与离婚法定理由的关系

《婚姻法》第32条规定："如感情确已破裂，调解无效，应准予离婚。"这一规定的法律意义在于：夫妻感情是否确已破裂，是判决准予或不准予离婚的原则界限。法定离婚理由属于普通条款的范畴，这一原则界限，广泛适用于一般的离婚案件，人民法院应准确地区分和认定夫妻感情是否确已破裂，从而在调解无效的情况下，通过判决的形式决定是否准予离婚。而本条是只适用于"现役军人的配偶要求离婚"案件的特别条款。是从维护军队稳定的大局出发，作出的对军人婚姻的特殊保护的规定，依据"特别法优于普通法"的原则，在处理非军人要求与军人离婚的诉讼案件中，应首先适用本条的规定。

五、对于破坏军人婚姻的违法犯罪行为应给予坚决打击

现役军人的配偶提出离婚须得军人同意的规定，只是保护军

人婚姻的民事法律措施。如果此类纠纷是由于第三者破坏军婚造成并且构成犯罪的，应依法追究第三者的刑事责任。《刑法》规定："明知是现役军人的配偶而与之同居或者结婚的，处三年以下有期徒刑或拘役。利用职权、从属关系，以胁迫手段奸淫现役军人的妻子的，依照刑法的有关规定定罪处罚。"

第三十四条　女方在怀孕期间、分娩后一年内或中止妊娠后六个月内，男方不得提出离婚。女方提出离婚的，或人民法院认为确有必要受理男方离婚请求的，不在此限。

法条释义：本条是关于男方离婚请求权的限制性的规定。

为了照顾女方怀孕期间和分娩后一年内或中止妊娠后六个月内的特殊情况，保护胎儿、婴儿的健康、维护妇女的身心健康，上述限制是完全合理的。对女方怀孕期间、分娩后一年内或中止妊娠后六个月内，一方面胎儿或婴儿正处在发育阶段，正需要父母的合力抚育；另一方面妇女也需要身心的康复，如果此时男方提出离婚请求，对妇女的精神刺激过重，既影响妇女的身体健康，也不利于胎儿或婴儿的保育。在上述期间内禁止男方提出离婚，不仅出于事实上的需要，也是社会主义道德的要求。法律不仅要保护胎儿和婴儿，同时也要保护妇女。为了保护妇女和子女的正当利益，法律禁止男方在此时提出离婚请求是完全必要的。

这条规定限制的主体是男方，而不是女方；限制的是男方在一定期限内的起诉权，而不是否定和剥夺男方的起诉权，只是推迟了男方提出离婚的时间，并不涉及准予离婚与不准予离婚的实体性问题。也就是说，只是对男方离婚请求权暂时性的限制，超过法律规定的期限，不再适用此规定。但是，男方在此期间并不是绝对的没有离婚请求权，法律还有例外规定，即人民法院认为"确有必要"的，也可以根据具体情况受理男方的离婚请求。所谓

"确有必要"，一般是指比该条特别保护利益更为重要的利益需要关注的情形。"确有必要"受理男方离婚请求的案例是非常少的，哪些情形"确有必要"受理，由人民法院认定。

法律还规定了该条的另一种例外情形，即在此期间，女方提出离婚的，不受此规定的限制。女方自愿放弃法律对其的特殊保护，说明其本人对离婚已有思想准备，此时，不应加以限制，法院应根据实际情况判予离婚。

第三十五条　离婚后，男女双方自愿恢复夫妻关系的，必须到婚姻登记机关进行复婚登记。

法条释义：本条是关于复婚的规定。

复婚，是指离了婚的男女重新和好，再次登记结婚，恢复夫妻关系。

男女双方离婚后又自愿复婚，可以通过办理恢复结婚登记，重新恢复夫妻关系。复婚登记手续基本与结婚登记手续一致，男女双方应当亲自到一方户籍所在地的婚姻登记机关申请复婚登记。在办理复婚登记时，应提交原离婚证，以备婚姻登记机关审查。

婚姻登记机关按照结婚登记程序办理复婚登记。在办理复婚登记时，应当收回双方当事人的离婚证后，重新发给结婚证。收回离婚证的目的，是防止当事人重婚。对于复婚的当事人一般不再要求进行婚前健康检查。

现实生活中经常出现离婚后未办复婚手续双方又同居的现象，那么，这时的婚姻关系具有何种效力呢？我国《婚姻登记条例》第 14 条规定："离婚的男女双方自愿恢复夫妻关系的，应当到婚姻登记机关办理复婚登记。复婚登记适用本条例结婚登记的规定。"因此，对于离婚后，未办理恢复结婚的登记手续而又实行同居，可以说法律是不承认其婚姻效力的，这种同居将产生的法律后果包括：一是法律上不承认他们之间的关系是合法的婚姻关系。二是由于未办理复婚手续，相互之间没有继承对方遗产的权利和相互扶养的义务。

第三十六条　父母与子女间的关系，不因父母离婚而消除。离婚后，子女无论由父或母直接抚养，仍是父母双方的子女。

离婚后，父母对于子女仍有抚养和教育的权利和义务。

离婚后，哺乳期内的子女，以随哺乳的母亲抚养为原则。哺乳期后的子女，如双方因抚养问题发生争执不能达成协议时，由人民法院根据子女的权益和双方的具体情况判决。

法条释义：本条是关于离婚对父母子女关系的影响及离婚后的子女抚养的规定。

一、离婚后父母与子女关系

婚姻关系的解除，只是夫妻双方的基于婚姻而存在的人身关系和财产关系归于消灭，但父母与子女之间存有的血亲关系不因父母离婚而消除。为了子女的合法利益，不致因父母离婚而受到损害，该条第 1 款规定："父母与子女间的关系，不因父母离婚而消除。离婚后，子女无论由父或母直接抚养，仍是父母双方的子女。"这是离婚后父母子女身份关系在法律上的基本界定。

夫妻关系和父母子女关系是两种不同性质的关系。夫妻关系是男女两性基于自愿而结成的婚姻关系，可依法律程序而成立，亦可依法律行为而消除；而父母子女关系是基于出生事实而形成的自然血亲关系，不能人为解除。离婚后，子女无论随父母哪一方生活，仍是父母双方的子女，本法关于父母子女权利义务的规定仍然适用，不能因父母离婚而受到影响。

但拟制血亲所形成的父母子女关系，能否因父母离婚而解除呢?

(一)继父或继母与继子女的抚养关系

由于继父或继母与继子女没有血缘关系,因此,当继父(母)与生母(父)离婚时,继子女与继父母的关系应本着以下原则处理:①生父与继母或生母与继父离婚时,继父或继母对曾受其抚养教育的继子女,不同意继续抚养的,不能勉强,继子女与继父或继母的关系可自然解除。继父或继母愿意继续抚养继子女的,人民法院应予准许。②受继父或继母长期抚养、教育的继子女已成年的,继父或继母与继子女已经形成的身份关系和权利义务关系不能因离婚而自然解除;只有在继父或继母或继子女一方或双方提出解除继父母子女关系并符合法律规定的条件下,才可以解除。但由继父或继母养大成人的并独立生活的继子女,对于生活困难、无劳动能力的继父或继母晚年的生活费用应该继续承担。

(二)养父母与养子女的抚养关系

养父母与养子女之间的身份关系及其权利义务关系,不因养父母离婚必然解除。养父母离婚后,养子女无论由养父或养母抚养,仍是养父母双方的养子女。在特殊情况下,如养父母离婚时经生父母及有识别能力的养子女同意,双方自愿达成协议,未成年的养子女一方面可依法解除收养关系,由生父母抚养;另一方面可以变更收养关系,由养父或养母一方收养。但变更或解除必须符合《收养法》的要求,不得侵犯未成年养子女的合法权益。

二、关于离婚后子女的抚养归属

离婚虽然不能消除父母与子女之间的关系,但抚养方式却会因离婚而发生变化。即,由父母双方共同抚养子女变成由父或母一方直接抚养子女。但现实中,离婚时"争养"或"推养"子女抚养的纠纷比较多。有的夫或妻把子女作为命根子,非要抚养子女不可，并以此作为离婚的前提条件；有的则把抚养子女作为包袱或再婚的障碍，都不愿抚养，由此而闹得你死我活，甚至出现有的当事人把子女丢在法院里或留在双方的组织暂时代养等情况。为此，该条第2、3款规定："离婚后，父母对于子女仍有抚养和教育的权利和义务"。"离婚后，哺乳期内的子女，以随哺乳的母亲抚养为原则。哺乳期后的子女，如双方因抚养问题发生争执不能达成协议时，由人民法院根据子女的权益和双方的具体情况判决。"从有利于子女身心健康，保障子女的合法权益出发，结合父母双方的抚养能力和抚养条件等具体情况，结合审判实践，最高人民法院对此问题作了司法解释《关于人民法院审理离婚案件处理子女抚养问题的若干具体意见》，对离婚后的子女抚养问题作了具体规定。

（一）确定子女抚养总的原则

有利于子女身心健康，保障子女的合法权益，是贯穿于本法的基本原则，也是处理离婚后子女抚养归属问题的出发点，只有在此前提下，再结合父母双方的抚养能力和抚养条件等具体情况妥善解决。对离婚后的子女抚养问题要考虑以下几个方面情况：

1. 应考虑父母双方的个人素质、对子女的责任感、家庭环境、父母与子女的感情等因素。

2. 应考虑不能生育和再婚有困难的父或母的合理要求。

3. 在双方的各种条件都基本相同的情况下，原则上由经济能力较强的一方抚养。

4.10岁以上有识别能力的子女，无论随父还是随母，都应征求子女本人的意见。

（二）确定子女抚养的具体办法

1. 哺乳期内的子女的抚养。"离婚后，哺乳期内的子女，以随哺乳的母亲抚养为原则。"这是因为用母乳哺养，对婴儿的生长发育最为有利。从婴儿的生长发育的利益考虑，夫妻离婚后，凡是正处于用母乳喂养的子女，应依法由哺乳的母亲抚养。

但现实生活中，也有许多孩子出生后，是不用母乳喂养的。对于这样的情况，当夫妻离婚时，如何判定孩子的抚养归属？司法解释规定：两周岁以下的子女，一般随母亲生活。但母亲有下列情形之一的，也可随父亲生活：一是母亲患有久治不愈的传染性疾病或其他严重疾病，子女不宜与其共同生活的；二是母亲有抚养条件不尽抚养义务，而父亲要求子女随其生活的，并对子女健康成长没有不利影响的；三是因其他原因，子女确无法随母方生活的，如母亲的经济能力及生活环境对抚养子女明显不利的，或母亲的品行不端不利于子女成长的，或因违法犯罪被判服刑不可能抚养子女的等等。

2. 两周岁以上未成年子女的抚养。本条还规定："哺乳期后的子女，如双方因抚养问题发生争执不能达成协议时，由人民法院根据子女的权益和双方的具体情况判决。"夫妻离婚后，对两周岁以上的未成年子女，随父或随母生活，首先应由父母双方协议决定。因此，当父母双方对抚养未成年子女发生争议时，法院应当进行调解，尽可能争取当事人以协议方式解决。在当事人双方自愿、合法的前提下，协商决定：未成年子女由父方抚养，或随母方生活，或者在有利于保护子女利益的前提下，由父母双方轮流抚养，对上述几种抚养方式的解决，法院都是可以准许的。

如果当事人双方因子女抚养问题达不成协议时，法院应结合父母双方的抚养能力和抚养条件等具体情况，根据有利于子女健康成长的原则妥善地作出裁决。但应注意以下问题：对两周岁以上未成年的子女，父亲和母亲均要求随其生活，一方有下列情形之一的，可予优先考虑：①已做绝育手术或因其他原因丧失生育能力的；②子女随其生活时间较长，改变生活环境对子女健康成长明显不利的；③无其他子女，而另一方有其他子女的；④子女随其生活，对子女成长有利，而另一方患有久治不愈的传染性疾病或其他严重疾病，或者有其他不利于子女身心健康的情形，不宜与子女共同生活的。

3. 父母双方对十周岁以上的未成年子女随父或随母生活发生争执的，应考虑该子女的意见。

4. 父母双方抚养子女的条件基本相同，双方均要求子女与其共同生活，但子女单独随祖父母或外祖父母共同生活多年，且祖父母或外祖父母要求并且有能力帮助子女照顾孙子女或外孙子女的，可作为子女随父或母生活的优先条件予以考虑。

5. 在有利于保护子女利益的前提下，父母双方协议轮流抚养子女的，应予准许。父母双方可以协议子女随一方生活并由抚养方负担子女全部抚育费。但经查实，抚养方的抚养能力明显不能保障子女所需费用，影响子女健康成长的，对单方负担全部抚育费的请求，不予准许。

6. 子女抚养归属的变更。父母离婚后，在一定条件下，可以根据父母双方或子女的实际情况的变化，依法予以变更。抚养归属的变更，有两种形式：一是双方协议变更。父母双方协议变更子女抚养关系的，只要有利于子女身心健康和保障子女合法权益，则应予准予；二是一方要求变更。凡一方要求变更子女抚养关系的，有下列情形之一的，应予支持。①与子女共同生活的一方因患严重疾病或因伤残无力继续抚养子女的；②与子女共同生活的一方不尽抚养义务或有虐待子女行为，或其与子女共同生活对子女身心健康确有不利影响的；③十周岁以上未成年子女，愿随另一方生活，该方又有抚养能力的；④有其他正当理由需要变更的。父母双方协议变更子女抚养关系的，应予准许。另外，对于在离婚诉讼期间，双方均拒绝抚养子女的，可先行裁定暂由一方抚养。

应当注意的是：离婚后，一方要求变更子女抚养关系的，双方对此不能达成协议时，应另行起诉。这是因为：这一在新情况下提出的诉讼请求，不涉及原离婚案件的离婚问题和夫妻财产的处理问题，而是出现了处理原离婚案件之时不存在（或已解决）的子女抚养方面的新情况。因此，它不是原离婚案件诉讼程序的继续，也不是对原离婚案件子女抚养问题的判决、调解协议错误的纠正，所以，应当作为新的案件另行起诉。

第三十七条 离婚后，一方抚养的子女，另一方应负担必要的生活费和教育费的一部或全部，负担费用的多少和期限的长短，由双方协议；协议不成时，由人民法院判决。

关于子女生活费和教育费的协议或判决，不妨碍子女在必要时向父母任何一方提出超过协议或判决原定数额的合理要求。

法条释义：本条是关于离婚后子女抚养费负担的规定。

夫妻离婚后，父母与子女间的关系，不因父母离婚而消除，父母对于子女仍有抚养和教育的权利和义务。因此，离婚后的夫妻双方都有平等地负担子女生活费和教育费的经济责任。这是法律规定父母对未成年子女的抚养和抚育费负担的强制性的、无条件的、双方平等的义务，当事人都应当自觉遵照执行。至于其经济负担数额和期限等问题，应从子女的实际需要和父母双方所能负担的能力量力而定，合理解决。对于子女抚养费和教育费的具体负担问题，最高人民法院在《关于人民法院审理离婚案件处理子女抚养问题的若干具体意见》的司法解释中作了具体规定。

一、抚养费的范围

抚养费应当包括：生活费、教育费和医疗费等。子女无论由母亲还是由父亲抚养，另一方都应负担必要的抚养费。

二、抚养费给付的一般原则

抚养费如何给付应当首先由父母双方协议，或者经人民法院调解，当事人达成协议的，按照协议确定。但人民法院对于父母双方协议约定子女随一方生活并由抚养方负担子女全部抚育费的，应当进行审查。如经查实，抚养方的抚养能力明显不能保障子女所需费用，可能影响子女健康成长的应不予准许此项协议。现实中有的夫妻为了达成离婚的目的，有的为了争取子女由自己抚养，往往不惜在子女抚育费方面向对方作出让步。但是，父母承担子女的抚育费，这是父母的义务，是子女的权利。父母一方在子女抚育费问题上向另一方作出不适当让步，损害的是子女的合法权益。人民法院为保护子女的合法权益，对于此种损害子女合法权益的协议，自然不能准许。

离婚的夫妻对子女的抚养费数额达不成协议的，由法院判决，无论是协议还是判决，既要考虑子女的实际需要，也要考虑父或母给付的实际能力。至于实际需要的数额，一般应参照当地群众的生活水平，居住在城市的子女的抚养费，一般应比居住在农村的高一些。具体问题的解决，实践中应当掌握以下几个问题：

（一）抚养费的数额

子女抚养费的数额，可根据子女的实际需要、父母双方的负担能力和当地的实际生活水平确定。分两种情况：一是对于有固定收入的，抚养费一般可按其月总收入的一定比例给付。负担两个以上子女抚养费的，比例可适当提高。工资总额的计算，应当包括工资、较固定的奖金、岗位补贴等。二是对于无固定收入的，抚养费的数额可依据其当年总收入或其所处同行业的平均收入。如农民给付的抚养费的标准一般不低于当地平均水平。个体工商户、专业承包户、私营企业主的子女抚养费，应根据其经营状况和实际利润给付。对一方无经济收入或者下落不明的，可用其财物折抵子女抚养费。

（二）抚养费的给付方法

可依父母的职业情况而定，原则上应定期给付。通常，有工资收入的，应按月或定期给付现金，农民可按收益季度或年度给付现金、实物。有条件的也可以一次性给付，但对于一方要求一次性给付的要慎重处理，确有必要采取一次性给付的，要注意掌握条件。以下情况可以一次性给付：一是出国、出境人员；二是有能力一次性支付的个体工商户、专业承包户、私营企业业主等人员；三是下落不明的一方以财产折抵的；四是双方自愿、协商一致的。

（三）抚养费的给付期限

父母抚养费的给付截止到什么时间？是到孩子18岁成人为止呢，还是到子女独立生活？独立生活的界限如何掌握？我国《民法通则》规定："十八周岁以上的公民是成年人，具有完全民事行为能力，可以独立进行民事活动，是完全民事行为能力人。十六周岁以上不满十八周岁的公民，以自己的劳动收入为主要生活来源的，视为完全民事行为能力人。"《教育法》规定，国家、社会、家长必须为未成年人完成9年义务教育负有责任，至于9年以后的教育，父母就没有必然的义务支付学费。最高人民法院司法解释规定：第一，十六周岁以上不满十八周岁，以其劳动收入为主要生活来源，并能维持当地一般生活水平的，父母可停止给付抚养费；第二，尚未独立生活的成年子女有下列情形之一，父母又有给付能力的，仍应负担必要的抚养费：①丧失劳动能力或虽未完全丧失劳动能力，但其收入不足以维持生活的；②尚在校就读的；③确无独立生活能力和条件的。

法律对抚养费的给付期限不作硬性规定，实践中应根据具体情况个案处理。

（四）抚养费的变更

无论是登记离婚还是判决离婚，其给付子女抚养费的数额，一般是根据父母离婚的当时，子女所需的必要费用和给付者的经济能力而确定的。但随着社会经济的发展以及人的具体情况的不断变化，不仅每个人的经济状况有时会随着社会的变化而变化，而且，随着人们对物质生活要求的提高，以及消费水平的增长，子女在各方面的需求，使得原抚养费的数额也要随之有所变化。因此，法律赋予子女可根据实际情况向父母任何一方提出超过原定数额的要求，也就是抚养费数额在一定条件下是可以变更的。子女生活费和教育费无论是在协议离婚时达成的还是由法院判决的，都不妨碍子女在必要时向父母任何一方提出增加数额的合理要求。至于费用是否增加，增加多少，不能仅凭子女单方面的要求而确定，应经相应的程序予以解决。其程序可由子女与父母协议解决，协议不成的，可由法院依诉讼程序处理。

司法实践中，子女要求增加抚养费有下列情形之一，父或母有给付能力的，应予支持：①由于物价调整，原定抚养费数额不足以维持当地实际生活水平的；②因子女患病、上学，实际需要已超过原定数额的；③有其他正当理由应当增加的。

此外，还有减免父或母一方抚养费的情况，一般有两种：①抚养子女的父或母既有经济负担能力，又愿意独自承担全部抚养费；②给付义务的父或母因出现某种困难，确实无法或没有能力给付抚养费的，可以通过协议或判决，酌情减免给付数额。但减免是有条件的，一旦被减免方情况好转，有能力给予抚养费时，应依照原定数额给付。

需要说明的是，免除抚养费，只是就抚养费而言，其教育子女的其他义务是不能被免除的，另一方不得以减免抚养费为由，限制或剥夺另一方探望子女等权利。

变更抚养费，原则上限于子女提出或根据子女利益，由直接抚养子女的一方以子女的名义提出，但权利主体只能是子女。

第三十八条 离婚后，不直接抚养子女的父或母，有探望子女的权利，另一方有协助的义务。

行使探望权利的方式、时间由当事人协议；协议不成时，由人民法院判决。

父或母探望子女，不利于子女身心健康的，由人民法院依法中止探望的权利；中止的事由消失后，应当恢复探望的权利。

法条释义：本条是关于离婚后不直接抚养子女的父母一方探望子女权利的规定。

在法理上，探望子女的权利是亲权的一项内容，最早可溯至罗马法中的家长权。婚姻家庭法中的亲权是以主体间特定的亲属身份为发生依据的，父母婚姻关系的终结并不改变父母与子女的血缘身份关系。婚姻法第三十六条明确规定，父母与子女间的关系，不因父母离婚而消除。离婚后，子女无论由父或母直接抚养，仍是父母双方的子女。离婚后父母对于子女仍有抚养和教育的权利与义务。因此，在将监护权判给一方的情况下，法律赋予了不直接抚养子女的另一方以探望的权利。

在发生探望权利纠纷时，首要的救济方式是双方当事人的协商。双方不应囿于夫妻离异后的冲突纷争上，应从有利子女健康成长的角度出发，对探望的时间、探望的方式，探望期间双方对子女的安排等作出协商。当双方无法就诸上事宜达成一致时，尤其在享有监护权的一方无故拒绝不直接抚养子女的一方探望子女时，享有探望权的一方可依民事诉讼法的有关规定提起诉讼，请求人民法院作出判决。婚姻法修改征求意见中，有意见认为由人民法院对探望纠纷作出判决，在司法实践中难以执行。父母对子女的探望权利虽然在1980年婚姻法中虽没有明确规定，但是受法律保护。如果抚养子女的一方不允许非直接抚养子女的一方探望子女，非直接抚养子女的一方可以申请法院变更抚养关系。反对意见认为，享有监护权的一方不允许非直接抚养子女的一方探望子女并不能当然导致抚养关系的变更。如果说探望权的设立还兼顾了父母和子女双方权利的话，那么监护权判决则主要考虑了子女身心健康的发展和未成年人合法权益的保障，它强调的是父母的义务而非权利。如果享有探望权的一方无力抚养子女，或判其抚养子女存在不利于子女身心健康发展的情形，即使享有监护权的父母一方拒不履行协助义务令其不能探望子女，法院也不能当然判决抚养关系的变更，因为抚养关系变更的出发点不是父母权利的满足而是子女合法权益的保障。

需要说明的是，本法第48条规定对拒不执行有关扶养费、抚养费、赡养费、财产分割、遗产继承、探望子女等判决或裁定的，由人民法院依法强制执行。有关单位和个人应负协助执行的责任。这里涉及探望权判决或裁定的强制执行问题。根据《民事诉讼法》第224条的规定，发生法律效力的民事判决、裁定，以及刑事判决、裁定的财产部分，由第一审人民法院或者与第一审人民法院同级的被执行的财产所在地人民法院执行。《民事诉讼法》第252条规定，对判决、裁定和其他法律效力文书指定的行为，被执行人未按执行通知履行的，人民法院可以强制执行或者委托有关单位或者其他人完成，费用由被执行人承担。但是强制执行的标的不是子女的人身。

根据我国《民事诉讼法》第111条第6项的规定，诉讼参与人或者其他人拒不履行人民法院已经发生法律效力的判决裁定的，人民法院可以根据情节轻重予以罚款、拘留；构成犯罪的依法追究刑事责任。因此对无故拒绝一方探望子女的当事人，情节严重的，可以依照民事诉讼法以及其他法律的规定处罚。

本条第 3 款规定了对探望权的限制。父或母探望子女，不利于子女身心健康的，由人民法院依法中止探望的权利；中止的事由消失后，应当恢复探望的权利。不直接抚养子女的父母一方的探望权，只有在特殊的情况下才能被加以限制。这种特殊情况主要是指探望有可能不利于子女的身心健康。如父母一方患精神疾病、传染性疾病，有吸毒等行为或对子女有暴力行为、骚扰子女的行为等等。并且《预防未成年人犯罪法》第 14 条规定："未成年人的父母或者其他监护人和学校应当教育未成年人不得有下列不良行为：（一）旷课、夜不归宿；（二）携带管制刀具；（三）打架斗殴、辱骂他人；（四）强行向他人索要财物；（五）偷窃、故意毁坏财物；（六）参与赌博或者变相赌博；（七）观看、收听色情、淫秽的音像制品、读物等；（八）进入法律法规规定未成年人不适宜进入的营业性歌舞厅等场所；（九）其他严重违背社会公德的不良行为。"当一方以探望子女为由，教唆、胁迫、引诱未成年子女实施以上不良行为则足以构成不利于子女身心健康的要件，可由人民法院依法中止其探望的权利。当以上不利于子女身心健康的情形消除后，非直接抚养子女的一方原享有的探望权利应可恢复。对此本条第 3 款规定，中止的事由消失后，应当恢复探望的权利。无论是探望权利的中止或者恢复，都应有权利人的主张，具体程序由人民法院根据民事诉讼法的相关规定处理。

第三十九条 离婚时，夫妻的共同财产由双方协议处理；协议不成时，由人民法院根据财产的具体情况，照顾子女和女方权益的原则判决。

夫或妻在家庭土地承包经营中享有的权益等，应当依法予以保护。

法条释义：本条是有关离婚后夫妻共同财产分割的规定。

离婚时的财产分割是离婚所产生的法律后果之一。法律允许夫妻双方在离婚时就财产问题自行协商处理。对于未达成协议的由法院根据具体情况，照顾子女和女方权益的原则判决。此项规定的前提是夫妻共同财产的分割，不同的财产制下共同财产的范围不同，在分割时首先应对财产的性质作出界定。

一、共同财产的界定

根据《婚姻法》第19条的规定，夫妻可以对婚姻关系存续期间所得的财产以及婚前财产的归属作出约定——或为共同所有，或为分别所有，或部分共同所有，或部分各自所有。如果夫妻双方约定实行分别财产制，则财产归属较为明晰，发生纠纷时关键在于举证，当对个人财产还是夫妻共同财产难以确定时，主张权利的一方负有举证责任，当事人举不出有力证据，法院又无法查实的，一般按夫妻共同财产处理。如果夫妻双方未对婚姻关系存续期间所得的财产以及婚前财产作出约定，则除本法第18条规定的财产以外，为夫妻共同财产，按本条的规定进行分割。如果夫妻双方约定婚姻关系存续期间以及婚前财产均为夫妻共同财产，则离婚时可以分割的财产不仅包括婚后所得财产，还包括夫妻双方的个人婚前财产。如果夫妻双方对婚姻关系存续期间所得的财产以及婚前财产约定部分归各自所有部分归共同所有，在离婚分割财产时，首先要根据夫妻双方的约定界定个人财产和共同财产的范围，然后再对共同财产进行分割。

在对个人财产和共同财产划界时，最高人民法院1993年印发的《关于人民法院审理离婚案件处理财产分割问题的若干具体意见》中规定了以下几种特殊情况：①在婚姻关系存续期间，复员、转业军人所得的复员费、转业费，结婚时间十年以上的，应按夫妻共同财产分割。复员军人从部队带回的医药补助费和回乡生产补助费，应归本人所有。②夫妻分居两地分别管理、使用的婚后所得财产，应认定为夫妻共同财产。在分割财产时，各自分别管理、使用的财产归各自所有。双方所分财产相差悬殊的，差额部分由多得财产的一方以差额相当的财产抵偿另一方。③已登记结婚，尚未共同生活，一方或双方受赠的礼金、礼物应认定为夫妻共同财产，具体处理时，应考虑财产来源、数量等情况合理分割。各自出资购置、各自使用的财物，原则上归各自所有。④一方婚前个人所有的财产，婚后由双方共同使用、经营、管理的，房屋和其他价值较大的生产资料经过八年，贵重的生活资料经过四年可视为夫妻共同财产。并且婚前个人财产在婚后共同生活中自然毁损、消耗、灭失，离婚时一方要求以夫妻共同财产抵偿的，不予支持。可以看出，第一项、第四项都是典型的个人财产转化为夫妻共同财产的情形。需要说明的是以上为最高人民法院针对1980年婚姻法作出的司法解释，婚姻法修正案生效后，原有的司法解释若同新的法律条文相抵触，应作出相应调整。

二、分割共同财产应考虑的因素

在分清个人财产、夫妻共同财产的前提下，法院应根据财产的具体情况，照顾子女和女方权益的原则，公平公正地分割共同财产。原1980年婚姻法对此项规定的表述是照顾女方和子女的权益。在大多数情况下，夫妻离婚，家庭成员中未成年子女恐怕是不幸婚姻的最大受害者。因此婚姻法修改中特别强调了对子女权益的保障，将其作为分割夫妻共同财产时优先考虑的因素，将原条文中"女方权益"和"子女权益"的先后位置作了调换，修改为"协议不成时，由人民法院根据财产的具体情况，照顾子女和女方权益的原则判决"。

在分割夫妻共同财产时，是否要考虑照顾无过错方的利益呢？

最高人民法院 1993 印发的《关于人民法院审理离婚案件处理财产分割问题的若干意见》中规定，人民法院审理离婚案件对夫妻共同财产的处理，应坚持照顾无过错方的原则。但根据本法的规定，在夫妻共同财产分割时，法院考虑的因素仅是子女权益和女方权益，不涉及过错或无过错的因素。但为了体现公平，照顾无过错方的利益，本法第 46 条规定了离婚损害赔偿制度——有下列情形之一，导致离婚的，无过错方有权请求损害赔偿：①重婚的；②有配偶者与他人同居的；③实施家庭暴力的；④虐待、遗弃家庭成员的。离婚过错赔偿方式分为两类：一是在夫妻共同财产分割中，向无过错多分财产，这是当前审判实践的做法；二是在夫妻财产归各自所有，或共有财产不足以补偿的情况下，过错方以自己的财产向无过错方作出补偿。本法并未采取离婚时分割共同财产的过错原则，也就是说在共同财产分割中不考虑引起离婚的个人责任，而是采取离婚过错赔偿原则，无过错方有权请求赔偿损失。

三、不同性质财产的分割

审判实践在分割夫妻共同财产时，区分与生产经营相关的财产、房屋以及知识产权等不同类型财产而作不同处理，原则上作均等分割，但根据生产、生活的实际需要和财产来源等情况，具体处理时也可有所差别。

（一）与生产经营有关的财产

最高人民法院 1993 年《关于人民法院审理离婚案件处理财产分割问题若干具体意见》中规定：①一方以夫妻共同财产与他人合伙经营的，入伙的财产可分给一方所有，分得入伙财产的一方对另一方应给予相当于该财产一半价值的补偿。②属于夫妻共同财产的生产资料，可分给有经营条件和能力的一方。分得该生产资料的一方对另一方应给予相当于该财产一半价值的补偿。③对夫妻共同财产经营的当年无收益的养殖、种植业等，离婚时应从有利于发展生产、有利于经营管理考虑，予以合理分割或折价处理。以上司法解释是根据1980年婚姻法作出的，婚姻法经过修订后，其有关财产分割的规定若同新法的相关条文有抵触，应作出相应调整。当前在对与生产经营有关的财产进行分割时出现了比较棘手的新情况，涉及到股票、股权、股份乃至整个公司或企业的分割，由于涉及婚姻法和公司法、证券法的交叉，分割上存在一定的困难。有些法院的做法是，股票宜采取直接分割的方法，避免估价或折价带来的风险损失；股权或股份的分割，原则上应在不违反公司法的前提下采取折价补偿或转移一半股份或股权的方式均等分割；对于双方创办的企业，应尽量在保护债权人利益的前提下予以解决。

（二）关于房屋

房屋是大多数当事人在离婚时最有价值的财产，通常房屋是在婚姻存续期间取得并属于夫妻共同财产。在房屋分割中尤其要体现对妇女儿童权益的保护，尽量将房屋分割和子女抚养结合起来。《妇女权益保障法》第44条规定：国家保护离婚妇女的房屋所有权。夫妻共有的房屋，离婚时，分割住房由双方协议解决；协议不成的，由人民法院根据双方的具体情况，照顾子女和女方权益的原则判决。夫妻双方另有约定的除外。夫妻共同租用的房屋，离婚时，女方的住房应当按照照顾子女和女方权益的原则协议解决。夫妻居住男方单位的房屋，离婚时，女方无房居住的，男方有条件的应当帮助其解决。1996年最高人民法院印发了《关于审理离婚案件中公房使用、承租若干问题的解答》的通知，其中规定："夫妻共同居住的公房，具有下列情况的，离婚后双方均可承租：（一）婚前由一方承租的公房，婚姻关系存续5年以上的；（二）婚前一方承租的本单位的房屋，离婚时，双方均为本单位职工的；（三）一方婚前借款投资建房取得的公房承租权，婚后夫妻共同偿还借款的；（四）婚后一方或双方申请取得公房承租权的；（五）婚前一方承租的公房，婚后因该承租房屋拆迁而取得房屋承租权的；（六）夫妻双方单位投资联建或联合购置的共有房屋的；（七）一方将其承租的本单位的房屋，交回本单位或交给另一方单位后，另一方单位另给调换房屋的；（八）婚前双方均租有公房，婚后合并调换房屋的；（九）其他应当认定为夫妻双方均可承租的情形"。对夫妻双方均可承租的公房而由一方承租的，承租方对另一方可给予适当的经济补偿。夫妻双方均可承租的公房，如其面积较大能够隔开分室居住使用的，可由双方分别租住；对可以另调房屋分别租住或承租方给解决住房的，可予准许。离婚时，一方对另一方婚前承租的公房无权承租而解决住房确有困难的，人民法院可调解或判决其暂时居住，暂住期限一般不超过两年。暂住期间，暂住方应交纳与房屋租金等额的使用费及其他必要费用。离婚时，一方对另一方婚前承租的公房无权承租，另行租房经济上确有困难的，如承租公房一方确有负担能力，应给予一次性经济帮助。对夫妻共同出资而取得的"部分产权"的房屋，人民法院可参照上述意见予以妥善处理。但分得房屋"部分产权"的一方应按所得房屋产权的比例，依照离婚时当地政府有关部门公布的同类住房标准价，给予对方一半价值的补偿。夫妻双方均争房屋"部分产权"的，如双方同意或者双方经济、住房条件基本相同，可采取竞价方式解决。房改后，如何分割夫妻关系存续期间根据房改政策购买的房屋，各地做法不同，大致如下：①离婚双方对该房今后的市场价进行确认，一方得房，一方获取补偿；②双方都要房，可通过房屋置换公司置换、调剂；③一方要房，另一方不争，但双方对房屋当前的市场价不能达成一致，房屋暂不分割，先作为共同财产，待以后上市时再作分割；④竞价，由出价高的一方取得房屋，另一方取得一半价款等等。

（三）关于农村土地承包经营权

在农村，夫妻共同财产的分割主要涉及到房屋、承包的土地、果园等。《妇女权益保障法》第30条规定，农村划分责任田、口粮田等，以及批准宅基地，妇女与男子享有平等的权利，不得侵害妇女的合法权益。妇女结婚、离婚后，其责任田、口粮田和宅基地等，应当受到保障。农村地区，土地、果园大部分实行家庭联产承包责任制，每个家庭承包的面积是根据家庭人口按本村人均面积分配的，因此，女方在土地承包上同样享有承包经营权。但是中国的婚姻习俗多数是女方落户到男方，承包土地多数以男方为户主名义承包，双方一旦离婚，女方的承包经营权难以保障。因此本条第2款规定，夫或妻在家庭土地承包经营中享有的权益等，应当依法予以保护。

最后，在夫妻共同财产分割时，还需要说明一个问题，本法第47条规定："离婚时，一方隐藏、转移、变卖、毁损夫妻共同财产，或伪造债务企图侵占另一方财产的，分割夫妻共同财产时，对隐藏、转移、变卖、毁损夫妻共同财产或伪造债务的一方，可以少分或不分。离婚后，另一方发现有上述行为的，可以向人民法院提起诉讼，请求再次分割夫妻共同财产。人民法院对前款规定的妨害民事诉讼的行为，依照民事诉讼法的规定予以制裁"。这里要说明的是此项请求权的行使要受到诉讼时效的限制，即权利人自知道或应当知道权利被侵害时起计算，两年后再向人民法院提起诉讼则丧失胜诉权。

第四十条　夫妻书面约定婚姻关系存续期间所得的财产归各自所有，一方因抚育子女、照料老人、协助另一方工作等付出较多义务的，离婚时有权向另一方请求补偿，另一方应当予以补偿。

法条释义：本条是对分别财产制下承担较多家务劳动的一方在离婚时享有经济补偿的权利的规定。

本条的规定实质上是对家务劳动价值的认可，使经济地位较弱而承担较多家务劳动的一方（大多为女性）在离婚时享有经济上的补偿。

本条规定的前提之一是夫妻双方采取分别财产制，法定财产共同制和约定财产共同制下不存在补偿的问题。法定财产共同制下，除去个人特有财产外，大部分婚姻存续期间的财产归夫妻共同所有；约定财产共同制下夫妻共有财产的范围更广，经过约定后，夫妻的婚前财产和婚姻关系存续期间所得的财产，均归双方共同共有。对于共同共有财产，法院一般坚持均等分割的原则，同时特别注意保护妇女儿童的合法权益。妇女权益保障法明文规定：在婚姻、家庭共有财产关系中，不得侵害妇女依法享有的权益。妇女对依照法律规定的夫妻共同财产享有与其配偶平等的占有、使用、收益和处分的权利，不受双方收入状况的影响。总之，无论是在法定共同财产制下还是在约定的共同财产制下，一旦婚姻存续期间所得的大部分财产被归入夫妻共同财产而进行分割，法院会作出公平公正的判决，尤其注意维护家务劳动繁重而经济收入较少的妇女一方的权益。但是实行约定分别财产制后，情形就不同了，它可能会使经济弱势方的合法权益得不到保障。

在我国的婚姻法中，当事人的意思自治得到充分尊重。一个合法有效的夫妻财产约定排除法定的共同财产制而得到优先适用，法院不得不论财产的性质而一律均等分割。但是，当一方因抚养子女、照料老人、协助另一方工作等付出较多义务，并且因为诸上原因牺牲了自己的发展机会，导致自己在婚姻关系存续期间无经济收入，或者经济收入远低于另一方，当婚姻关系终结之时，她们的利益在分别财产制下就得不到有效的保障。正如前所述，由于婚姻家庭对社会的重要作用，使得法律会运用直接而明确的方法进行干预，以彰显正义、维护道德、发展文明。因此婚姻法在本条中规定夫妻书面约定婚姻关系存续期间财产归各自所有，一方因抚养子女、照料老人、协助另一方工作付出较多义务的，离婚时可以向另一方请求补偿。赋予对家庭付出较多义务而在经济上处于劣势的一方以独立的诉讼请求权，使其在婚姻关系终结时可向对方提出经济上的补偿。

需要指出的是本条的规定并非对约定分别财产制的否定或修正，它是法律根据权利义务对等的原则在个人权利同社会公平间取得的平衡。在分别财产制下，双方婚前婚后所得财产仍归各自所有，夫不再是家庭的家长，夫不承担扶养妻之责任，也不再与妻共享其个人所得或其个人财产。与之对应的是，抚养子女，从事家务等工作，是夫妻双方共同的义务。当一方为了双方共同的利益付出较多义务，在婚姻关系终结时，有权请求另一方给予补偿是不言自明的道理。

最后需要强调的是：第一，本条的适用范围仅为约定的分别财产制，婚后所得共同制或约定一般共同制下不存在此类补偿问题。第二，权利和义务应遵循对等的原则。只有在一方为婚姻共同体尽了较多义务，如抚养子女、照料老人、协助另一方工作的情况下才可向对方请求补偿。第三，此种补偿并非离婚分割共同财产时的考虑因素，而是一种独立的诉讼请求权。

第四十一条　离婚时，原为夫妻共同生活所负的债务，应当共同偿还。共同财产不足清偿的，或财产归各自所有的，由双方协议清偿；协议不成时，由人民法院判决。

法条释义：本条是有关离婚时夫妻债务清偿责任的规定。

婚姻关系终结时，夫妻债务清偿应遵循的原则是共同债务以共同财产清偿，个人债务以个人财产偿还。这就涉及到共同债务和个人债务的界定问题，不同的财产制度有不同的划分。无论是约定共同制或法定共同制，原则上为夫妻共同生活所欠的债务，无论是否为夫妻共同所为，他方是否认可，均应推定为共同债务。对于非共同生活所负债务，凡经双方事先认可者，也应由双方共同清偿。凡为个人需要而支付的费用或负担债务，应由本人以其个人财产清偿，他方无代偿义务。若夫妻间实行完全分别财产制，在没有共同财产的情况下，为夫妻共同生活所负债务应由双方协议清偿，协议不成时，由法院参照共同财产制下的同类问题处理。

什么是夫妻共同生活所负债务呢？最高人民法院《关于人民法院审理离婚案件处理财产分割问题的若干具体意见》中规定，夫妻为共同生活或为履行抚养、赡养义务等所负债务，应认定为夫妻共同债务，离婚时应以夫妻共同财产清偿。婚前一方借款购置的房屋等财物已转化为夫妻共同财产的，为购置财物借款所负债务，视为夫妻共同债务。个人债务又包括哪些呢？最高人民法院在上述意见中又明确，下列债务不能认定为夫妻共同债务，应由一方以个人财产清偿：①夫妻双方约定由个人负担的债务，但以逃避债务为目的的除外；②一方未经对方同意，擅自资助与其没有抚养义务的亲朋所负的债务；③一方未经对方同意，独自筹资从事经营活动，其收入确未用于共同生活所负的债务。审判实践中对夫妻关系存续期间一方从事合法经营造成亏损或双方从事非法经营造成亏损，或者虽由一方进行非法经营，但另一方明知而不反对的债务，一律作为夫妻共同债务加以认定，但对一方从事非法经营，配偶的另一方并不知情或事先已明确表示反对的债务，一般认定为个人债务；④其他应由个人承担的债务。由此看来，债务清偿遵循权利义务对等的原则，当所支付的费用或所负债务为共同生活所需时，即使不是双方共同所为，或是未经他方同意，他方也要负清偿责任。如一方未经另一方同意而去商店购买生活必需品，或带孩子去看病，或向双方应尽赡养义务的老人支付赡养费等等，另一方有负担清偿的义务。又如夫妻一方婚前以自己的名义贷款购房，婚后房屋由双方共同居住且为夫妻共同财产，则双方对房款有共同偿还之责任。

一方非为共同生活所需而负担的债务，原则上应由其个人财产偿还。除去最高人民法院《关于人民法院审理离婚案件处理财产分割问题的若干具体意见》中列出的几项有关个人债务的认定外，我们还应结合本法第18条的个人特有财产作一下分析。根据本法第18条的规定：①一方的婚前财产为夫妻一方的财产；同理，对于配偶一方婚前的债务，他方无清偿义务。②遗嘱或赠与合同中确定只归夫或妻一方的财产为一方个人财产；那么附随这份遗嘱或赠与合同而来的债务也应由接受遗嘱或赠与的一方单独承担，他方无清偿责任。③审判实践中一般将一方因个人不合理的开支，如赌博、吸毒、酗酒所负债务，或夫妻分居期间所负的债务认定为个人债务。

第四十二条 离婚时，如一方生活困难，另一方应从其住房等个人财产中给予适当帮助。具体办法由双方协议；协议不成时，由人民法院判决。

法条释义：本条是有关离婚后，一方对生活困难的另一方给予适当经济帮助的规定。

婚姻关系存续期间，夫妻双方有互相扶养的义务，一方不履行扶养义务时，需要扶养的一方有要求对方付给扶养费的权利。婚姻关系终结后，仍要求一方对生活困难的另一方从其个人财产中给予适当的帮助，实质是夫妻间扶养义务的延续。在传统的普通法制度中，结婚后，妻子在法律上的权利能力被剥夺而转移至丈夫身上，作为交换，丈夫有扶养和保护妻子的义务，妻子具有

从事家务劳动以及为丈夫提供服务的义务。婚姻关系终结时，丈
夫仍要对妻子尽扶养义务，这源于早期的普通法在离婚问题上采
用过错原则，即离婚是由于一方违反了法律列举的异乎寻常的婚
姻错误，是对无过错方的法律救济，因此，妻子要求丈夫继续给
付扶养费的条件是离婚是由丈夫的过错所致，且妻子为无过错一
方。现代普通法国家多采用无过错离婚原则，扶养费的过错作用
已经降低，是否给付扶养费考虑最多的不再是给付方的过错，而
是接受方的需要和给付方的支付能力。在婚姻关系终结时，除去
财产分割外，给予生活困难的一方以金钱或财物的帮助，是对前
配偶一方的扶助或资助。现代的配偶扶养是双向的，丈夫在妻子
生活困难时有帮助的义务，妻子在丈夫需要时同样也有给付的义
务，但实际上由于妇女的经济能力大多低于男性，尤其在农村，
这种差距更为明显，因此离婚时要求对方给予帮助的女性比例要
远远大于男性。

　　当一个婚姻关系终结时（无论是协议离婚还是法院判决离
婚），婚姻关系一经解除，丈夫和妻子在法律上相互扶助的权利义
务已经消灭，双方没有互相扶养的义务，也没有共享婚姻财产的
权利，除去可能因子女抚养而涉及子女生活费、教育费的给付以
及探望权利的行使外，双方在法律上已无任何特殊的联系。但是，
法律却规定在一方生活困难的情况下，另一方应从其住房等个人
财产中对另一方给予适当帮助，要求原本不承担义务的一方负担
义务，原因何在呢？当一对男女结为合法夫妻，法律推定双方建
立了一种相互信赖相互扶助的特殊社会关系，夫妻关系存续期间，
双方都为维持这个婚姻共同体作了努力，这其中包括个人的自我
损失和自我牺牲；当婚姻关系终结时，若一方生活困难，法律则
要求另一方尽到扶助的责任，将道德上的义务上升为法律，因为
我们不能排除一方的生活困难可能是为了家庭利益而放弃个人发
展机会所造成的。当然在这种情况下，若双方书面约定财产归各

自所有，离婚时，为家庭付出较多义务的一方可请求另一方给予补偿。但是这和本条的内容有很大区别：首先，补偿适用于分别财产制下；其次，只有当一方对婚姻承担了较多义务时，才有权提请。而本条适用条件则不同：第一，它不限定于某类特定的财产制；第二，是否对婚姻共同体尽了较多义务，也不是提出请求的必要条件，只要在离婚时存在生活困难的情况，均可向对方请求经济帮助。

当然，本条只是原则性规定，法院在判决时，还应考虑到以下几个问题：①生活困难的界定：一般认为若一方离婚后分得的财产不足以维持其合理的生活需要，或者不能通过从事适当的工作维持其生活需要等，均可认为是生活困难的体现；②给予帮助的方式，法院应考虑双方的收入和财产，双方就业能力、子女抚养，婚姻期间的生活水平等等因素，合理确定扶助的数额和方式；③需要说明一点的是，婚姻关系中的过错不应在考虑之列，意味着有过错的一方若存在生活困难的情形，也可要求无过错方给予适当经济帮助。

第五章　救助措施与法律责任

第四十三条　实施家庭暴力或虐待家庭成员，受害人有权提出请求，居民委员会、村民委员会以及所在单位应当予以劝阻、调解。

对正在实施的家庭暴力，受害人有权提出请求，居民委员会、村民委员会应当予以劝阻；公安机关应当予以制止。

实施家庭暴力或虐待家庭成员，受害人提出请求的，公安机关应当依照治安管理处罚的法律规定予以行政处罚。

法条释义：本条是关于家庭暴力或虐待行为的受害人请求居民委员会、村民委员会以及所在单位和公安机关救助的规定。

近年来，我国家庭暴力问题在一些地方比较突出，因家庭暴力导致离婚和人身伤害案件增多。家庭暴力的直接受害者主要是妇女、儿童和老人，必须明确禁止并严厉打击家庭暴力，加强对受害者的保护和救助。

虐待具体是指以打骂、冻饿、捆绑、强迫超体力劳动、限制自由、凌辱人格等各种方法，从肉体、精神上迫害、折磨、摧残共同生活的家庭成员的行为。虐待行为区别于偶尔打骂或者偶尔的体罚行为的明显特点是，虐待行为往往是经常甚至一贯进行的，具有相对连续性。

对实施家庭暴力或虐待家庭成员的，受害人有权提出请求，居民委员会、村民委员会以及所在单位应当予以劝阻、调解。1990年施行的居民委员会组织法规定，居民委员会是居民自我管理、自我教育、自我服务的基层群众性自治组织。居民委员会的任务包括：①宣传宪法、法律、法规和国家的政策，维护居民的合法权益，教育居民履行依法应尽的义务，爱护公共财产，开展多种形式的社会主义精神文明建设活动；②办理本居住地区居民的公共事务和公益事业；③调解民间纠纷；④协助维护社会治安；⑤协助人民政府或者它的派出机关做好与居民利益有关的公共卫生、计划生育、优抚救济、青少年教育等项工作；⑥向人民政府或者它的派出机关反映居民的意见、要求和提出建议。1998年公布施行的村民委员会组织法规定，村民委员会是村民自我管理、自我教育、自我服务的基层群众性自治组织。村民委员会的任务包括办理本村的公共事务和公益事业，调解民间纠纷，协助维护社会治安，向人民政府反映村民的意见、要求和提出建议等。因此，居民或者村民如果遭受家庭暴力或者家庭成员的虐待，当然地可以向居民委员会或者村民委员会反映情况，要求帮助。居民委员会或者村民委员会也应当利用熟悉当事人生活情况的优势，尽力化解矛盾，排遣纠纷，保护受害人的权益，在职责和权限的范围内，充分履行法律规定的任务。

对正在实施的家庭暴力，受害人有权提出请求，居民委员会、村民委员会应当予以劝阻。对正在实施的家庭暴力，公安机关应当履行职责，予以制止。

实施家庭暴力或虐待家庭成员，受害人提出请求的，公安机关应当依照治安管理处罚的法律规定予以行政处罚。《治安管理处罚条例》第22条规定，虐待家庭成员属于侵犯他人人身权利行为，如果尚不够刑事处罚，处十五日以下拘留、二百元以下罚款或者警告，但前提是受虐待人要求处理。

第四十四条 对遗弃家庭成员，受害人有权提出请求，居民委员会、村民委员会以及所在单位应当予以劝阻、调解。

对遗弃家庭成员，受害人提出请求的，人民法院应当依法作出支付扶养费、抚养费、赡养费的判决。

法条释义：本条是关于遗弃行为的受害人请求居民委员会、村民委员会以及所在单位和人民法院救助的规定。

遗弃是指有抚养义务的人对年老、年幼、患病或者其他没有独立生活能力的人，拒绝抚养的行为。在婚姻法中，关于抚养义务有以下几方面的规定：

第一，夫妻有互相扶养的义务。一方不履行扶养义务时，需要扶养的一方，有要求对方付给扶养费的权利。

第二，父母对子女有抚养教育的义务；子女对父母有赡养扶助的义务。父母不履行抚养义务时，未成年的或不能独立生活的子女，有要求父母付给抚养费的权利。子女不履行赡养义务时，无劳动能力的或生活困难的父母，有要求子女付给赡养费的权利。

第三，有负担能力的祖父母、外祖父母，对于父母已经死亡或父母无力抚养的未成年的孙子女、外孙子女，有抚养的义务。

有负担能力的孙子女、外孙子女，对于子女已经死亡或子女无力赡养的祖父母、外祖父母，有赡养的义务。

第四，有负担能力的兄、姐，对于父母已经死亡或父母无力抚养的未成年的弟、妹，有扶养的义务。由兄、姐扶养长大的有负担能力的弟、妹，对于缺乏劳动能力又缺乏生活来源的兄、姐，有扶养的义务。

有抚养义务而拒绝履行抚养义务，就会使被抚养人得不到经济上的保障或者生活上的必要照顾和帮助，健康甚至生命受到威胁和损害。

第四十五条　对重婚的，对实施家庭暴力或虐待、遗弃家庭成员构成犯罪的，依法追究刑事责任。受害人可以依照刑事诉讼法的有关规定，向人民法院自诉；公安机关应当依法侦查，人民检察院应当依法提起公诉。

法条释义：本条是关于对重婚、家庭暴力、虐待和遗弃行为追究刑事责任的规定。

《刑法》对重婚罪及其处罚作了规定："有配偶而重婚的，或者明知他人有配偶而与之结婚的，处二年以下有期徒刑或者拘役。"刑法对于重婚罪具体规定了两种行为：一是"有配偶而重婚"，指已经结婚的男女双方，在婚姻关系存续期间，任何一方又与他人结婚；二是"明知他人有配偶而与之结婚"，是指没有配偶的人，明知他人有配偶而仍然与之结婚。重婚罪是故意犯罪，如果行为人受到欺骗，不知道对方已有配偶而与之结婚的，则不构成重婚罪。刑法和司法解释所规定的"结婚"，既包括骗取合法手续登记结婚，又包括虽未登记结婚，但以夫妻名义共同生活。只要是有配偶而又结婚，或者是明知他人有配偶而与之结婚的，无论是骗取合法手续登记结婚，还是未登记结婚，但以夫妻名义共同生活的，都构成重婚罪。

我国《刑法》规定："虐待家庭成员，情节恶劣的，处二年以下有期徒刑、拘役或者管制。"虐待家庭成员必须是情节恶劣的才能构成犯罪。"情节恶劣"是能否构成犯罪的重要界限，具体是指虐待的动机卑鄙、手段凶残；虐待年老、年幼、病残的家庭成员；或者长期虐待家庭成员屡教不改等等。刑法还规定，犯虐待罪，"致使被害人重伤、死亡的，处二年以上七年以下有期徒刑。""致使被害人重伤、死亡"是指被害人由于经常地受到虐待，身体和精神受到严重的损害，或者直接导致死亡，或者因不堪忍受而自杀。关于虐待罪，有一点要注意：根据刑法的规定，对于虐待罪，在没有致使被害人重伤、死亡的情况下，告诉的才处理。"告诉的才处理"，是指对于某些特定的犯罪，如这里所说的未致使被害人重伤、死亡的虐待犯罪，法律规定只能由被害人或者他的法定代理人向人民法院控告，由人民法院受理，如果被害人和他的法定代理人不告，则不予受理。这是因为，对这些特定的犯罪行为的刑事追究或者对行为人的处理往往涉及被害人的利益，而且这些犯罪行为也有妥善处理的条件，特别是有的矛盾经过说服、调解，被害人与行为人之间会达成妥协、谅解，所以法律允许被害人权衡利弊，作出是否提起刑事诉讼的决定。同时刑法还规定，如果被害人受强制、威吓无法告诉的，人民检察院和被害人的近亲属也可以告诉。"受强制"是指受到暴力的压制，如被捆绑、拘禁等等。"威吓"是指被害人受到恐吓、威胁以至于不敢向司法机关提出控告。"被害人的近亲属"是指被害人的父母、子女、配偶、同胞兄弟姊妹；在实践中，因被害人受到强制或者威吓而不敢自己去告诉时，其邻居或亲朋好友也可以代被害人向司法机关提出控告。被害人受到强制、威吓无法向司法机关提出控告的，是违背被害人意志的，也说明行为人的主观恶性比较大，这时被害人的近亲属可以直接向人民法院，或者由人民检察院代被害人向人民法院告诉，由人民法院依法处理。

《刑法》还规定了遗弃罪："对于年老、年幼、患病或者其他没有独立生活能力的人，负有抚养义务而拒绝抚养，情节恶劣的，处五年以下有期徒刑、拘役或者管制。"根据刑法的规定，遗弃行为必须情节恶劣才能构成犯罪。"情节恶劣"主要是指遗弃行为造成了被害人重伤、死亡等严重后果；行为人有遗弃行为屡教不改；遗弃行为的手段、具体情节特别恶劣等等。

当事人受到本条规定的犯罪的侵害，可以依照刑事诉讼法的有关规定，向人民法院自诉。自诉是指由被害人或者其法定代理人行使控诉权，直接向法院提起诉讼的控诉形式。依照《刑事诉讼法》的规定，自诉案件包括下列案件：①告诉才处理的案件；②被害人有证据证明的轻微刑事案件；③被害人有证据证明对被告人侵犯自己人身、财产权利的行为应当依法追究刑事责任，而公安机关或者人民检察院不予追究被告人刑事责任的案件。这其中第一项"告诉才处理的案件"包括前面讲到的没有致使被害人重伤、死亡的虐待案；第二项"被害人有证据证明的轻微刑事案件"包括重婚案和遗弃案；第三项涉及的一般是较重的刑事案件，比如致使被害人重伤、死亡的虐待案，本属公安机关和人民检察院立案侦查并需要由人民检察院提起公诉，但公安机关和人民检察院不予追究，则法律规定控诉权可以由被害人行使，但被害人提起自诉必须"有证据证明"。

对于本条规定的应当依法追究刑事责任的犯罪行为，公安机关应当依法侦查。在刑事诉讼中，公安机关依法行使侦查权，主要负责对刑事案件进行侦查、拘留、执行逮捕和预审，并在侦查终结后，依法提出起诉意见，移送同级人民检察院审查决定。对本条涉及的案件，不属于自诉范围的，公安机关应当依法进行侦查。对于属于自诉范围，被害人直接向人民法院起诉后，人民法院对于其中证据不足、可由公安机关受理的，应当移送公安机关立案侦查。公安机关应当依法立案侦查。如果被害人没有直接向人民法院起诉，而向公安机关控告的，公安机关也应当受理。

公安机关侦查终结后，人民检察院应当依法提起公诉。提起公诉，是指人民检察院对公安机关侦查终结的案件进行审查后，根据已查明的犯罪事实和证据，认为犯罪嫌疑人构成犯罪并依法应当受到刑事处罚时，将该案件移送有管辖权的人民法院，提请对刑事被告人进行审判，以实现国家刑罚权的诉讼活动。公诉权由人民检察院统一行使。

第四十六条 有下列情形之一，导致离婚的，无过错方有权请求损害赔偿：

（一）重婚的；

（二）有配偶者与他人同居的；

（三）实施家庭暴力的；

（四）虐待、遗弃家庭成员的。

法条释义：本条是关于离婚时过错赔偿制度的规定。

确立过错赔偿制度有利于制裁实施重婚、姘居、家庭暴力等行为的有过错当事人，保护无过错方的权益。最高人民法院的司法解释中规定有离婚分割财产时应当照顾无过错方的内容。

离婚时的过错赔偿涉及对多种损害的赔偿。因一方重婚或有配偶者与他人同居而导致离婚的，主要涉及对精神损害的赔偿。实施家庭暴力或虐待、遗弃家庭成员会涉及人身伤害，还可能发生财产损害，受害人都可以请求赔偿。

第四十七条 离婚时，一方隐藏、转移、变卖、毁损夫妻共同财产，或伪造债务企图侵占另一方财产的，分割夫妻共同财产时，对隐藏、转移、变卖、毁损夫妻共同财产或伪造债务的一方，可以少分或不分。离婚后，另一方发现有上述行为的，可以向人民法院提起诉讼，请求再次分割夫妻共同财产。

人民法院对前款规定的妨害民事诉讼的行为，依照民事诉讼法的规定予以制裁。

法条释义：本条是对离婚时隐藏、转移、变卖、毁损夫妻共同财产或伪造债务企图侵占他方财产的一方应该承担的法律责任的规定。该条是此次修改新增加的规定。

本条第 1 款是对离婚时隐藏、转移、变卖、毁损夫妻共同财产或伪造债务企图侵占另一方财产的一方应少分或不分夫妻共同财产以及离婚后发现上述行为如何解决的规定。

这 1 款规定的违法行为侵犯的对象是夫妻共同财产。夫妻共同财产主要指夫妻双方在婚姻关系存续期间所得的财产，即从男女登记结婚之日起，到夫妻离婚或配偶一方死亡时为止，这一特定期间内夫妻所得的财产。依据本法第 17 条的规定，夫妻共同所有的财产包括：①工资、奖金；②生产、经营的收益；③知识产权的收益；④继承或赠与所得的财产，但遗嘱或赠与合同中确定只归夫或妻一方的财产除外；⑤其他应当归共同所有的财产。另外，本法第 19 条还规定了夫妻可以约定婚姻关系存续期间所得的财产以及婚前财产归夫妻共同所有。

夫妻共同财产从性质上说，属于共同共有。夫妻在婚姻关系存续期间，无论属于双方或一方的收入，无论各自收入的数量多少，也无论其中一方有无收入，夫妻作为共同生活的伴侣，对共同财产享有平等的所有权。对共同财产，夫妻双方均有依法占有、使用、收益和处分的权利。如妇女权益保障法中规定，妇女对依照法律规定的夫妻共同财产享有与其配偶平等的占有、使用、收益和处分的权利，不受双方收入状况的影响。在共有关系消灭之前，财产权利是一个整体，只有在婚姻关系消灭（离婚或一方死亡）或双方有特别约定时，才能对共同财产进行分割。

处分权是所有权的最高表现，如果没有平等的处分权，平等的所有权就是一句空话。所以，本法第 17 条规定，夫妻对共同所有的财产，有平等的处理权。所谓平等的处理权，依照民法关于共同共有的原理，是指夫妻在处分共同财产时，应当平等协商，取得一致意见，任何一方不得违背他方的意志，擅自处理。特别是对共有财产作较大的变动时，如出卖、赠与等，更应征得他方的同意，否则就侵犯了另一方对共有财产的所有权。根据有关司法解释的规定，在共同共有关系存续期间，部分共有人擅自处分共有财产的，一般认定无效。如果对其他共有人造成损失，由擅自处分共有财产的人赔偿。因此，离婚时隐藏、转移、变卖、毁损夫妻共同财产，或伪造债务企图侵占另一方财产的行为，是一种侵犯共同财产所有权的民事侵权行为。

隐藏、转移、变卖、毁损夫妻共同财产，或伪造债务是违法行为的客观表现。隐藏是指将财产藏匿起来，不让他人发现，使另一方无法获知财产的所在从而无法控制。转移是指私自将财产移往他处，或将资金取出移往其他账户，脱离另一方的掌握。变卖是指将财产折价卖给他人。毁损是指采用打碎、拆卸、涂抹等破坏性手段使物品失去原貌，失去或者部分失去原来具有的使用价值和价值。伪造债务是指制造内容虚假的债务凭证，包括合同、欠条等，并将所涉共同财产据为己有。

上述违法行为，在主观上只能是故意，不包括过失行为，如因不慎将某些共同财产毁坏，只要没有故意，不属于本条规定之列。另外，必须以侵占另一方财产为目的。一方实施上述行为，就是要将本应属于夫妻共同财产的这部分财产据为己有。

本条所称离婚时，是指离婚诉讼期间，即从起诉到执行终结的期间。

对隐藏、转移、变卖、毁损夫妻共同财产，或伪造债务的一方，在分割夫妻共同财产时，可以少分或不分。一方隐藏、转移、变卖、毁损夫妻共同财产或伪造债务企图侵占他方财产，侵犯了另一方对共有财产的所有权，应承担相应的法律责任。

关于离婚时夫妻共同财产的分割，由于共同财产属于共同共有的性质，依照民法理论，原则上应均等分割。该款中所指可以少分或者不分的夫妻共同财产主要是指被隐藏、转移、变卖、毁损的或者伪造的债务侵占的那一部分财产，而不是夫妻共同财产的全部。对少分的具体份额或比例以及在何种情况下可以不分，法律并没有明确规定，只是规定了"可以"少分或者不分。法院在审判实践中，应当根据违法行为的情节和案件的具体情况作出处理。该规定同婚姻法规定的在分割共同财产时应照顾子女和女方权益的原则是否矛盾呢？照顾子女和女方权益原则的确定，是由我国目前广大妇女的经济能力和男子仍有一定差距的国情决定的，同时也是宪法关于保护妇女、儿童合法权益原则和我国社会主义制度优越性在婚姻法上的具体体现。当然，在现实生活中，也不排除有女方实施上述违法行为的可能；如果出现，也应当依照本款规定处理。两者没有矛盾，并行不悖。

该款还对离婚后，即离婚案件已审理终结，人民法院的有关财产分割的调解书、判决书已发生法律效力后，又发现有隐藏、转移、变卖、毁损或伪造债务侵占另一方财产行为的处理作了规定。在离婚案件审理过程中，这部分共同财产由于被一方隐藏、转移、变卖、毁损，或伪造债务所侵占而未能发现，因而法院也未能将其作为夫妻共同财产予以分割。夫妻共同财产是共同共有财产，任何一方未经另一方同意而擅自予以隐藏、转移、变卖、毁损，或通过伪造债务等非法手段据为己有的，都是对另一方财产所有权的侵害，是一种民事侵权行为。另一方可以依据本条规定，向人民法院起诉，请求对这一部分财产进行再次分割。在分割时，关于对隐藏、转移、变卖、毁损夫妻共同财产或伪造债务的一方可以少分或者不分的原则仍应适用。

本条第2款是对实施第一款规定的妨害民事诉讼的行为，依照民事诉讼法的规定予以制裁的规定。

对妨害民事诉讼的行为采取强制措施，就是因为这些行为干扰或者破坏诉讼秩序，使诉讼不能顺利进行。为维持诉讼秩序，制止妨害诉讼的行为，保证诉讼的顺利进行，应当对妨害诉讼的行为采取强制措施。根据有关司法解释，在法律文书发生法律效力后隐藏、转移、变卖、毁损财产，造成人民法院无法执行的以及在人民法院执行完毕后，被执行人或者其他人对已执行的标的有妨害行为的，法院应当采取措施，排除妨害，并可以依照民事诉讼法的有关规定处理。

《民事诉讼法》对妨害民事诉讼的行为规定了制裁措施，对隐藏、转移、变卖、毁损财产等妨害民事诉讼的行为，人民法院可以根据情节轻重予以罚款、拘留；构成犯罪的，依法追究刑事责任。

罚款是指人民法院对妨害民事诉讼的行为人（公民或法人和其他组织）所采取的强令其在指定期间内缴纳一定数额金钱的强制措施。罚款的金额，对个人为人民币一千元以下，对单位为人民币一千元以上三万元以下。拘留又称司法拘留，是指人民法院对妨害民事诉讼情节严重的行为人予以强行关押，在一定期限内限制其人身自由的强制措施。拘留的期限为十五日以下。被拘留的人，由人民法院交当地公安机关看管。在拘留期间，被拘留人承认并改正错误的，人民法院可以决定提前解除拘留。采取罚款或拘留的强制措施，必须经法院院长批准，并由人民法院出具罚款决定书和拘留决定书。罚款、拘留可以单独适用，也可以合并适用。行为人对罚款和拘留决定不服的，可以向上一级人民法院申请复议一次，上级人民法院应在收到复议申请后五日内作出决定，并将复议结果通知下级人民法院和当事人。复议期间不停止决定的执行。

关于刑事责任，我国《刑法》第314条规定，隐藏、转移、变卖、故意毁损已被司法机关查封、扣押、冻结的财产，情节严重的，处三年以下有期徒刑、拘役或者罚金。该条主要是针对行为人的行为严重妨害了诉讼的正常进行或者使国家、集体、公民的利益遭受了重大损失的情况。

第四十八条　对拒不执行有关扶养费、抚养费、赡养费、财产分割、遗产继承、探望子女等判决或裁定的，由人民法院依法强制执行。有关个人和单位应负协助执行的责任。

法条释义:本条是对拒不执行有关扶养费、抚养费、赡养费、财产分割、遗产继承、探望子女等判决或裁定应承担的法律责任的规定。该条是在原婚姻法第三十五条的基础上作了修改，在判决或裁定的种类上增加了"探望子女"，在协助执行的责任主体中增加了"个人"。

本条所规定的有关扶养费、抚养费、赡养费、财产分割、遗产继承、探望子女等判决或裁定，是指已生效的判决或裁定，包括已过上诉期没有上诉的一审判决或裁定和终审的判决或裁定。判决是人民法院经过审理依法作出的确定当事人之间民事权利义务关系或者确认民事法律关系的具有法律约束力的决定，是对民事实体问题的处理。裁定则是人民法院对案件审理过程中所发生的程序问题作出的决定。判决书和裁定书是人民法院行使国家审判权的表现形式，具有严肃性和权威性，发生法律效力后，义务人就应当自觉履行判决、裁定确定的义务，如果拒不履行，人民法院予以强制执行。

被执行人必须有拒不执行人民法院判决或裁定的行为。拒不执行一般是指采用欺骗等恶劣手段不执行判决或裁定，或经过人民法院做工作后仍然不执行判决或裁定的行为。在司法实践中，对于判决或裁定，绝大多数当事人是能够自觉执行的，但仍有少数人有意藐视法律，采取欺骗等方法，转移资金，转移财产所有权，或将执行物隐藏起来等，致使人民法院无法执行。对这些人必须采取必要的民事强制执行措施，情节严重的还要依法追究其刑事责任，以维护法律的严肃性。

对人民法院强制执行的措施以及有关个人和单位协助执行责任，我国《民事诉讼法》作了具体规定。

第一，查询、冻结、划拨被执行人存款。在实践中，有些被执行人不按执行通知履行法律文书确定的义务，并隐瞒在银行的存款，使执行工作难以进行。因此，民事诉讼法规定，被执行人未按执行通知履行法律文书确定的义务，人民法院有权向银行、信用合作社和其他有储蓄业务的单位查询被执行人的存款情况，有权冻结、划拨被执行人的存款。银行、信用合作社和其他有储蓄业务的单位必须办理。冻结是人民法院发出协助执行通知书，请有关银行、信用合作社或者其他有储蓄业务的单位冻结被执行人的存款，不准提取或转移。划拨是指银行、信用合作社和其他有储蓄业务的单位，根据人民法院发出的协助执行通知书，把被执行人账户上的存款转到申请人或者法院的账户上。但查询、冻结、划拨存款不得超过被执行人应当履行义务的范围。人民法院决定冻结、划拨被执行人存款时，应当作出裁定，并向有关银行、信用合作社和其他有储蓄业务的单位发出协助执行通知书，说明冻结、划拨存款的理由、数额、时间等。协助人民法院执行冻结、划拨被执行人的存款是有关单位必须履行的义务，因此，接到通知的单位，必须按照通知书的内容办理，不得以任何借口推脱、拒绝。民事诉讼法规定，银行、信用合作社和其他有储蓄业务的单位接到人民法院协助执行通知书后，拒不执行查询、冻结或者划拨存款的，人民法院除责令其履行其协助义务外，还可以予以罚款，对单位的主要负责人或者直接责任人员也可以予以罚款，还可以向监察机关和有关机关提出予以纪律处分的建议。

第二，扣留、提取被执行人应当履行义务部分的收入。被执行人未按执行通知履行法律文书确定的义务，也没有储蓄存款可供执行，其他财产又不宜变卖，在这种情况下，人民法院有权扣留、提取被执行人应当履行义务部分的收入。被执行人所在单位、银行、信用合作社和其他有储蓄业务的单位必须办理。这种措施主要针对被执行人是公民个人的情形。劳动收入是被执行人的生活来源，不同于存款，关系到其自身及其所抚养家属的切身利益。因此，人民法院在扣留、提取被执行人收入时，应当为被执行人及其所抚养的家属保留生活必需品。采取此措施，必须得到被执行人工作或劳动所在单位的协助。因此，人民法院决定扣留、提取被执行人收入时，应当作出裁定，并发出协助执行通知书，接到通知书的被执行人所在单位、银行、信用合作社和其他有储蓄业务的单位必须按照通知书的内容办理，并将扣留、提取的被执行人的收入转交申请执行人或者人民法院。

第三，查封、扣押、冻结、拍卖、变卖被执行人应当履行义务部分的财产。这种强制措施主要是在被执行人未按执行通知履行法律文书确定的义务，而又有可供执行的财产的情况下采取。查封是一种临时性的执行措施，是指对被执行人的财产进行清点，加贴人民法院封条，不准任何人转移和处理。被查封的财产，执行人员可以指定被执行人负责保管，被执行人拒绝保管或者保管不善造成损失，由其自行承担责任。如果被查封财产由其他单位或者个人保管，费用由被执行人负担。扣押是把被执行人的财产运到另外场所，予以扣留，避免被执行人对该财产占有、使用和处分。被扣押的财产可以由人民法院保管，也可以由有关单位和个人保管，费用由被执行人负担。冻结是指人民法院通知银行、信用合作社和其他有储蓄业务的单位，保证被执行人不能提取或者转移、处分其存款。拍卖、变卖是对被执行人财产的强制出卖，往往在查封、扣押的基础上进行。即人民法院查封、扣押财产后，执行人员应当责令被执行人在指定期间履行义务，如果被执行人逾期不履行义务，人民法院可以依照规定将被查封、扣押的财产交有关部门拍卖或者变卖。当然，人民法院也可以不经查封、扣押，直接对被执行人的财产进行拍卖、变卖。变卖是将财产交有关商业部门代卖，或者交信托部门收购。拍卖是按照一定的程序公开叫卖，以最高价卖出的一种买卖形式。

查封、扣押、冻结、拍卖、变卖被执行人财产，是对当事人财产的直接处分，会给被执行人的生产、生活及其所抚养的家属的生活带来重大影响。因此，采取这些措施时，人民法院应当作出裁定。查封、扣押、冻结、拍卖、变卖被执行人财产应为被执行人应当履行义务部分的财产，同时，还应当保留被执行人及其所抚养家属的生活必需品，以保证其生存。

为了保证被执行人的利益，人民法院查封、扣押被执行人财产时，被执行人是公民的，人民法院应当通知被执行人到场，被执行人不能到场的，可以通知其成年家属到场；被执行人是法人或者其他组织的，人民法院应当通知其法定代表人或者主要负责人到场。如果以上人员接到通知后拒不到场，不影响人民法院的执行工作。此外，人民法院在查封、扣押财产时，被执行人是公民的，其工作单位或者财产所在地的基层组织，如居民委员会、村民委员会等应派人参加。

为防止财产丢失并避免出现新的纠纷，人民法院执行人员对被查封、扣押的财产，必须造具清单，一式两份，详细记载被查封、扣押财产的名称、数量、质量、特征等，由在场人员即执行人员、被执行人或者其成年家属、法定代表人或者单位主要负责人、当地基层组织的代表签名或者盖章，交被执行人或者其成年家属、法定代表人或单位主要负责人一份，另一份由人民法院附卷保存。

第四，搜查被执行人及其住所或财产隐匿地。实践中，某些被执行人明明有财产，却将财产隐匿起来，谎称无钱还债，使执行工作难以展开。对此，民事诉讼法规定，被执行人未按执行通知履行法律文书确定的义务，并隐匿财产的，人民法院有权发出搜查令，对被执行人及其住所或财产隐匿地进行搜查。

对被执行人的搜查，是指对被执行人的人身进行搜查，防止某些被执行人将财物隐藏在身上，抗拒执行。对住所搜查，主要指对被执行人的户籍所在地和经常居住地搜查，也可以是对被执行人的现时所住的地方搜查。对财产隐匿地的搜查，是指根据线索对可能隐藏财产的地点进行搜查。由于搜查是一种严厉的执行措施，采取该项措施必须特别慎重，必须由法院院长签发搜查令方可进行。

第五，强制被执行人及有关单位、公民交付法律文书指定交付的财物或者票证。人民法院的判决、裁定、调解书以及应当由人民法院执行的其他法律文书，指定一方当事人交付财物或者票证的，如果当事人不交付，执行人员应当责令该当事人按照法律文书的规定执行。采取这种措施有两种办法：一是，执行人员传唤双方当事人同时到场，让双方当事人当面交付财物或者票证，并记入笔录；二是，在双方当事人不愿意或者不愿当面交付时，由被执行人将财物或者票证交给执行人员，经执行人员转交给被交付人，被交付人应当开具收条，以作凭证。

如果法律文书指定交付的财物或者票证，由有关单位持有，人民法院应当通知有关单位协助执行，把其所持有的财物或者票证交给被交付人，被交付人应当签收。如果法律文书指定的财物或者票证被当事人以外的公民持有，人民法院应当通知持有人交出，拒不交出的，强制执行。

第六，强制迁出房屋或者强制退出土地。生效的法律文书确定房屋占有人迁出房屋、土地占有人退出土地的，房屋占有人、土地占有人必须履行。如不履行，将给对方当事人的合法权益或者社会公共利益造成损害。采取这种措施时，应由人民法院院长签发公告，限定期限，责令被执行人在指定的期间履行。被执行人逾期不履行的，由执行人员强制执行。强制执行时，被执行人是公民的，被执行人的工作单位或者房屋、土地所在地的基层组织应当派人参加，人民法院还应当通知被执行人或者他的成年家属到场；被执行人是法人或者其他组织的，应当通知其法定代表人或者主要负责人到场。应当到场的当事人拒不到场，不影响执行。执行人员应当将强制执行的情况记入笔录，搬迁的财物要详细记载，避免被执行人的合法利益受到损害，或者因此可能产生的纠纷。笔录由在场的执行人员、被执行人或者他的成年家属，以及其他在场人员签名或者盖章。

人民法院应当依照《民事诉讼法》的规定，派人把强制迁出房屋被搬出的财物，运至指定的处所，交给被执行人接收。被执行人是公民的，也可以交给他的成年家属。因拒绝接收而造成的损失，由被执行人承担。

第七，强制被执行人执行或者委托有关单位或者其他人完成法律文书指定的行为。人民法院作出的生效法律文书，有的要求当事人履行某种行为，如，修缮房屋、拆除违章建筑等。如果被执行人不按人民法院的执行通知履行义务，人民法院可以强制执行，或者委托有关单位或者其他人完成。如某公民不履行拆除违章建筑的判决，法院可以自行拆除，也可以委托房管部门拆除，或者由申请执行人拆除，因完成这一行为所支出的费用，由被执行人承担。

在执行过程中，有时需要办理有关财产权证照转移手续，如迁入、迁出户口，汽车过户，房屋产权转移手续等。在这种情况下，需要得到有关单位的协助。人民法院应当根据民事诉讼法的规定，向有关单位发出协助执行通知书，明确协助执行的具体内容、期限等。有关单位接到通知后即负有协助执行的义务，必须按照通知的内容办理，不得推诿、拒绝。对不协助办理证照转移手续的，人民法院除责令其履行协助义务外，还可以向监察机关和有关机关提出予以纪律处分的建议。

除上述民事诉讼法规定的对于动产、不动产等执行标的的具体执行措施外，还规定了一些对所有执行标的都适用的执行措施和制度。

一为责令支付迟延履行期间的债务利息、迟延履行金制度。在实践中，某些被执行人认为，能晚一些还债，自己就能多利用一天资金，多享一分利益，甚至抱着侥幸的心理，认为能拖一天是一天，或许能把债务拖没了。由于他们迟迟不履行法律文书确定的义务，给权利人造成很大的损失。民事诉讼法规定，被执行人未按判决、裁定和其他法律文书指定的期间履行给付金钱义务的，应当加倍支付迟延履行期间的债务利息。责令被执行人支付延期利息，主要适用于执行金钱债务的案件。对被执行人未按判决、裁定和其他法律文书指定的期间履行其他义务的，应当支付迟延履行金。如，没有按法律文书的规定交出财物或者票证，没有按法律文书的规定迁出房屋、退出土地等。迟延履行金的数额，由人民法院根据案件的不同情况加以确定。

二为继续履行债务。实践中，某些当事人明明有履行义务的能力，却谎称没钱，企图赖掉债务；也有的被执行人确实是一时经济状况不好，无力还钱。对此，民事诉讼法一方面规定了企业破产还债程序，将无力还债企业法人的债务清偿通过破产程序解决；另一方面，在执行程序中规定，人民法院在采取冻结、划拨被执行人的银行存款，扣留、提取被执行人的收入，查封、冻结、扣押、拍卖、变卖被执行人的财产等项措施后，被执行人仍不能履行法律文书确定的义务的，应当由其继续履行义务。如果债权人发现被执行人有其他财产的，可以随时请求人民法院执行。对于权利人来说，只要生效法律文书确定的权利没有完全实现，其申请权利就可以依法保留，随时可以请求人民法院执行；对于被执行人来说，其应当履行的义务不因采取了强制措施而终结，只要还有剩余债务存在，就要负责清偿，直到全部清偿完毕。

采取强制执行措施，一般应由权利人向有管辖权的人民法院提出申请。申请书应写明执行根据、理由以及被执行人的经济状况。申请须在执行时效内提出。根据民事诉讼法的规定，申请执行的期限，双方或者一方当事人是公民的为一年，双方是法人或者其他组织的为六个月。但对于某些判决或裁定则应由审理该案的审判人员将案件直接交付执行人员执行，即移送执行。移送执行是指人民法院审判人员根据案情依法将生效的判决、裁定交付执行组织执行。移送执行案件的范围，法律没有明文规定。根据有关司法解释，本条中的有关扶养费、抚养费、赡养费的判决或裁定即属于此类案件。因为这类案件与执行权利人的生活密切相关，被执行人如不及时履行义务，将会使权利人难以甚至无法维持生活。同时，这类案件的权利人一般自我保护能力较弱，不便申请执行。

协助执行是指实施执行措施的人民法院通知有关单位或者个人协助执行生效的法律文书所确定的内容的一种方式。这些单位或者个人掌握着被执行人的财产或者收入或者担负着某种职责，执行时，没有他们的协助，法院便不能完成执行任务。有关单位的协助执行，如前面有关执行措施中所述，主要是银行、信用社等单位冻结、划拨被执行人的存款；办理房产证、土地证、山林所有权证、车辆执照等财产证照转移手续的部门办理财产权证转移手续；被执行人所在单位的财务部门扣交被执行人的工资或其他收入等。公民的协助执行，主要是指交出被执行人存放在该处的钱、物、证券、车辆等。

协助执行是有关单位和个人根据法律规定和法院的协助执行通知书负有的法定义务，违反此项义务，要承担相应的法律后果。《民事诉讼法》规定，诉讼参与人或者其他人拒不执行人民法院已经发生法律效力的判决、裁定的，人民法院可以根据情节轻重予以罚款、拘留；构成犯罪的，依法追究刑事责任。有义务协助执行的单位拒绝协助执行的，人民法院除责令其履行协助义务外，并可以予以罚款；可以对其主要负责人或者直接责任人员予以罚款，还可以向监察机关或者有关机关提出予以纪律处分的司法建议。对个人罚款的金额，为人民币一千元以下，对单位为人民币一千元以上三万元以下。拘留的期限为十五日以下。我国刑法同时也规定了拒不执行判决、裁定罪，即对人民法院的判决、裁定有能力执行而拒不执行，情节严重的，处三年以下有期徒刑、拘役或者罚金。

第四十九条　其他法律对有关婚姻家庭的违法行为和法律责任另有规定的，依照其规定。

法条释义：本条是其他法律对有关婚姻家庭的违法行为和法律责任另有规定的，如何适用的规定。该条是在删除了原婚姻法第三十四条后新增加的规定。

婚姻家庭关系中违法行为涉及的范围很宽，从法律调整的范围上看，包括婚姻关系和家庭关系；从主体上看，包括夫妻之间，父母子女之间，以及其他家庭成员之间；从法律关系的性质上看，包括人身关系和财产关系；从法律关系的具体种类上看，包括抚养、扶养、赡养、继承关系等等。在法律责任中，又包括了民事责任、刑事责任以及行政处罚等。而且，我国有关婚姻家庭的法律规范，除《婚姻法》外，还包括《民法通则》、《收养法》、《继承法》、《治安管理处罚条例》、《母婴保健法》、《未成年人保护法》、《预防未成年人犯罪法》、《老年人权益保障法》、《妇女权益保障法》、《残疾人保障法》以及《刑法》等法律，内容十分复杂。

除本法已有规定的以外，其他法律对有关婚姻家庭的违法行为和法律责任的规定主要有：

《民法通则》有关规定。民法通则是调整平等主体的公民之间、法人之间、公民和法人之间的财产关系和人身关系的基本法律，在婚姻家庭中发生的侵犯公民人身权利和财产权利造成财产损失或者其他损失、损害的，可以依照其有关规定追究民事责任。承担民事责任的方式有停止侵害、排除妨碍、消除危险、返还财产、赔偿损失以及赔礼道歉等等。如：从事买卖婚姻情节严重的，可按有关规定收缴其非法所得；对借婚姻索取财物的，应当责令其返还一部或全部财物；对有一般的打骂、虐待或其他侵权行为的可责令具结悔过，赔礼道歉或予以训诫，必要时可责令其赔偿损失；不履行扶养义务的，可责令其支付扶养费；未成年子女对国家、集体或他人造成人身或财产损害，其父母或者其他监护人应承担赔偿责任；对遗弃被继承人或虐待被继承人等情节严重的，可依法确认其丧失继承权等。其他有关婚姻家庭的违法行为，应当依法赔偿或者承担其他民事责任。

《收养法》第20条规定，严禁买卖儿童或者借收养名义买卖儿童。借收养名义拐卖儿童的，依法追究刑事责任。遗弃婴儿的，由公安部门处以罚款；构成犯罪的，依法追究刑事责任。出卖亲生子女的，由公安部门没收非法所得，并处以罚款；构成犯罪的，依法追究刑事责任。

《继承法》第7条规定，故意杀害被继承人，为争夺遗产而杀害其他继承人，遗弃被继承人或者虐待被继承人情节严重的，伪造、篡改或者销毁遗嘱，情节严重的，丧失继承权。

《治安管理处罚法》第50条规定："有下列行为之一的，处警告或者二百元以下罚款；情节严重的，处五日以上十日以下拘留，可以并处五百元以下罚款：……阻碍人民警察依法执行职务的，从重处罚。"

《未成年人保护法》第 10 条规定，父母或者其他监护人应当创造良好、和睦的家庭环境，依法履行对未成年人的监护职责和抚养义务。禁止对未成年人实施家庭暴力，禁止虐待、遗弃未成年人，禁止溺婴和其他残害婴儿的行为，不得歧视女性未成年人或者有残疾的未成年人。

《老年人权益保障法》的有关规定，老年人与家庭成员因赡养、扶养或者住房、财产等发生纠纷，可以申请人民调解委员会或者其他有关组织进行调解，也可以直接向人民法院提起诉讼。人民调解委员会或者其他有关组织调解纠纷时，应当通过说服、疏导等方式化解矛盾和纠纷；对有过错的家庭成员，应当给予批评教育。人民法院对老年人追索赡养费或者扶养费的申请，可以依法裁定先予执行。干涉老年人婚姻自由，对老年人负有赡养义务、扶养义务而拒绝赡养、扶养，虐待老年人或者对老年人实施家庭暴力的，由有关单位给予批评教育；构成违反治安管理行为的，依法给予治安管理处罚；构成犯罪的，依法追究刑事责任。家庭成员盗窃、诈骗、抢夺、侵占、勒索、故意损毁老年人财物，构成违反治安管理行为的，依法给予治安管理处罚；构成犯罪的，依法追究刑事责任。侮辱、诽谤老年人，构成违反治安管理行为的，依法给予治安管理处罚；构成犯罪的，依法追究刑事责任。

《刑法》的有关规定，有关婚姻家庭的违法行为，如果情节严重，构成犯罪的，应依照刑法的有关规定予以处罚。以暴力干涉他人婚姻自由的，处二年以下有期徒刑或者拘役。致使被害人死亡的，处二年以上七年以下有期徒刑。明知是现役军人的配偶而与之同居或者结婚的，处三年以下有期徒刑或者拘役。拐骗不满十四周岁的未成年人，脱离家庭或者监护人的，处五年以下有期徒刑或者拘役。对人民法院的判决、裁定有能力执行而拒不执行，情节严重的，处三年以下有期徒刑、拘役或者罚金。除此之外，在婚姻家庭中发生的其他侵犯公民人身权利、民主权利以及财产权利的违法行为，如非法拘禁，拐卖妇女、儿童，收买被拐卖的妇女、儿童等，如果触犯刑律，构成犯罪，也应按照刑法相应规定予以制裁。

除上述之外，还有一些法律对婚姻家庭领域中的违法行为和法律责任作了类似的规定，如妇女权益保障法、残疾人保障法等，此处不一一赘述。

第六章　附　则

第五十条　民族自治地方的人民代表大会有权结合当地民族婚姻家庭的具体情况，制定变通规定。自治州、自治县制定的变通规定，报省、自治区、直辖市人民代表大会常务委员会批准后生效。自治区制定的变通规定，报全国人民代表大会常务委员会批准后生效。

法条释义：本条是对民族自治地方人大有权结合当地民族婚姻家庭的具体情况，制定变通规定及其制定程序的规定。该条是在原婚姻法第36条的基础上主要对变通规定的生效程序作了修改。

我国是一个统一的多民族国家，全国共有56个民族，少数民族人口2000年为10 643万人，占全国总人口的8.41%。民族自治地方行政区域的总面积约610万平方公里，占我国总面积的60%以上，其中各少数民族总人口为5 000多万人。长期以来，由于各个民族的经济、文化发展水平不同；生产条件、自然环境、生活方式、传统文化、宗教和风俗习惯各有差异，因此在婚姻家庭领域里也存在着不同的特点。根据我国宪法、法律的有关规定和国家的民族政策，各民族一律平等，国家发展和维护各民族平等、团结、互助的民族关系，尊重少数民族传统的宗教、道德和生活方式，其中当然也包括婚姻家庭方面的传统习惯。本条的规定，正是党的民族政策在婚姻法上的具体体现，也是宪法原则在婚姻法上的具体化。

婚姻法规定的婚姻自由、一夫一妻、男女平等的婚姻制度，保护妇女、儿童和老人的合法权益，禁止重婚，禁止家庭暴力，禁止家庭成员间的虐待和遗弃等基本原则以及其他有关规定是正确的，也是符合我国各族人民的根本利益的，在各民族地方同样也是适用的。但为了尊重少数民族的风俗习惯，维护民族团结，作出某些变通的规定也是必要的。我国宪法和民族区域自治法均规定，各民族"都有保持或者改革自己的风俗习惯的自由"，婚姻家庭方面也不例外。许多根植于民族文化的优良传统，使得我国人民的婚姻家庭生活更加绚丽多彩。对那些落后的陈规陋俗，应由各民族自治地方的自治机关采取妥善的步骤和办法，逐步地改革。制定变通规定有利于婚姻法的贯彻执行，也是依法行使自治权的必然要求。

自1980年原婚姻法公布以来，各民族自治地方根据宪法和婚姻法的基本原则，结合本地区的具体情况，先后制定了一些补充规定或变通条例。如新疆维吾尔自治区1980年12月14日制定的执行婚姻法的补充规定，西藏自治区1981年4月18日制定的施行婚姻法的变通条例，宁夏回族自治区1981年6月15日制定的执行婚姻法的补充规定，内蒙古自治区1981年9月21日制定的执行婚姻法的补充规定。除此之外，一些自治州，如甘孜、阿坝、凉山、黔南等；自治县，如循化、门源、化隆等也制定了一些变通规定。这些规定，既符合我国婚姻法的基本原则，又适合各民族自治地方婚姻家庭的具体情况，对加强民族团结、促进当地婚姻家庭关系、改革婚姻家庭制度产生了良好的影响。

上述规定主要是在以下方面对婚姻法作了变通或补充：

第一，关于法定婚龄。我国少数民族男女一般在十七八岁就结婚，特别是南部沿海和西南边疆的少数民族，结婚更早。婚姻法规定的法定婚龄，在这些少数民族地区若不适当降低是难以执行的。因此，许多自治地方将婚姻法规定的最低结婚年龄分别降低了两岁，即男不得早于 20 周岁，女不得早于 18 周岁。如新疆规定，结婚年龄，男不得早于 20 周岁，女不得早于 18 周岁。西藏、宁夏、内蒙古自治区以及一些州、县级自治地方都有类似变通规定。

第二，关于近亲结婚。少数民族大多聚居在边疆、山区，人口稀少，交通不便，通婚范围比较狭小。不少民族实行民族内婚制，近亲结婚较多，表兄弟姐妹结婚更是许多民族的习惯。对于禁止三代以内旁系血亲结婚问题，有的民族自治地方作了变通规定。如，内蒙古自治区规定，大力提倡三代以内的旁系血亲不结婚。宁夏回族自治区规定，禁止三代以内的旁系血亲结婚的规定，回族推迟到 1983 年 1 月 1 日起执行。

第三，关于禁止宗教干涉婚姻家庭。许多民族都信仰宗教。如藏族信仰喇嘛教、回族信仰伊斯兰教、傣族信仰佛教等。宪法规定我国公民有宗教信仰自由，国家保护正常的宗教活动，但不得利用宗教力量对婚姻家庭进行非法干涉。因此，一些民族自治地方规定禁止宗教干涉婚姻家庭，如新疆、西藏等。

第四，关于少数民族的婚嫁仪式。少数民族的婚嫁仪式各具特色，丰富多彩，反映了各民族文化和历史的发展。如：傣族男女结婚要请寨中有威望的老人祝福，并在新郎、新娘手上拴线，以示吉祥；景颇族结婚时男方先将姑娘"偷"回家中，然后再提亲、宴请宾客；有的民族男女双方自愿举行"抢婚"，等等。这些传统的仪式，大多数并不违背婚姻法的基本原则，应当予以尊重和保护。如西藏规定，对各少数民族传统的婚嫁仪式，在不妨碍婚姻自由的前提下，应予尊重。

第五，关于婚姻家庭习俗的改革。这些改革涉及到婚姻家庭的许多方面，由于各民族自治地方的情况不同，许多规定各有其针对性。如：西藏规定：废除一夫多妻、一妻多夫等封建婚姻，对执行本条例之前形成的上述婚姻关系，凡不主动提出解除婚姻关系者，准予维持。对该条例实施后形成的一夫多妻或一妻多夫的结合，应按重婚论处。有些少数民族群众结婚不办理登记，离婚不经法定程序，致使婚姻的成立和解除得不到法律的保护，当事人特别是女方的权益得不到有效的保障，有的地方甚至存在"休妻"的离婚方式。因此，许多民族自治地方都强调结婚、离婚必须办理法律手续。如新疆规定，禁止一方用口头或文字通知对方的方法离婚。

除上述之外，不同民族之间的通婚问题，婚姻法并无限制性规定。一些自治地方对此作了补充，明确规定不同民族之间可以通婚。如宁夏规定，回族同其他民族的男女自愿结婚，任何人不得干涉。有些民族自治地方的规定还涉及保护寡妇的婚姻自由、非婚生子女的保护以及子女的姓氏问题等内容。

这些变通或补充规定的适用范围，各民族自治地方都是根据本地的实际情况作出，具体规定不完全一致。新疆、西藏、宁夏、内蒙古自治区规定只适用于居住在本自治区的各少数民族。化隆、循化等自治县规定只适用于少数民族中的一般群众。甘孜、阿坝等自治州规定既适用于本州的少数民族，也适用于同少数民族结婚的汉族。

必须指出的是，民族自治地方制定的变通规定，只是对婚姻法的局部变通或补充，这些规定与婚姻法同时施行。对未作变通规定的，仍应按照婚姻法执行，以维护国家法律的统一和尊严。

各民族自治地方制定的变通规定，经过本条规定的程序批准后才能发生法律效力。需要指出的是，在婚姻法修改前，民族自治地方已经依照原婚姻法的规定制定变通规定的，仍然有效。

第五十一条 本法自 1981 年 1 月 1 日起施行。

附：《中华人民共和国婚姻法》的发展历程

1950 年 5 月 1 日颁行的《中华人民共和国婚姻法》，自本法施行之日起废止。

1950 年 4 月 13 日，新中国的第一部法律《中华人民共和国婚姻法》诞生了，当年 5 月 1 日起正式执行。这部法律实行了一夫一妻、保护妇女和儿童权益的新婚姻家庭制度。

30 年后，五届全国人大第三次会议对 1950 年制定的《婚姻法》作了修订，通过了现行《婚姻法》。增加了实行计划生育的规定。

2001 年 4 月 28 日九届人大常委会修订 1980 年婚姻法，原婚姻法 37 条，修改后增加到 51 条，共修改了 33 处。修改后的婚姻法，加大对重婚等行为的遏制力度，对重婚的依法追究刑事责任等，遏制"包二奶"，禁止家庭暴力，确立无效婚姻和可撤销婚姻制度的规定，同年 12 月，最高人民法院发布新《婚姻法》司法解释，明确了"家庭暴力"的概念等。

二、中华人民共和国继承法

（1985 年 4 月 10 日第六届全国人民代表大会第三次会议通过，1985 年 4 月 10 日中华人民共和国主席令第二十四号公布，自 1985 年 10 月 1 日起施行）

第一章 总 则

第一条 根据《中华人民共和国宪法》规定，为保护公民的私有财产的继承权，制定本法。

第二条 继承从被继承人死亡时开始。

法条释义：继承从被继承人生理死亡或被宣告死亡时开始。失踪人被宣告死亡的，以法院判决中确定的失踪人的死亡日期，为继承开始的时间。

相互有继承关系的几个人在同一事件中死亡，如不能确定死亡先后时间的，推定没有继承人的人先死亡。死亡人各自都有继承人的，如几个死亡人辈分不同，推定长辈先死亡；几个死亡人辈分相同，推定同时死亡，彼此不发生继承，由他们各自的继承人分别继承。

第三条 遗产是公民死亡时遗留的个人合法财产，包括：

（一）公民的收入；

（二）公民的房屋、储蓄和生活用品；

（三）公民的林木、牲畜和家禽；

（四）公民的文物、图书资料；

（五）法律允许公民所有的生产资料；

（六）公民的著作权、专利权中的财产权利；

（七）公民的其他合法财产。

法条释义：公民可继承的其他合法财产包括有价证券和履行标的为财物的债权等。此外，承包人死亡时尚未取得承包收益的，可把死者生前对承包所投入的资金和所付出的劳动及其增值和孳息，由发包单位或者接续承包合同的人合理折价、补偿，其价额作为遗产。

第四条 个人承包应得的个人收益，依照本法规定继承。个人承包，依照法律允许由继承人继续承包的，按照承包合同办理。

第五条 继承开始后，按照法定继承办理；有遗嘱的，按照遗嘱继承或者遗赠办理；有遗赠扶养协议的，按照协议办理。

法条释义：被继承人生前与他人订有遗赠扶养协议，同时又立有遗嘱的，继承开始后，如果遗赠扶养协议与遗嘱没有抵触，遗产分别按协议和遗嘱处理；如果有抵触，按协议处理，与协议抵触的遗嘱全部或部分无效。

遗嘱继承人依遗嘱取得遗产后，仍有权依继承法第十三条的规定取得遗嘱未处分的遗产。

第六条 无行为能力人的继承权、受遗赠权，由他的法定代理人代为行使。

限制行为能力人的继承权、受遗赠权，由他的法定代理人代为行使，或者征得法定代理人同意后行使。

法条释义：不满六周岁的儿童、精神病患者，可以认定其为无行为能力人。已满六周岁，不满十八周岁的未成年人，应当认定其为限制行为能力人。

法定代理人代理被代理人行使继承权、受遗赠权，不得损害被代理人的利益。法定代理人一般不能代理被代理人放弃继承权、受遗赠权。明显损害被代理人利益的，应认定其代理行为无效。

第七条　继承人有下列行为之一的，丧失继承权：

（一）故意杀害被继承人的；

（二）为争夺遗产而杀害其他继承人的；

（三）遗弃被继承人的，或者虐待被继承人情节严重的；

（四）伪造、篡改或者销毁遗嘱，情节严重的。

法条释义：在遗产继承中，继承人之间因是否丧失继承权发生纠纷，诉讼到人民法院的，由人民法院根据继承法第7条的规定，判决确认其是否丧失继承权。

继承人虐待被继承人情节是否严重，可以从实施虐待行为的时间、手段、后果和社会影响等方面认定。虐待被继承人情节严重的，不论是否追究刑事责任，均可确认其丧失继承权。

继承人故意杀害被继承人的，不论是既遂还是未遂，均应确认其丧失继承权。继承人有《继承法》第7条第1项或第2项所列之行为，而被继承人以遗嘱将遗产指定由该继承人继承的，可确认遗嘱无效，并按《继承法》第7条的规定处理。

继承人虐待被继承人情节严重的，或者遗弃被继承人的，如以后确有悔改表现，而且被虐待人、被遗弃人生前又表示宽恕，可不确认其丧失继承权。继承人伪造、篡改或者销毁遗嘱，侵害了缺乏劳动能力又无生活来源的继承人的利益，并造成其生活困难的，应认定其行为情节严重。

第八条 继承权纠纷提起诉讼的期限为二年，自继承人知道或者应当知道其权利被侵犯之日起计算。但是，自继承开始之日起超过二十年的，不得再提起诉讼。

法条释义: 在诉讼时效期间内，因不可抗拒的事由致继承人无法主张继承权利的，人民法院可按中止诉讼时效处理。

继承人在知道自己的权利受到侵犯之日起的二年之内，其遗产继承权纠纷确在人民调解委员会进行调解期间，可按中止诉讼时效处理。

继承人因遗产继承纠纷向人民法院提起诉讼，诉讼时效即为中断。

自继承开始之日起的第 18 年后至第 20 年期间内，继承人才知道自己的权利被侵犯的，其提起诉讼的权利，应当在继承开始之日起的 20 年之内行使，超过 20 年的，不得再行提起诉讼。

第二章 法定继承

第九条 继承权男女平等。

第十条 遗产按照下列顺序继承：

第一顺序：配偶、子女、父母。

第二顺序：兄弟姐妹、祖父母、外祖父母。

继承开始后，由第一顺序继承人继承，第二顺序继承人不继承。没有第一顺序继承人继承的，由第二顺序继承人继承。

本法所说的子女，包括婚生子女、非婚生子女、养子女和有扶养关系的继子女。

本法所说的父母，包括生父母、养父母和有扶养关系的继父母。

本法所说的兄弟姐妹，包括同父母的兄弟姐妹、同父异母或者同母异父的兄弟姐妹、养兄弟姐妹、有扶养关系的继兄弟姐妹。

法条释义：被收养人对养父母尽了赡养义务，同时又对生父母扶养较多的，除可依《继承法》第 10 条的规定继承养父母的遗产外，还可依继承法第十四条的规定分得生父母的适当的遗产。

在旧社会形成的一夫多妻家庭中，子女与生母以外的父亲的其他配偶之间形成扶养关系的，互有继承权。

继子女继承了继父母遗产的，不影响其继承生父母的遗产。

继父母继承了继子女遗产的，不影响其继承生子女的遗产。

收养他人为养孙子女，视为养父母与养子女的关系的，可互为第一顺序继承人。

养子女与生子女之间、养子女与养子女之间，系养兄弟姐妹，可互为第二顺序继承人。

被收养人与其亲兄弟姐妹之间的权利义务关系，因收养关系的成立而消除，不能互为第二顺序继承人。

继兄弟姐妹之间的继承权，因继兄弟姐妹之间的扶养关系而发生。没有扶养关系的，不能互为第二顺序继承人。

继兄弟姐妹之间相互继承了遗产的，不影响其继承亲兄弟姐妹的遗产。

第十一条　被继承人的子女先于被继承人死亡的，由被继承人的子女的晚辈直系血亲代位继承。代位继承人一般只能继承他的父亲或者母亲有权继承的遗产份额。

法条释义：被继承人的孙子女、外孙子女、曾孙子女、外曾孙子女都可以代位继承，代位继承人不受辈数的限制。

被继承人的养子女、已形成扶养关系的继子女的生子女可代位继承；被继承人亲生子女的养子女可代位继承；被继承人养子女的养子女可代位继承；与被继承人已形成扶养关系的继子女的养子女也可以代位继承。

代位继承人缺乏劳动能力又没有生活来源，或者对被继承人尽过主要赡养义务的，分配遗产时，可以多分。

继承人丧失继承权的，其晚辈直系血亲不得代位继承。如该代位继承人缺乏劳动能力又没有生活来源，或对被继承人尽赡养义务较多的，可适当分给遗产。

第十二条 丧偶儿媳对公、婆，丧偶女婿对岳父、岳母，尽了主要赡养义务的，作为第一顺序继承人。

法条释义：丧偶儿媳对公婆、丧偶女婿对岳父、岳母，无论其是否再婚，依《继承法》第 12 条规定作为第一顺序继承人时，不影响其子女代位继承。

对被继承人生活提供了主要经济来源，或在劳务等方面给予了主要扶助的，应当认定其尽了主要赡养义务。

第十三条 同一顺序继承人继承遗产的份额，一般应当均等。

对生活有特殊困难的缺乏劳动能力的继承人，分配遗产时，应当予以照顾。

对被继承人尽了主要扶养义务或者与被继承人共同生活的继承人，分配遗产时，可以多分。

有扶养能力和有扶养条件的继承人，不尽扶养义务的，分配遗产时，应当不分或者少分。

继承人协商同意的，也可以不均等。

法条释义：对被继承人生活提供了主要经济来源，或在劳务等方面给予了主要扶助的，应当认定其尽了主要扶养义务。

继承人有扶养能力和扶养条件，愿意尽扶养义务，但被继承人因有固定收入和劳动能力，明确表示不要求扶养的，分配遗产时，一般不应因此而影响其继承份额。

第十四条 对继承人以外的依靠被继承人扶养的缺乏劳动能力又没有生活来源的人，或者继承人以外的对被继承人扶养较多的人，可以分给他们适当的遗产。

法条释义：依《继承法》第 14 条规定可以分给适当遗产的人，分给他们遗产时，按具体情况可多于或少于继承人。

依《继承法》第 14 条规定可以分给适当遗产的人，在其依法取得被继承人遗产的权利受到侵犯时，本人有权以独立的诉讼主体的资格向人民法院提起诉讼。但在遗产分割时，明知而未提出请求的，一般不予受理；不知而未提出请求，在二年以内起诉的，应予受理。

有扶养能力和扶养条件的继承人虽然与被继承人共同生活，但对需要抚养的被继承人不尽扶养义务，分配遗产时，可以少分或者不分。

第十五条 继承人应当本着互谅互让、和睦团结的精神，协商处理继承问题。遗产分割的时间、办法和份额，由继承人协商确定。协商不成的，可以由人民调解委员会调解或者向人民法院提起诉讼。

第三章 遗嘱继承和遗赠

第十六条 公民可以依照本法规定立遗嘱处分个人财产，并可以指定遗嘱执行人。

公民可以立遗嘱将个人财产指定由法定继承人的一人或者数人继承。

公民可以立遗嘱将个人财产赠给国家、集体或者法定继承人以外的人。

第十七条 公证遗嘱由遗嘱人经公证机关办理。

自书遗嘱由遗嘱人亲笔书写，签名，注明年、月、日。

代书遗嘱应当有两个以上见证人在场见证，由其中一人代书，注明年、月、日，并由代书人、其他见证人和遗嘱人签名。

以录音形式立的遗嘱，应当有两个以上见证人在场见证。

遗嘱人在危急情况下，可以立口头遗嘱。口头遗嘱应当有两个以上见证人在场见证。危急情况解除后，遗嘱人能够用书面或者录音形式立遗嘱的，所立的口头遗嘱无效。

法条释义：继承法实施前订立的，形式上稍有欠缺的遗嘱，如内容合法，又有充分证据证明确为遗嘱人真实意思表示的，可以认定遗嘱有效。

第十八条 下列人员不能作为遗嘱见证人：

（一）无行为能力人、限制行为能力人；

（二）继承人、受遗赠人；

（三）与继承人、受遗赠人有利害关系的人。

法条释义：继承人、受遗赠人的债权人、债务人，共同经营的合伙人，也应当视为与继承人、受遗赠人有利害关系，不能作为遗嘱的见证人。

第十九条 遗嘱应当对缺乏劳动能力又没有生活来源的继承人保留必要的遗产份额。

法条释义：遗嘱人未保留缺乏劳动能力又没有生活来源的继承人的遗产份额，遗产处理时，应当为该继承人留下必要的遗产，所剩余的部分，才可参照遗嘱确定的分配原则处理。

继承人是否缺乏劳动能力又没有生活来源，应按遗嘱生效时该继承人的具体情况确定。

第二十条　遗嘱人可以撤销、变更自己所立的遗嘱。

立有数份遗嘱，内容相抵触的，以最后的遗嘱为准。

自书、代书、录音、口头遗嘱，不得撤销、变更公证遗嘱。

法条释义：公民在遗书中涉及死后个人财产处分的内容，确为死者真实意思的表示，有本人签名并注明了年、月、日，又无相反证据的，可按自书遗嘱对待。

遗嘱人立遗嘱时必须有行为能力。无行为能力人所立的遗嘱，即使其本人后来有了行为能力，仍属无效遗嘱。遗嘱人立遗嘱时有行为能力，后来丧失了行为能力，不影响遗嘱的效力。

遗嘱人以不同形式立有数份内容相抵触的遗嘱，其中有公证遗嘱的，以最后所立公证遗嘱为准；没有公证遗嘱的，以最后所立的遗嘱为准。

第二十一条　遗嘱继承或者遗赠附有义务的，继承人或者受遗赠人应当履行义务。没有正当理由不履行义务的，经有关单位或者个人请求，人民法院可以取消他接受遗产的权利。

法条释义：附义务的遗嘱继承或遗赠，如义务能够履行，而继承人、受遗赠人无正当理由不履行，经受益人或其他继承人请求，人民法院可以取消他接受附义务那部分遗产的权利，由提出请示的继承人或受益人负责按遗嘱人的意愿履行义务，接受遗产。

第二十二条　无行为能力人或者限制行为能力人所立的遗嘱无效。

遗嘱必须表示遗嘱人的真实意思，受胁迫、欺骗所立的遗嘱无效。伪造的遗嘱无效。

遗嘱被篡改的，篡改的内容无效。

法条释义：遗嘱人以遗嘱处分了属于国家、集体或他人所有的财产，遗嘱的这部分，应认定无效。

遗嘱人生前的行为与遗嘱的意思表示相反，而使遗嘱处分的财产在继承开始前灭失，部分灭失或所有权转移、部分转移的，遗嘱视为被撤销或部分被撤销。

第四章　遗产的处理

第二十三条　继承开始后，知道被继承人死亡的继承人应当及时通知其他继承人和遗嘱执行人。继承人中无人知道被继承人死亡或者知道被继承人死亡而不能通知的，由被继承人生前所在单位或者住所地的居民委员会、村民委员会负责通知。

第二十四条　存有遗产的人，应当妥善保管遗产，任何人不得侵吞或者争抢。

法条释义：人民法院在审理继承案件时，如果知道有继承人而无法通知的，分割遗产时，要保留其应继承的遗产，并确定该遗产的保管人或保管单位。

人民法院对故意隐匿、侵吞或争抢遗产的继承人，可以酌情减少其应继承的遗产。

第二十五条　继承开始后，继承人放弃继承的，应当在遗产处理前，作出放弃继承的表示。没有表示的，视为接受继承。

受遗赠人应当在知道受遗赠后两个月内，作出接受或者放弃受遗赠的表示。到期没有表示的，视为放弃受遗赠。

法条释义：继承人因放弃继承权，致其不能履行法定义务的，放弃继承权的行为无效。

继承人放弃继承应当以书面形式向其他继承人表示。用口头方式表示放弃继承，本人承认，或有其他充分证据证明的，也应当认定其有效。

在诉讼中，继承人向人民法院以口头方式表示放弃继承的，要制作笔录，由放弃继承的人签名。

继承人放弃继承的意思表示，应当在继承开始后、遗产分割前作出。遗产分割后表示放弃的不再是继承权，而是所有权。

遗产处理前或在诉讼进行中，继承人对放弃继承反悔的，由人民法院根据其提出的具体理由，决定是否承认。遗产处理后，继承人对放弃继承反悔的，不予承认。

放弃继承的效力，追溯到继承开始的时间。

继承开始后，继承人没有表示放弃继承，并于遗产分割前死亡的，其继承遗产的权利转移给他的合法继承人。

继承开始后，受遗赠人表示接受遗赠，并于遗产分割前死亡的，其接受遗赠的权利转移给他的继承人。

继承诉讼开始后，如继承人、受遗赠人中有既不愿参加诉讼，又不表示放弃实体权利的，应追加为共同原告；已明确表示放弃继承的，不再列为当事人。

第二十六条　夫妻在婚姻关系存续期间所得的共同所有的财产，除有约定的以外，如果分割遗产，应当先将共同所有的财产的一半分出为配偶所有，其余的为被继承人的遗产。

遗产在家庭共有财产之中的，遗产分割时，应当先分出他人的财产。

第二十七条　有下列情形之一的，遗产中的有关部分按照法定继承办理：

（一）遗嘱继承人放弃继承或者受遗赠人放弃受遗赠的；

（二）遗嘱继承人丧失继承权的；

（三）遗嘱继承人、受遗赠人先于遗嘱人死亡的；

（四）遗嘱无效部分所涉及的遗产；

（五）遗嘱未处分的遗产。

第二十八条 遗产分割时，应当保留胎儿的继承份额。胎儿出生时是死体的，保留的份额按照法定继承办理。

法条释义：应当为胎儿保留的遗产份额没有保留的应从继承人所继承的遗产中扣回。为胎儿保留的遗产份额，如胎儿出生后死亡的，由其继承人继承；如胎儿出生时就是死体的，由被继承人的继承人继承。

第二十九条 遗产分割应当有利于生产和生活需要，不损害遗产的效用。

不宜分割的遗产，可以采取折价、适当补偿或者共有等方法处理。

法条释义：人民法院在分割遗产中的房屋、生产资料和特定职业所需要的财产时，应依据有利于发挥其使用效益和继承人的实际需要，兼顾各继承人的利益进行处理。

第三十条 夫妻一方死亡后另一方再婚的，有权处分所继承的财产，任何人不得干涉。

第三十一条 公民可以与扶养人签订遗赠扶养协议。按照协议，扶养人承担该公民生养死葬的义务，享有受遗赠的权利。

公民可以与集体所有制组织签订遗赠扶养协议。按照协议，集体所有制组织承担该公民生养死葬的义务，享有受遗赠的权利。

法条释义：由国家或集体组织供给生活费用的烈属和享受社会救济的城市居民，其遗产仍应准许合法继承人继承。

集体组织对"五保户"实行"五保"时，双方有扶养协议的，按协议处理；没有扶养协议，死者有遗嘱继承人或法定继承人要求继承的，按遗嘱继承或法定继承处理，但集体组织有权要求扣回"五保"费用。

扶养人或集体组织与公民订有遗赠扶养协议，扶养人或集体组织无正当理由不履行，致协议解除的，不能享有受遗赠的权利，其支付的供养费用一般不予补偿；遗赠人无正当理由不履行，致协议解除的，则应偿还扶养人或集体组织已支付的供养费用。

第三十二条 无人继承又无人受遗赠的遗产，归国家所有；死者生前是集体所有制组织成员的，归所在集体所有制组织所有。

法条释义：遗产因无人继承收归国家或集体组织所有时，按继承法第十四条规定可以分给遗产的人提出取得遗产的要求，人民法院应视情况适当分给遗产。

第三十三条 继承遗产应当清偿被继承人依法应当缴纳的税款和债务，缴纳税款和清偿债务以他的遗产实际价值为限。超过遗产实际价值部分，继承人自愿偿还的不在此限。

继承人放弃继承的，对被继承人依法应当缴纳的税款和债务可以不负偿还责任。

法条释义：继承人中有缺乏劳动能力又没有生活来源的人，即使遗产不足清偿债务，也应为其保留适当遗产，然后再按《继承法》第33条和《民事诉讼法》第180条的规定清偿债务。

遗产已被分割而未清偿债务时，如有法定继承又有遗嘱继承和遗赠的，首先由法定继承人用其所得遗产清偿债务；不足清偿时，剩余的债务由遗嘱继承人和受遗赠人按比例用所得遗产偿还；如果只有遗嘱继承和遗赠的，由遗嘱继承人和受遗赠人按比例用所得遗产偿还。

第三十四条 执行遗赠不得妨碍清偿遗赠人依法应当缴纳的税款和债务。

第五章 附 则

第三十五条 民族自治地方的人民代表大会可以根据本法的原则，结合当地民族财产继承的具体情况，制定变通的或者补充的规定。自治区的规定，报全国人民代表大会常务委员会备案。自治州、自治县的规定，报省或者自治区的人民代表大会常务委员会批准后生效，并报全国人民代表大会常务委员会备案。

第三十六条 中国公民继承在中华人民共和国境外的遗产或者继承在中华人民共和国境内的外国人的遗产，动产适用被继承人住所地法律，不动产适用不动产所在地法律。

外国人继承在中华人民共和国境内的遗产或者继承在中华人民共和国境外的中国公民的遗产，动产适用被继承人住所地法律，不动产适用不动产所在地法律。

中华人民共和国与外国订有条约、协定的，按照条约、协定办理。

法条释义:涉外继承，遗产为动产的，适用被继承人住所地法律，即适用被继承人生前最后住所地国家的法律。

第三十七条 本法自 1985 年 10 月 1 日起施行。

法条释义:继承法施行前，人民法院已经审结的继承案件，继承法施行后，按审判监督程序提起再审的，适用审结时的有关政策、法律。

　　人民法院对继承法生效前已经受理、生效时尚未审结的继承案件，适用继承法。但不得再以超过诉讼时效为由驳回起诉。

附 录

1. 中华人民共和国收养法

（1991 年 12 月 29 日第七届全国人民代表大会常务委员会第二十三次会议通过，1991 年 12 月 29 日中华人民共和国主席令第五十四号公布，自 1992 年 4 月 1 日起施行）

第一章　总　则

第一条　为保护合法的收养关系，维护收养关系当事人的权利，制定本法。

第二条　收养应当有利于被收养的未成年人的抚养、成长，保障被收养人和收养人的合法权益。遵循平等自愿的原则，并不得违背社会公德。

第三条　收养不得违背计划生育的法律、法规。

第二章　收养关系的成立

第四条　下列不满十四周岁的未成年人可以被收养：

（一）丧失父母的孤儿；

（二）查找不到生父母的弃婴和儿童；

（三）生父母有特殊困难无力抚养的子女。

第五条　下列公民、组织可以作送养人：

（一）孤儿的监护人；

（二）社会福利机构；

（三）有特殊困难无力抚养子女的生父母。

第六条 收养人应当同时具备下列条件：

（一）无子女；

（二）有抚养教育被收养人的能力；

（三）年满三十五周岁。

第七条 年满三十五周岁的无子女的公民收养三代以内同辈旁系血亲的子女，可以不受本法第四条第三项、第五条第三项、第九条和被收养人不满十四周岁的限制。

华侨收养三代以内同辈旁系血亲的子女，还可以不受收养人无子女的限制。

第八条 收养人只能收养一名子女。

收养孤儿或者残疾儿童可以不受收养人无子女和年满三十五周岁以及收养一名的限制。

第九条 无配偶的男性收养女性的，收养人与被收养人的年龄应当相差四十周岁以上。

第十条 生父母送养子女，须双方共同送养。生父母一方不明或者查找不到的可以单方送养。

有配偶者收养子女，须夫妻共同收养。

第十一条 收养人收养与送养人送养，须双方自愿。收养年满十周岁以上未成年人的，应当征得被收养人的同意。

第十二条 未成年人的父母均不具备完全民事行为能力的，该未成年人的监护人不得将其送养，但父母对该未成年人有严重危害可能的除外。

第十三条 监护人送养未成年孤儿的，须征得有抚养义务的人同意。有抚养义务的人不同意送养、监护人不愿意继续履行监护职责的，应当依照《中华人民共和国民法通则》的规定变更监护人。

第十四条 继父或者继母经继子女的生父母同意，可以收养继子女，并可以不受本法第四条第三项、第五条第三项、第六条和被收养人不满十四周岁的限制。

第十五条　收养查找不到生父母的弃婴和儿童以及社会福利机构抚养的孤儿的，应当向民政部门登记。

除前款规定外，收养应当由收养人、送养人依照本法规定的收养、送养条件订立书面协议，并可以办理收养公证；收养人或者送养人要求办理收养公证的，应当办理收养公证。

第十六条　孤儿或者生父母无力抚养的子女，可以由生父母的亲属、朋友抚养。

抚养人与被抚养人的关系不适用收养关系。

第十七条　配偶一方死亡，另一方送养未成年子女的，死亡一方的父母有优先抚养的权利。

第十八条　送养人不得以送养子女为理由违反计划生育的规定再生育子女。

第十九条　严禁买卖儿童或者借收养名义买卖儿童。

第二十条　外国人依照本法可以在中华人民共和国收养子女。

外国人在中华人民共和国收养子女，应当提供收养人的年龄、婚姻、职业、财产、健康、有无受过刑事处罚等状况的证明材料，该证明材料须经其所在国公证机构或者公证人公证，并经中华人民共和国驻该国使领馆认证。该收养人应当与送养人订立书面协议，亲自向民政部门登记，并到指定的公证处办理收养公证。收养关系自公证证明之日起成立。

第二十一条　收养人、送养人要求保守收养秘密的，其他人应当尊重其意愿，不得泄露。

第三章　收养的效力

第二十二条　自收养关系成立之日起，养父母与养子女间的权利义务关系，适用法律关于父母子女关系的规定；养子女与养父母的近亲属间的权利义务关系，适用法律关于子女与父母的近亲属关系的规定。

养子女与生父母及其他近亲属间的权利义务关系，因收养关系的成立而消除。

第二十三条 养子女可以随养父或者养母的姓，经当事人协商一致，也可以保留原姓。

第二十四条 违反《中华人民共和国民法通则》第五十五条和本法规定的收养行为无法律效力。

收养行为被人民法院确认无效的，从行为开始时起就没有法律效力。

第四章 收养关系的解除

第二十五条 收养人在被收养人成年以前，不得解除收养关系，但收养人、送养人双方协议解除的除外，养子女年满十周岁以上的，应当征得本人同意。

收养人不履行抚养义务，有虐待、遗弃等侵害未成年养子女合法权益行为的，送养人有权要求解除养父母与养子女间的收养关系。送养人、收养人不能达成解除收养关系协议的，可以向人民法院起诉。

第二十六条 养父母与成年养子女关系恶化、无法共同生活的，可以协议解除收养关系。不能达成协议的，可以向人民法院起诉。

第二十七条 当事人解除收养关系应当达成书面协议。收养关系是经民政部门登记成立的，应当到民政部门办理解除收养关系的登记。收养关系是经公证证明的，应当到公证处办理解除收养关系的公证证明。

第二十八条 收养关系解除后，养子女与养父母及其他近亲属间的权利义务关系即行消除，与生父母及其他近亲属间的权利义务关系自行恢复，但成年养子女与生父母及其他近亲属间的权利义务关系是否恢复，可以协商确定。

第二十九条　收养关系解除后，经养父母抚养的成年养子女，对缺乏劳动能力又缺乏生活来源的养父母，应当给付生活费。因养子女成年后虐待、遗弃养父母而解除收养关系的，养父母可以要求养子女补偿收养期间支出的生活费和教育费。

生父母要求解除收养关系的，养父母可以要求生父母适当补偿收养期间支出的生活费和教育费，但因养父母虐待、遗弃养子女而解除收养关系的除外。

第五章　法律责任

第三十条　借收养名义拐卖儿童的，依照《全国人民代表大会常务委员会关于严惩拐卖、绑架妇女、儿童的犯罪分子的决定》追究刑事责任。

遗弃婴儿的，由公安部门处一千元以下罚款；情节恶劣构成犯罪的，依照《中华人民共和国刑法》第一百八十三条追究刑事责任。

出卖亲生子女的，依照本条第二款规定处罚。

第六章　附　则

第三十一条　民族自治地方的人民代表大会及其常务委员会可以根据本法的原则，结合当地情况，制定变通的或者补充的规定。自治区的规定，报全国人民代表大会常务委员会备案。自治州、自治县的规定，报省或者自治区的人民代表大会常务委员会批准后生效，并报全国人民代表大会常务委员会备案。

第三十二条　国务院可以根据本法制定实施办法。

第三十三条　本法自 1992 年 4 月 1 日起施行。

2. 最高人民法院《关于适用〈中华人民共和国婚姻法〉若干问题的解释（一）》

（2001 年 12 月 24 日最高人民法院审判委员会第 1202 次会议通过）

法释〔2001〕30 号

最高人民法院《关于适用〈中华人民共和国婚姻法〉若干问题的解释（一）》已于 2001 年 12 月 24 日由最高人民法院审判委员会第 1202 次会议通过。现予公布，自 2001 年 12 月 27 日起施行。

为了正确审理婚姻家庭纠纷案件，根据《中华人民共和国婚姻法》（以下简称《婚姻法》）、《中华人民共和国民事诉讼法》等法律的规定，对人民法院适用婚姻法的有关问题作出如下解释：

第一条 婚姻法第三条、第三十二条、第四十三条、第四十五条、第四十六条所称的"家庭暴力"，是指行为人以殴打、捆绑、残害、强行限制人身自由或者其他手段，给其家庭成员的身体、精神等方面造成一定伤害后果的行为。持续性、经常性的家庭暴力，构成虐待。

第二条 婚姻法第三条、第三十二条、第四十六条规定的"有配偶者与他人同居"的情形，是指有配偶者与婚外异性，不以夫妻名义，持续、稳定地共同居住。

第三条 当事人仅以婚姻法第四条为依据提起诉讼的，人民法院不予受理；已经受理的，裁定驳回起诉。

第四条 男女双方根据婚姻法第八条规定补办结婚登记的，

婚姻关系的效力从双方均符合婚姻法所规定的结婚的实质要件时
起算。

第五条 未按婚姻法第八条规定办理结婚登记而以夫妻名义
共同生活的男女，起诉到人民法院要求离婚的，应当区别对待：

（一）1994 年 2 月 1 日民政部《婚姻登记管理条例》公布实
施以前，男女双方已经符合结婚实质要件的，按事实婚姻处理；

（二）1994 年 2 月 1 日民政部《婚姻登记管理条例》公布实
施以后，男女双方符合结婚实质要件的，人民法院应当告知其在
案件受理前补办结婚登记；未补办结婚登记的，按解除同居关系
处理。

第六条 未按婚姻法第八条规定办理结婚登记而以夫妻名义
共同生活的男女，一方死亡，另一方以配偶身份主张享有继承权
的，按照本解释第五条的原则处理。

第七条 有权依据婚姻法第十条规定向人民法院就已办理结
婚登记的婚姻申请宣告婚姻无效的主体，包括婚姻当事人及利害
关系人。利害关系人包括：

（一）以重婚为由申请宣告婚姻无效的，为当事人的近亲属及
基层组织。

（二）以未到法定婚龄为由申请宣告婚姻无效的，为未达法定
婚龄者的近亲属。

（三）以有禁止结婚的亲属关系为由申请宣告婚姻无效的，为
当事人的近亲属。

（四）以婚前患有医学上认为不应当结婚的疾病，婚后尚未治
愈为由申请宣告婚姻无效的，为与患病者共同生活的近亲属。

第八条 当事人依据婚姻法第十条规定向人民法院申请宣告
婚姻无效的，申请时，法定的无效婚姻情形已经消失的，人民法
院不予支持。

第九条 人民法院审理宣告婚姻无效案件，对婚姻效力的审

理不适用调解，应当依法作出判决；有关婚姻效力的判决一经作出，即发生法律效力。

涉及财产分割和子女抚养的，可以调解。调解达成协议的，另行制作调解书。对财产分割和子女抚养问题的判决不服的，当事人可以上诉。

第十条 婚姻法第十一条所称的"胁迫"，是指行为人以给另一方当事人或者其近亲属的生命、身体健康、名誉、财产等方面造成损害为要挟，迫使另一方当事人违背真实意愿结婚的情况。

因受胁迫而请求撤销婚姻的，只能是受胁迫一方的婚姻关系当事人本人。

第十一条 人民法院审理婚姻当事人因受胁迫而请求撤销婚姻的案件，应当适用简易程序或者普通程序。

第十二条 婚姻法第十一条规定的"一年"，不适用诉讼时效中止、中断或者延长的规定。

第十三条 婚姻法第十二条所规定的自始无效，是指无效或者可撤销婚姻在依法被宣告无效或被撤销时，才确定该婚姻自始不受法律保护。

第十四条 人民法院根据当事人的申请，依法宣告婚姻无效或者撤销婚姻的，应当收缴双方的结婚证书并将生效的判决书寄送当地婚姻登记管理机关。

第十五条 被宣告无效或被撤销的婚姻，当事人同居期间所得的财产，按共同共有处理。但有证据证明为当事人一方所有的除外。

第十六条 人民法院审理重婚导致的无效婚姻案件时，涉及财产处理的，应当准许合法婚姻当事人作为有独立请求权的第三人参加诉讼。

第十七条 婚姻法第十七条关于"夫或妻对夫妻共同所有的财产，有平等的处理权"的规定，应当理解为：

（一）夫或妻在处理夫妻共同财产上的权利是平等的。因日常生活需要而处理夫妻共同财产的，任何一方均有权决定。

（二）夫或妻非因日常生活需要对夫妻共同财产做重要处理决定，夫妻双方应当平等协商，取得一致意见。他人有理由相信其为夫妻双方共同意思表示的，另一方不得以不同意或不知道为由对抗善意第三人。

第十八条　婚姻法第十九条所称"第三人知道该约定的"，夫妻一方对此负有举证责任。

第十九条　婚姻法第十八条规定为夫妻一方所有的财产，不因婚姻关系的延续而转化为夫妻共同财产。但当事人另有约定的除外。

第二十条　婚姻法第二十一条规定的"不能独立生活的子女"，是指尚在校接受高中及其以下学历教育，或者丧失或未完全丧失劳动能力等非因主观原因而无法维持正常生活的成年子女。

第二十一条　婚姻法第二十一条所称"抚养费"，包括子女生活费、教育费、医疗费等费用。

第二十二条　人民法院审理离婚案件，符合第三十二条第二款规定"应准予离婚"情形的，不应当因当事人有过错而判决不准离婚。

第二十三条　婚姻法第三十三条所称的"军人一方有重大过错"，可以依据婚姻法第三十二条第二款前三项规定及军人有其他重大过错导致夫妻感情破裂的情形予以判断。

第二十四条　人民法院作出的生效的离婚判决中未涉及探望权，当事人就探望权问题单独提起诉讼的，人民法院应予受理。

第二十五条　当事人在履行生效判决、裁定或者调解书的过程中，请求中止行使探望权的，人民法院在征询双方当事人意见后，认为需要中止行使探望权的，依法作出裁定。中止探望的情形消失后，人民法院应当根据当事人的申请通知其恢复探望权的行使。

第二十六条 未成年子女、直接抚养子女的父或母及其他对未成年子女负担抚养、教育义务的法定监护人，有权向人民法院提出中止探望权的请求。

第二十七条 婚姻法第四十二条所称"一方生活困难"，是指依靠个人财产和离婚时分得的财产无法维持当地基本生活水平。

一方离婚后没有住处的，属于生活困难。

离婚时，一方以个人财产中的住房对生活困难者进行帮助的形式，可以是房屋的居住权或者房屋的所有权。

第二十八条 婚姻法第四十六条规定的"损害赔偿"，包括物质损害赔偿和精神损害赔偿。涉及精神损害赔偿的，适用最高人民法院《关于确定民事侵权精神损害赔偿责任若干问题的解释》的有关规定。

第二十九条 承担婚姻法第四十六条规定的损害赔偿责任的主体，为离婚诉讼当事人中无过错方的配偶。

人民法院判决不准离婚的案件，对于当事人基于婚姻法第四十六条提出的损害赔偿请求，不予支持。

在婚姻关系存续期间，当事人不起诉离婚而单独依据该条规定提起损害赔偿请求的，人民法院不予受理。

第三十条 人民法院受理离婚案件时，应当将婚姻法第四十六条等规定中当事人的有关权利义务，书面告知当事人。在适用婚姻法第四十六条时，应当区分以下不同情况：

（一）符合婚姻法第四十六条规定的无过错方作为原告基于该条规定向人民法院提起损害赔偿请求的，必须在离婚诉讼的同时提出。

（二）符合婚姻法第四十六条规定的无过错方作为被告的离婚诉讼案件，如果被告不同意离婚也不基于该条规定提起损害赔偿请求的，可以在离婚后一年内就此单独提起诉讼。

（三）无过错方作为被告的离婚诉讼案件，一审时被告未基于婚姻法第四十六条规定提出损害赔偿请求，二审期间提出的，人民法院应当进行调解，调解不成的，告知当事人在离婚后一年内另行起诉。

第三十一条　当事人依据婚姻法第四十七条的规定向人民法院提起诉讼，请求再次分割夫妻共同财产的诉讼时效为两年，从当事人发现之次日起计算。

第三十二条　婚姻法第四十八条关于对拒不执行有关探望子女等判决和裁定的，由人民法院依法强制执行的规定，是指对拒不履行协助另一方行使探望权的有关个人和单位采取拘留、罚款等强制措施，不能对子女的人身、探望行为进行强制执行。

第三十三条　婚姻法修改后正在审理的一、二审婚姻家庭纠纷案件，一律适用修改后的婚姻法。此前最高人民法院作出的相关司法解释如与本解释相抵触，以本解释为准。

第三十四条　本解释自公布之日起施行。

3. 最高人民法院《关于适用〈中华人民共和国婚姻法〉若干问题的解释（二）》

(2003 年 12 月 4 日最高人民法院审判委员会第 1299 次会议通过)

法释［2003］19 号

为正确审理婚姻家庭纠纷案件，根据《中华人民共和国婚姻法》（以下简称婚姻法）、《中华人民共和国民事诉讼法》等相关法律规定，对人民法院适用婚姻法的有关问题作出如下解释：

第一条 当事人起诉请求解除同居关系的，人民法院不予受理。但当事人请求解除的同居关系，属于婚姻法第三条、第三十二条、第四十六条规定的"有配偶者与他人同居"的，人民法院应当受理并依法予以解除。

当事人因同居期间财产分割或者子女抚养纠纷提起诉讼的，人民法院应当受理。

第二条 人民法院受理申请宣告婚姻无效案件后，经审查确属无效婚姻的，应当依法作出宣告婚姻无效的判决。原告申请撤诉的，不予准许。

第三条 人民法院受理离婚案件后，经审查确属无效婚姻的，应当将婚姻无效的情形告知当事人，并依法作出宣告婚姻无效的判决。

第四条 人民法院审理无效婚姻案件，涉及财产分割和子女抚养的，应当对婚姻效力的认定和其他纠纷的处理分别制作裁判文书。

　　第五条　夫妻一方或者双方死亡后一年内，生存一方或者利害关系人依据婚姻法第十条的规定申请宣告婚姻无效的，人民法院应当受理。

　　第六条　利害关系人依据婚姻法第十条的规定，申请人民法院宣告婚姻无效的，利害关系人为申请人，婚姻关系当事人双方为被申请人。

　　夫妻一方死亡的，生存一方为被申请人。

　　夫妻双方均已死亡的，不列被申请人。

　　第七条　人民法院就同一婚姻关系分别受理了离婚和申请宣告婚姻无效案件的，对于离婚案件的审理，应当待申请宣告婚姻无效案件作出判决后进行。

　　前款所指的婚姻关系被宣告无效后，涉及财产分割和子女抚养的，应当继续审理。

　　第八条　离婚协议中关于财产分割的条款或者当事人因离婚就财产分割达成的协议，对男女双方具有法律约束力。

　　当事人因履行上述财产分割协议发生纠纷提起诉讼的，人民法院应当受理。

　　第九条　男女双方协议离婚后一年内就财产分割问题反悔，请求变更或者撤销财产分割协议的，人民法院应当受理。

　　人民法院审理后，未发现订立财产分割协议时存在欺诈、胁迫等情形的，应当依法驳回当事人的诉讼请求。

　　第十条　当事人请求返还按照习俗给付的彩礼的，如果查明属于以下情形，人民法院应当予以支持：

　　（一）双方未办理结婚登记手续的；

　　（二）双方办理结婚登记手续但确未共同生活的；

　　（三）婚前给付并导致给付人生活困难的。

　　适用前款第（二）、（三）项的规定，应当以双方离婚为条件。

　　第十一条　婚姻关系存续期间，下列财产属于婚姻法第十七

条规定的"其他应当归共同所有的财产":

（一）一方以个人财产投资取得的收益；

（二）男女双方实际取得或者应当取得的住房补贴、住房公积金；

（三）男女双方实际取得或者应当取得的养老保险金、破产安置补偿费。

第十二条 婚姻法第十七条第三项规定的"知识产权的收益"，是指婚姻关系存续期间，实际取得或者已经明确可以取得的财产性收益。

第十三条 军人的伤亡保险金、伤残补助金、医药生活补助费属于个人财产。

第十四条 人民法院审理离婚案件，涉及分割发放到军人名下的复员费、自主择业费等一次性费用的，以夫妻婚姻关系存续年限乘以年平均值，所得数额为夫妻共同财产。

前款所称年平均值，是指将发放到军人名下的上述费用总额按具体年限均分得出的数额。其具体年限为人均寿命七十岁与军人入伍时实际年龄的差额。

第十五条 夫妻双方分割共同财产中的股票、债券、投资基金份额等有价证券以及未上市股份有限公司股份时，协商不成或者按市价分配有困难的，人民法院可以根据数量按比例分配。

第十六条 人民法院审理离婚案件，涉及分割夫妻共同财产中以一方名义在有限责任公司的出资额，另一方不是该公司股东的，按以下情形分别处理：

（一）夫妻双方协商一致将出资额部分或者全部转让给该股东的配偶，过半数股东同意、其他股东明确表示放弃优先购买权的，该股东的配偶可以成为该公司股东；

（二）夫妻双方就出资额转让份额和转让价格等事项协商一致后，过半数股东不同意转让，但愿意以同等价格购买该出资额的，人民法院可以对转让出资所得财产进行分割。过半数股东不同意转让，也不愿意以同等价格购买该出资额的，视为其同意转让，该股东的配偶可以成为该公司股东。

用于证明前款规定的过半数股东同意的证据，可以是股东会决议，也可以是当事人通过其他合法途径取得的股东的书面声明材料。

第十七条　人民法院审理离婚案件，涉及分割夫妻共同财产中以一方名义在合伙企业中的出资，另一方不是该企业合伙人的，当夫妻双方协商一致，将其合伙企业中的财产份额全部或者部分转让给对方时，按以下情形分别处理：

（一）其他合伙人一致同意的，该配偶依法取得合伙人地位；

（二）其他合伙人不同意转让，在同等条件下行使优先受让权的，可以对转让所得的财产进行分割；

（三）其他合伙人不同意转让，也不行使优先受让权，但同意该合伙人退伙或者退还部分财产份额的，可以对退还的财产进行分割；

（四）其他合伙人既不同意转让，也不行使优先受让权，又不同意该合伙人退伙或者退还部分财产份额的，视为全体合伙人同意转让，该配偶依法取得合伙人地位。

第十八条　夫妻以一方名义投资设立独资企业的，人民法院分割夫妻在该独资企业中的共同财产时，应当按照以下情形分别处理：

（一）一方主张经营该企业的，对企业资产进行评估后，由取得企业一方给予另一方相应的补偿；

（二）双方均主张经营该企业的，在双方竞价基础上，由取得企业的一方给予另一方相应的补偿；

（三）双方均不愿意经营该企业的，按照《中华人民共和国个人独资企业法》等有关规定办理。

第十九条 由一方婚前承租、婚后用共同财产购买的房屋，房屋权属证书登记在一方名下的，应当认定为夫妻共同财产。

第二十条 双方对夫妻共同财产中的房屋价值及归属无法达成协议时，人民法院按以下情形分别处理：

（一）双方均主张房屋所有权并且同意竞价取得的，应当准许；

（二）一方主张房屋所有权的，由评估机构按市场价格对房屋作出评估，取得房屋所有权的一方应当给予另一方相应的补偿；

（三）双方均不主张房屋所有权的，根据当事人的申请拍卖房屋，就所得价款进行分割。

第二十一条 离婚时双方对尚未取得所有权或者尚未取得完全所有权的房屋有争议且协商不成的，人民法院不宜判决房屋所有权的归属，应当根据实际情况判决由当事人使用。

当事人就前款规定的房屋取得完全所有权后，有争议的，可以另行向人民法院提起诉讼。

第二十二条 当事人结婚前，父母为双方购置房屋出资的，该出资应当认定为对自己子女的个人赠与，但父母明确表示赠与双方的除外。

当事人结婚后，父母为双方购置房屋出资的，该出资应当认定为对夫妻双方的赠与，但父母明确表示赠与一方的除外。

第二十三条 债权人就一方婚前所负个人债务向债务人的配偶主张权利的，人民法院不予支持。但债权人能够证明所负债务用于婚后家庭共同生活的除外。

第二十四条 债权人就婚姻关系存续期间夫妻一方以个人名义所负债务主张权利的，应当按夫妻共同债务处理。但夫妻一方能够证明债权人与债务人明确约定为个人债务，或者能够证明属于婚姻法第十九条第三款规定情形的除外。

第二十五条 当事人的离婚协议或者人民法院的判决书、裁定书、调解书已经对夫妻财产分割问题作出处理的，债权人仍有权就夫妻共同债务向男女双方主张权利。

一方就共同债务承担连带清偿责任后，基于离婚协议或者人民法院的法律文书向另一方主张追偿的，人民法院应当支持。

第二十六条 夫或妻一方死亡的，生存一方应当对婚姻关系存续期间的共同债务承担连带清偿责任。

第二十七条 当事人在婚姻登记机关办理离婚登记手续后，以婚姻法第四十六条规定为由向人民法院提出损害赔偿请求的，人民法院应当受理。但当事人在协议离婚时已经明确表示放弃该项请求，或者在办理离婚登记手续一年后提出的，不予支持。

第二十八条 夫妻一方申请对配偶的个人财产或者夫妻共同财产采取保全措施的，人民法院可以在采取保全措施可能造成损失的范围内，根据实际情况，确定合理的财产担保数额。

第二十九条 本解释自 2004 年 4 月 1 日起施行。

本解释施行后，人民法院新受理的一审婚姻家庭纠纷案件，适用本解释。

本解释施行后，此前最高人民法院作出的相关司法解释与本解释相抵触的，以本解释为准。

4. 最高人民法院《关于适用〈中华人民共和国婚姻法〉若干问题的解释（三）》

（2011 年 7 月 4 日最高人民法院审判委员会第 1525 次会议通过）

法释〔2011〕18 号

为正确审理婚姻家庭纠纷案件，根据《中华人民共和国婚姻法》、《中华人民共和国民事诉讼法》等相关法律规定，对人民法院适用婚姻法的有关问题作出如下解释：

第一条　当事人以婚姻法第十条规定以外的情形申请宣告婚姻无效的，人民法院应当判决驳回当事人的申请。

当事人以结婚登记程序存在瑕疵为由提起民事诉讼，主张撤销结婚登记的，告知其可以依法申请行政复议或者提起行政诉讼。

第二条　夫妻一方向人民法院起诉请求确认亲子关系不存在，并已提供必要证据予以证明，另一方没有相反证据又拒绝做亲子鉴定的，人民法院可以推定请求确认亲子关系不存在一方的主张成立。

当事人一方起诉请求确认亲子关系，并提供必要证据予以证明，另一方没有相反证据又拒绝做亲子鉴定的，人民法院可以推定请求确认亲子关系一方的主张成立。

第三条　婚姻关系存续期间，父母双方或者一方拒不履行抚养子女义务，未成年或者不能独立生活的子女请求支付抚养费的，人民法院应予支持。

第四条　婚姻关系存续期间，夫妻一方请求分割共同财产的，人民法院不予支持，但有下列重大理由且不损害债权人利益的除外：

（一）一方有隐藏、转移、变卖、毁损、挥霍夫妻共同财产或者伪造夫妻共同债务等严重损害夫妻共同财产利益行为的；

（二）一方负有法定扶养义务的人患重大疾病需要医治，另一方不同意支付相关医疗费用的。

第五条　夫妻一方个人财产在婚后产生的收益，除孳息和自然增值外，应认定为夫妻共同财产。

第六条　婚前或者婚姻关系存续期间，当事人约定将一方所有的房产赠与另一方，赠与方在赠与房产变更登记之前撤销赠与，另一方请求判令继续履行的，人民法院可以按照合同法第一百八十六条的规定处理。

第七条　婚后由一方父母出资为子女购买的不动产，产权登记在出资人子女名下的，可按照婚姻法第十八条第（三）项的规定，视为只对自己子女一方的赠与，该不动产应认定为夫妻一方的个人财产。

由双方父母出资购买的不动产，产权登记在一方子女名下的，该不动产可认定为双方按照各自父母的出资份额按份共有，但当事人另有约定的除外。

第八条　无民事行为能力人的配偶有虐待、遗弃等严重损害无民事行为能力一方的人身权利或者财产权益行为，其他有监护资格的人可以依照特别程序要求变更监护关系；变更后的监护人代理无民事行为能力一方提起离婚诉讼的，人民法院应予受理。

第九条　夫以妻擅自中止妊娠侵犯其生育权为由请求损害赔偿的，人民法院不予支持；夫妻双方因是否生育发生纠纷，致使感情确已破裂，一方请求离婚的，人民法院经调解无效，应依照婚姻法第三十二条第三款第（五）项的规定处理。

第十条　夫妻一方婚前签订不动产买卖合同，以个人财产支付首付款并在银行贷款，婚后用夫妻共同财产还贷，不动产登记于首付款支付方名下的，离婚时该不动产由双方协议处理。

依前款规定不能达成协议的，人民法院可以判决该不动产归产权登记一方，尚未归还的贷款为产权登记一方的个人债务。双方婚后共同还贷支付的款项及其相对应财产增值部分，离婚时应根据婚姻法第三十九条第一款规定的原则，由产权登记一方对另一方进行补偿。

第十一条 一方未经另一方同意出售夫妻共同共有的房屋，第三人善意购买、支付合理对价并办理产权登记手续，另一方主张追回该房屋的，人民法院不予支持。

夫妻一方擅自处分共同共有的房屋造成另一方损失，离婚时另一方请求赔偿损失的，人民法院应予支持。

第十二条 婚姻关系存续期间，双方用夫妻共同财产出资购买以一方父母名义参加房改的房屋，产权登记在一方父母名下，离婚时另一方主张按照夫妻共同财产对该房屋进行分割的，人民法院不予支持。购买该房屋时的出资，可以作为债权处理。

第十三条 离婚时夫妻一方尚未退休、不符合领取养老保险金条件，另一方请求按照夫妻共同财产分割养老保险金的，人民法院不予支持；婚后以夫妻共同财产缴付养老保险费，离婚时一方主张将养老金账户中婚姻关系存续期间个人实际缴付部分作为夫妻共同财产分割的，人民法院应予支持。

第十四条 当事人达成的以登记离婚或者到人民法院协议离婚为条件的财产分割协议，如果双方协议离婚未成，一方在离婚诉讼中反悔的，人民法院应当认定该财产分割协议没有生效，并根据实际情况依法对夫妻共同财产进行分割。

第十五条 婚姻关系存续期间，夫妻一方作为继承人依法可以继承的遗产，在继承人之间尚未实际分割，起诉离婚时另一方请求分割的，人民法院应当告知当事人在继承人之间实际分割遗产后另行起诉。

第十六条 夫妻之间订立借款协议，以夫妻共同财产出借给一方从事个人经营活动或用于其他个人事务的，应视为双方约定处分夫妻共同财产的行为，离婚时可按照借款协议的约定处理。

第十七条 夫妻双方均有婚姻法第四十六条规定的过错情形，一方或者双方向对方提出离婚损害赔偿请求的，人民法院不予支持。

第十八条 离婚后，一方以尚有夫妻共同财产未处理为由向人民法院起诉请求分割的，经审查该财产确属离婚时未涉及的夫妻共同财产，人民法院应当依法予以分割。

第十九条 本解释施行后，最高人民法院此前作出的相关司法解释与本解释相抵触的，以本解释为准。

5. 最高人民法院《关于驻外使领馆处理华侨婚姻问题的若干规定》

(1983 年 11 月 28 日)

近年来，居住在国外的中国公民要求办理结婚和离婚登记的案件日益增多。受理这类案件时，应严格按照中华人民共和国婚姻法的基本精神，并照顾到他们居住在国外的实际情况，加以妥善处理。为此特作如下规定：

一、华侨结婚

1. 为了方便华侨在居住国结婚，我们鼓励华侨按居住国的法律在当地办理结婚登记或举行结婚仪式。如当地有关当局为此征求我驻外使领馆的意见，可按以下原则处理：

（1）如该婚姻符合我国婚姻法的规定，我可应其要求用口头表示或书面证明：

"×××与×××申请结婚，其婚姻的缔结符合中华人民共和国婚姻法关于结婚的规定"。

（2）如该婚姻除年龄和禁止近亲通婚的规定外，其他均符合我婚姻法的规定，我也可应其要求，根据情况用口头表示或书面证明：

"鉴于×××与×××已在××国定居，如××国有关当局依照当地法律准许他们结婚，我们不表示异议"。

（3）目前有些使领馆应驻在国有关当局的要求，为合乎本条（1）、（2）情况的婚姻出具的证明，虽同上述两种证明的措辞不一致，但如它符合我婚姻法的基本精神，并已为驻在国有关当局所接受者，可将所出具证明的格式和案例报外交部领事司转民政部民政司备案后，仍按过去惯用格式办理。

（4）如该婚姻违反我婚姻法关于禁止干涉婚姻自由和禁止重婚的规定，我既不能承认该婚姻为有效，也不能为其出具任何证明。

（5）华侨与外国人（包括外籍华人）申请结婚登记，我使领馆不受理。如当地有关当局要求我使领馆出具证明时，我可根据情况用口头表示或书面证明：

"中国籍人×××与××国籍人×××申请结婚，我们不表示异议"。

2. 遇有下列情况之一的结婚申请，我使领馆不宜受理：

（1）驻在国法律不承认外国使领馆办理的结婚登记为有效；

（2）不符合我婚姻法关于结婚的规定。

3. 申请结婚的男女双方均是华侨，且符合我婚姻法的规定者，如驻在国法律允许，双方又坚持要我使领馆为其办理结婚登记的，我使领馆可为其办理结婚登记，并颁发结婚证书。如驻在国有关当局要求，我也可为该证书出具译文，并证明其与原本相符。

二、华侨离婚

1. 鉴于离婚案件比较复杂，我驻外使领馆原则上不受理华侨申请离婚的案件。

2. 夫妻一方居住在国外，另一方居住在国内，如双方自愿要求离婚，对抚养子女，赡养父母和处理财产等均无争议的，可按我国婚姻法第二十四条的规定，在国内一方户籍所在地或居所地的婚姻登记机关办理离婚手续。如一方不能到婚姻登记机关申请离婚或双方对离婚有争议，不论那一方提起诉讼，均应向国内一方户籍所在地或居所地的人民法院起诉。

如居住在国外的一方已向居住国法院起诉，居住在国内一方可根据情况采取必要的法律步骤。对此，我驻外使领馆应给予必要的协助。

3. 夫妻双方均是居住在国外的华侨，他们要求离婚，原则上应向居所地有关机关申请办理离婚手续。

如他们原先是在国内办理结婚登记的，现因某种原因，居住地有关机关不受理时，双方可以回国向原结婚登记机关或结婚登记地人民法院申办离婚。如双方因特殊情况不能回国时，当事人可办理授权委托书，委托国内亲友或律师为代理人代为办理，并向国内原结婚登记机关或结婚登记地人民法院提交书面意见，由该登记机关办理或人民法院审理。委托书和意见书均须经当地公证机关公证，我驻外使领馆认证。上述委托书和意见书也可由我驻外使领馆直接公证。如他们原在我驻外使领馆登记结婚的，申请离婚时，双方无争议的，可向原经办结婚登记的我驻外使领馆办理离婚手续；双方有争议的，则应向出国前最后户籍所在地或居所地的人民法院起诉。如已迁居其他国家仍按以上规定办理，但有关法律文书需经居住国公证机关公证，我驻该国使领馆认证。如已回国定居，其离婚申请则向户籍所在地的婚姻登记机关或人民法院提出。

如他们原是在外国婚姻登记机关办理结婚登记或举行结婚仪式的，他们的离婚案件国内不受理。如他们已回国定居而要求离婚，应向其户籍所在地的婚姻登记机关或人民法院提出。

4. 居住在国外的华侨与其配偶（包括居住在国内的中国公民）经居住国法院判决离婚的，如当事人双方对判决无异议，我可不干预。如该判决不违反我婚姻法的基本精神，当事人双方对该判决又无异议，我也可承认它对双方当事人在法律上均有拘束力。如该判决书要在国内执行，应根据我国民诉法 204 条的规定进行审查。

5. 夫妻双方现均系外籍华人，或一方系华侨另一方现系外籍华人，要求离婚，应向居住国有关机关申请办理离婚手续。我驻外使领馆一般不予受理。如他们原先是在中国或我驻外领使馆办理结婚登记的，现因某种原因，居住国有关机关不受理时，我驻外使领馆可参照处理华侨离婚案件的规定精神予以受理。

6. 华侨因离婚受到不公正的对待或不应有的损失时，使领馆为维护华侨的正当权益，应视具体情况，予以关心并采取适应措施。

三、凡本规定未涉及的较复杂的婚姻案件仍请逐案报民政部、最高人民法院和外交部审批处理。

四、办理华侨离婚登记的收费额，可参照 1981 年 5 月 18 日外交部和国务院侨办签发的〔81〕部领二字第 222 号《关于办理华侨结婚登记收费事》的指示收取。

本规定仅供内部掌握使用。

6. 最高人民法院《关于人民法院审理离婚案件如何认定夫妻关系确已破裂的若干具体意见》

人民法院审理离婚案件，准予或不准离婚应以夫妻感情是否确已破裂作为区分的界限。判断夫妻感情是否确已破裂，应当从婚姻基础、婚后感情、离婚原因、夫妻关系的现状和有无和好的可能等方面综合分析。根据婚姻法的有关规定和审判实践经验，凡属下列情形之一的，视为夫妻感情确已破裂。一方坚决要求离婚，经调解无效，可依法判决准予离婚。

1. 一方患有法定禁止结婚的疾病，或一方有生理缺陷及其他原因不能发生性行为，且难以治愈的。

2. 婚前缺乏了解，草率结婚，婚后未建立起夫妻感情，难以共同生活的。

3. 婚前隐瞒了精神病，婚后经治不愈，或者婚前知道对方患有精神病而与其结婚，或一方在夫妻共同生活期间患精神病，久治不愈的。

4. 一方欺骗对方，或者在结婚登记时弄虚作假，骗取《结婚证》的。

5. 双方办理结婚登记后，未同居生活，无和好可能的。

6. 包办、买卖婚姻，婚后一方随即提出离婚，或者虽共同生活多年，但确未建立起夫妻感情的。

7. 因感情不和分居已满三年，确无和好可能的，或者经人民法院判决不准离婚后又分居满一年，互不履行夫妻义务的。

8. 一方与他人通奸、非法同居，经教育仍无悔改表现，无过错一方起诉离婚，或者过错方起诉离婚，对方不同意离婚，经批评教育、处分，或在人民法院判决不准离婚后，过错方又起诉离婚，确无和好可能的。

9. 一方重婚，对方提出离婚的。

10. 一方好逸恶劳、有赌博等恶习，不履行家庭义务，屡教不改，夫妻难以共同生活的。

11. 一方被依法判处长期徒刑，或其违法，犯罪行为严重伤害夫妻感情的。

12. 一方下落不明满二年，对方起诉离婚，经公告查找确无下落的。

13. 受对方的虐待、遗弃，或者受对方亲属虐待，或虐待对方亲属，经教育不改，另一方不谅解的。

14. 因其他原因导致夫妻感情确已破裂的。

7. 最高人民法院《关于人民法院审理离婚案件处理 财产分割问题的若干具体意见》

人民法院审理离婚案件对夫妻共同财产的处理，应当依照《中华人民共和国婚姻法》、《中华人民共和国妇女权益保障法》及有关法律规定，分清个人财产、夫妻共同财产和家庭共同财产，坚持男女平等，保护妇女、儿童的合法权益，照顾无过错方，尊重当事人意愿，有利生产、方便生活的原则，合情合理地予以解决。根据上述原则，结合审判实践，提出如下具体意见：

1. 夫妻双方对财产归谁所有以书面形式约定的，或以口头形式约定，双方无争议的，离婚时应按约定处理。但规避法律的约定无效。

2. 夫妻双方在婚姻关系存续期间所得的财产，为夫妻共同财产，包括：

（1）一方或双方劳动所得的收入和购置的财产；

（2）一方或双方继承、受赠的财产；

（3）一方或双方由知识产权取得的经济利益；

（4）一方或双方从事承包、租赁等生产、经营活动的收益；

（5）一方或双方取得的债权；

（6）一方或双方的其他合法所得。

3. 在婚姻关系存续期间，复员、转业军人所得的复员费、转业费，结婚时间10年以上的，应按夫妻共同财产进行分割。复员军人从部队带回的医药补助费和回乡生产补助费，应归本人所有。

4. 夫妻分居两地分别管理、使用的婚后所得财产，应认定为夫妻共同财产。在分割财产时，各自分别管理、使用的财产归各自所有。双方所分财产相差悬殊的，差额部分，由多得财产的一方以与差额相当的财产抵偿另一方。

5. 已登记结婚，尚未共同生活，一方或双方受赠的礼金、礼物应认定为夫妻共同财产，具体处理时应考虑财产来源、数量等情况合理分割。各自出资购置、各自使用的财物，原则上归各自所有。

6. 一方婚前个人所有的财产，婚后由双方共同使用、经营、管理的，房屋和其他价值较大的生产资料经过 8 年，贵重的生活资料经过 4 年，可视为夫妻共同财产。

7. 对个人财产还是夫妻共同财产难以确定的，主张权利的一方有责任举证。当事人举不出有力证据，人民法院又无法查实的，按夫妻共同财产处理。

8. 夫妻共同财产，原则上均等分割。根据生产、生活的实际需要和财产的来源等情况，具体处理时也可以有所差别。属于个人专用的物品，一般归个人所有。

9. 一方以夫妻共同财产与他人合伙经营的，入伙的财产可分给一方所有，分得入伙财产的一方对另一方应给予相当于入伙财产一半价值的补偿。

10. 属于夫妻共同财产的生产资料，可分给有经营条件和能力的一方。分得该生产资料的一方对另一方应给予相当于该财产一半价值的补偿。

11. 对夫妻共同经营的当年无收益的养殖、种植业等，离婚时应从有利于发展生产、有利于经营管理考虑，予以合理分割或折价处理。

12. 婚后 8 年内双方对婚前一方所有的房屋进行过修缮、装修、原拆原建，离婚时未变更产权的，房屋仍归产权人所有，增值部分中属于另一方应得的份额，由房屋所有权人折价补偿另一方；进行过扩建的，扩建部分的房屋应按夫妻共同财产处理。

13. 对不宜分割使用的夫妻共有的房屋，应根据双方住房情况和照顾抚养子女方或无过错方等原则分给一方所有。分得房屋的一方对另一方应给予相当于该房屋一半价值的补偿。在双方条件等同的情况下，应照顾女方。

14. 婚姻存续期间居住的房屋属于一方所有，另一方以离婚后无房居住为由，要求暂住的，经查实可据情予以支持，但一般不超过两年。

无房一方租房居住经济上确有困难的，享有房屋产权的一方可给予一次性经济帮助。

15. 离婚时一方尚未取得经济利益的知识产权，归一方所有。在分割夫妻共同财产时，可根据具体情况，对另一方予以适当的照顾。

16. 婚前个人财产在婚后共同生活中自然毁损、消耗、灭失，离婚时一方要求以夫妻共同财产抵偿的，不予支持。

17. 夫妻为共同生活或为履行抚养、赡养义务等所负债务，应认定为夫妻共同债务，离婚时应当以夫妻共同财产清偿。

下列债务不能认定为夫妻共同债务，应由一方以个人财产清偿：

（1）夫妻双方约定由个人负担的债务，但以逃避债务为目的的除外。

（2）一方未经对方同意，擅自资助与其没有抚养义务的亲朋所负的债务。

（3）一方未经对方同意，独自筹资从事经营活动，其收入确未用于共同生活所负的债务。

（4）其他应由个人承担的债务。

18. 婚前一方借款购置的房屋等财物已转化为夫妻共同财产的，为购置财物借款所负债务，视为夫妻共同债务。

19. 借婚姻关系索取的财物，离婚时，如结婚时间不长，或者因索要财物造成对方生活困难的，可酌情返还。

对取得财物的性质是索取还是赠与难以认定的，可按赠与处理。

20. 离婚时夫妻共同财产未从家庭共同财产中析出，一方要求析产的，可先就离婚和已查清的财产问题进行处理，对一时确实难以查清的财产的分割问题可告知当事人另案处理；或者中止离婚诉讼，待析产案件审结后再恢复离婚诉讼。

21. 一方将夫妻共同财产非法隐藏、转移拒不交出的，或非法变卖、毁损的，分割财产时，对隐藏、转移、变卖、毁损财产的一方，应予以少分或不分。具体处理时，应把隐藏、转移、变卖、毁损的财产作为隐藏、转移、变卖、毁损财产的一方分得的财产份额，对另一方的应得的份额应以其他夫妻共同财产折抵，不足折抵的，差额部分由隐藏、转移、变卖、毁损财产的一方折价补偿对方。

对非法隐藏、转移、变卖、毁损夫妻共同财产的一方，人民法院可依照《中华人民共和国民事诉讼法》第一百零二条的规定进行处理。

22. 属于事实婚姻的，其财产分割适用本意见。

属于非法同居的，其财产分割按最高人民法院《关于人民法院审理未办结婚登记而以夫妻名义同居生活案件的若干意见》的有关规定处理。

8. 最高人民法院《关于人民法院审理离婚案件处理子女抚养问题的若干具体意见》

人民法院审理离婚案件，对子女抚养问题，应当依照《中华人民共和国婚姻法》第二十九条、第三十条及有关法律规定，从有利于子女身心健康，保障子女的合法权益出发，结合父母双方的抚养能力和抚养条件等具体情况妥善解决。根据上述原则，结合审判实践，提出如下具体意见：

1. 两周岁以下的子女，一般随母方生活。母方有下列情形之一的，可随父方生活：

（1）患有久治不愈的传染性疾病或其他严重疾病，子女不宜与其共同生活的；

（2）有抚养条件不尽抚养义务，而父方要求子女随其生活的；

（3）因其他原因，子女确无法随母方生活的。

2. 父母双方协议两周以下子女随父方生活，并对子女健康成长无不利影响的，可予准许。

3. 对两周岁以上未成年的子女，父方和母方均要求随其生活，一方有下列情形之一的，可予优先考虑：

（1）已做绝育手术或因其他原因丧失生育能力的；

（2）子女随其生活时间较长，改变生活环境对子女健康成长明显不利的；

（3）无其他子女，而另一方有其他子女的；

（4）子女随其生活，对子女成长有利，而另一方患有久治不愈的传染性疾病或其他严重疾病，或者有其他不利于子女身心健康的情形，不宜与子女共同生活的。

4. 父方与母方抚养子女的条件基本相同，双方均要求子女与其共同生活，但子女单独随祖父母或外祖父母共同生活多年，且祖父母或外祖父母要求并且有能力帮助子女照顾孙子女或外孙子女的，可作为子女随父或母生活的优先条件予以考虑。

5. 父母双方对十周岁以上的未成年子女随父或随母生活发生争执的，应考虑该子女的意见。

6. 在有利于保护子女利益的前提下，父母双方协议轮流抚养子女的，可予准许。

7. 子女抚育费的数额，可根据子女的实际需要、父母双方的负担能力和当地的实际生活水平确定。

有固定收入的，抚育费一般可按其月总收入的百分之二十至三十的比例给付。负担两个以上子女抚育费的，比例可适当提高，但一般不得超过月总收入的百分之五十。

无固定收入的，抚育费的数额可依据当年总收入或同行业平均收入，参照上述比例确定。

有特殊情况的，可适当提高或降低上述比例。

8. 抚育费应定期给付，有条件的可一次性给付。

9. 对一方无经济收入或者下落不明的，可用其财物折抵子女抚育费。

10. 父母双方可以协议子女随一方生活并由抚养方负担子女全部抚育费。但经查实，抚养方的抚养能力明显不能保障子女所需费用，影响子女健康成长的，不予准许。

11. 抚育费的给付期限，一般至子女十八周岁为止。

十六周岁以上不满十八周岁，以其劳动收入为主要生活来源，并能维持当地一般生活水平的，父母可停止给付抚育费。

12. 尚未独立生活的成年子女有下列情形之一，父母又有给付能力的，仍应负担必要的抚育费：

（1）丧失劳动能力或虽未完全丧失劳动能力，但其收入不足以维持生活的；

（2）尚在校就读的；

（3）确无独立生活能力和条件的。

13. 生父与继母或生母与继父离婚时，对曾受其抚养教育的继子女，继父或继母不同意继续抚养的，仍应由生父母抚养。

14.《中华人民共和国收养法》施行前，夫或妻一方收养的子女，对方未表示反对，并与该子女形成事实收养关系的，离婚后，应由双方负担子女的抚育费；夫或妻一方收养的子女，对方始终反对的，离婚后，应由收养方抚养该子女。

15. 离婚后，一方要求变更子女抚养关系的，或者子女要求增加抚育费的，应另行起诉。

16. 一方要求变更子女抚养关系有下列情形之一的，应予支持。

（1）与子女共同生活的一方因患严重疾病或因伤残无力继续抚养子女的；

（2）与子女共同生活的一方不尽抚养义务或有虐待子女行为，或其与子女共同生活对子女身心健康确有不利影响的；

（3）十周岁以上未成年子女，愿随另一方生活，该方又有抚养能力的；

（4）有其他正当理由需要变更的。

17. 父母双方协议变更子女抚养关系的，应予准许。

18. 子女要求增加抚育费有下列情形之一，父或母有给付能力的，应予支持。

（1）原定抚育费数额不足以维持当地实际生活水平的；

（2）因子女患病、上学，实际需要已超过原定数额的；

（3）有其他正当理由应当增加的。

19. 父母不得因子女变更姓氏而拒付子女抚育费。父或母一方擅自将子女姓氏改为继母或继父姓氏而引起纠纷的，应责令恢复原姓氏。

20. 在离婚诉讼期间，双方均拒绝抚养子女的，可先行裁定暂由一方抚养。

21. 对拒不履行或妨害他人履行生效判决、裁定、调解中有关子女抚养义务的当事人或者其他人，人民法院可依照《中华人民共和国民事诉讼法》第一百零二条的规定采取强制措施。

9. 最高人民法院《关于贯彻执行〈中华人民共和国继承法〉若干问题的意见》

(1985 年 9 月 11 日)

第六届全国人民代表大会第三次会议通过的《中华人民共和国继承法》，是我国公民处理继承问题的准则，是人民法院正确、及时审理继承案件的依据。人民法院贯彻执行继承法，要根据社会主义的法制原则，坚持继承权男女平等，贯彻互相扶助和权利义务相一致的精神，依法保护公民的私有财产的继承权。

为了正确贯彻执行继承法，我们根据继承法的有关规定和审判实践经验，对审理继承案件中具体适用继承法的一些问题，提出以下意见，供各级人民法院在审理继承案件时试行。

一、关于总则部分

1. 继承从被继承人生理死亡或被宣告死亡时开始。

失踪人被宣告死亡的，以法院判决中确定的失踪人的死亡日期，为继承开始的时间。

2. 相互有继承关系的几个人在同一事件中死亡，如不能确定死亡先后时间的，推定没有继承人的人先死亡。死亡人各自都有继承人的，如几个死亡人辈分不同，推定长辈先死亡；几个死亡人辈分相同，推定同时死亡，彼此不发生继承，由他们各自的继承人分别继承。

3. 公民可继承的其他合法财产包括有价证券和履行标的为财

物的债权等。

4. 承包人死亡时尚未取得承包收益的，可把死者生前对承包所投入的资金和所付出的劳动及其增值和孳息，由发包单位或者接续承包合同的人合理折价、补偿，其价额作为遗产。

5. 被继承人生前与他人订有遗赠扶养协议，同时又立有遗嘱的，继承开始后，如果遗赠扶养协议与遗嘱没有抵触，遗产分别按协议和遗嘱处理；如果有抗触，按协议处理，与协议抵触的遗嘱全部或部分无效。

6. 遗嘱继承人依遗嘱取得遗产后，仍有权依继承法第十三条的规定取得遗嘱未处分的遗产。

7. 不满六周岁的儿童、精神病患者，可以认定其为无行为能力人。已满六周岁，不满十八周岁的未成年人，应当认定其为限制行为能力人。

8. 法定代理人代理被代理人行使继承权、受遗赠权，不得损害被代理人的利益。法定代理人一般不能代理被代理人放弃继承权、受遗赠权。明显损害被代理人利益的，应认定其代理行为无效。

9. 在遗产继承中，继承人之间因是否丧失继承权发生纠纷，诉讼到人民法院的，由人民法院根据继承法第七条的规定，判决确认其是否丧失继承权。

10. 继承人虐待被继承人情节是否严重，可以从实施虐待行为的时间、手段、后果和社会影响等方面认定。

虐待被继承人情节严重的，不论是否追究刑事责任，均可确认其丧失继承权。

11. 继承人故意杀害被继承人的，不论是既遂还是未遂，均应确认其丧失继承权。

12. 继承人有继承法第七条第（一）项或第（二）项所列之行为，而被继承人以遗嘱将遗产指定由该继承人继承的，可确认遗嘱无效，并按继承法第七条的规定处理。

13. 继承人虐待被继承人情节严重的，或者遗弃被继承人的，如以后确有悔改表现，而且被虐待人、被遗弃人生前又表示宽恕，可不确认其丧失继承权。

14. 继承人伪造、篡改或者销毁遗嘱，侵害了缺乏劳动能力又无生活来源的继承人的利益，并造成其生活困难的，应认定其行为情节严重。

15. 在诉讼时效期间内，因不可抗拒的事由致继承人无法主张继承权利的，人民法院可按中止诉讼时效处理。

16. 继承人在知道自己的权利受到侵犯之日起的二年之内，其遗产继承权纠纷确在人民调解委员会进行调解期间，可按中止诉讼时效处理。

17. 继承人因遗产继承纠纷向人民法院提起诉讼，诉讼时效即为中断。

18. 自继承开始之日起的第 18 年后至第 20 年期间内，继承人才知道自己的权利被侵犯的，其提起诉讼的权利，应当在继承开始之日起的 20 年之内行使，超过 20 年的，不得再行提起诉讼。

二、关于法定继承部分

19. 被收养人对养父母尽了赡养义务，同时又对生父母扶养较多的，除可依继承法第十条的规定继承养父母的遗产外，还可依继承法第十四条的规定分得生父母的适当的遗产。

20. 在旧社会形成的一夫多妻家庭中，子女与生母以外的父亲的其他配偶之间形成扶养关系的，互有继承权。

21. 继子女继承了继父母遗产的，不影响其继承生父母的遗产。

继父母继承了继子女遗产的，不影响其继承生子女的遗产。

22. 收养他人为养孙子女，视为养父母与养子女的关系的，可互为第一顺序继承人。

23. 养子女与生子女之间、养子女与养子女之间，系养兄弟姐妹，可互为第二顺序继承人。

被收养人与其亲兄弟姐妹之间的权利义务关系，因收养关系的成立而消除，不能互为第二顺序继承人。

24. 继兄弟姐妹之间的继承权，因继兄弟姐妹之间的扶养关系而发生。没有扶养关系的，不能互为第二顺序继承人。

继兄弟姐妹之间相互继承了遗产的，不影响其继承亲兄弟姐妹的遗产。

25. 被继承人的孙子女、外孙子女、曾孙子女、外曾孙子女都可以代位继承，代位继承人不受辈数的限制。

26. 被继承人的养子女、已形成扶养关系的继子女的生子女可代位继承；被继承人亲生子女的养子女可代位继承；被继承人养子女的养子女可代位继承；与被继承人已形成扶养关系的继子女的养子女也可以代位继承。

27. 代位继承人缺乏劳动能力又没有生活来源，或者对被继承人尽过主要赡养义务的，分配遗产时，可以多分。

28. 继承人丧失继承权的，其晚辈直系血亲不得代位继承。如该代位继承人缺乏劳动能力又没有生活来源，或对被继承人尽赡养义务较多的，可适当分给遗产。

29. 丧偶儿媳对公婆、丧偶女婿对岳父、岳母，无论其是否再婚，依继承法第十二条规定作为第一顺序继承人时，不影响其子女代位继承。

30. 对被继承人生活提供了主要经济来源，或在劳务等方面给予了主要扶助的，应当认定其尽了主要赡养义务或主要扶养义务。

31. 依继承法第十四条规定可以分给适当遗产的人，分给他们遗产时，按具体情况可多于或少于继承人。

32. 依继承法第十四条规定可以分给适当遗产的人，在其依法取得被继承人遗产的权利受到侵犯时，本人有权以独立的诉讼主体的资格向人民法院提起诉讼。但在遗产分割时，明知而未提出请求的，一般不予受理；不知而未提出请求，在二年以内起诉的，应予受理。

33. 继承人有扶养能力和扶养条件，愿意尽扶养义务，但被继承人因有固定收入和劳动能力，明确表示不要求扶养的，分配遗产时，一般不应因此而影响其继承份额。

34. 有扶养能力和扶养条件的继承人虽然与被继承人共同生活，但对需要抚养的被继承人不尽扶养义务，分配遗产时，可以少分或者不分。

三、关于遗嘱继承部分

35. 继承法实施前订立的，形式上稍有欠缺的遗嘱，如内容合法，又有充分证据证明确为遗嘱人真实意思表示的，可以认定遗嘱有效。

36. 继承人、受遗赠人的债权人、债务人，共同经营的合伙人，也应当视为与继承人、受遗赠人有利害关系，不能作为遗嘱的见证人。

37. 遗嘱人未保留缺乏劳动能力又没有生活来源的继承人的遗产份额，遗产处理时，应当为该继承人留下必要的遗产，所剩余的部分，才可参照遗嘱确定的分配原则处理。

继承人是否缺乏劳动能力又没有生活来源，应按遗嘱生效时该继承人的具体情况确定。

38. 遗嘱人以遗嘱处分了属于国家、集体或他人所有的财产，遗嘱的这部分，应认定无效。

39. 遗嘱人生前的行为与遗嘱的意思表示相反，而使遗嘱处分的财产在继承开始前灭失，部分灭失或所有权转移、部分转移的，遗嘱视为被撤销或部分被撤销。

40. 公民在遗书中涉及死后个人财产处分的内容，确为死者真实意思的表示，有本人签名并注明了年、月、日，又无相反证据的，可按自书遗嘱对待。

41. 遗嘱人立遗嘱时必须有行为能力。无行为能力人所立的遗嘱，即使其本人后来有了行为能力，仍属无效遗嘱。遗嘱人立遗嘱时有行为能力，后来丧失了行为能力，不影响遗嘱的效力。

42. 遗嘱人以不同形式立有数份内容相抵触的遗嘱，其中有公证遗嘱的，以最后所立公证遗嘱为准；没有公证遗嘱的，以最后所立的遗嘱为准。

43. 附义务的遗嘱继承或遗赠，如义务能够履行，而继承人、受遗赠人无正当理由不履行，经受益人或其他继承人请求，人民法院可以取消他接受附义务那部分遗产的权利，由提出请示的继承人或受益人负责按遗嘱人的意愿履行义务，接受遗产。

四、关于遗产的处理部分

44. 人民法院在审理继承案件时，如果知道有继承人而无法通知的，分割遗产时，要保留其应继承的遗产，并确定该遗产的保管人或保管单位。

45. 应当为胎儿保留的遗产份额没有保留的应从继承人所继承的遗产中扣回。

为胎儿保留的遗产份额，如胎儿出生后死亡的，由其继承人继承；如胎儿出生时就是死体的，由被继承人的继承人继承。

46. 继承人因放弃继承权，致其不能履行法定义务的，放弃继承权的行为无效。

47. 继承人放弃继承应当以书面形式向其他继承人表示。用口头方式表示放弃继承，本人承认，或有其他充分证据证明的，也应当认定其有效。

48. 在诉讼中，继承人向人民法院以口头方式表示放弃继承的，要制作笔录，由放弃继承的人签名。

49. 继承人放弃继承的意思表示，应当在继承开始后、遗产分割前作出。遗产分割后表示放弃的不再是继承权，而是所有权。

50. 遗产处理前或在诉讼进行中，继承人对放弃继承反悔的，由人民法院根据其提出的具体理由，决定是否承认。遗产处理后，继承人对放弃继承反悔的，不予承认。

51. 放弃继承的效力，追溯到继承开始的时间。

52. 继承开始后，继承人没有表示放弃继承，并于遗产分割前死亡的，其继承遗产的权利转移给他的合法继承人。

53. 继承开始后，受遗赠人表示接受遗赠，并于遗产分割前死亡的，其接受遗赠的权利转移给他的继承人。

54. 由国家或集体组织供给生活费用的烈属和享受社会救济的城市居民，其遗产仍应准许合法继承人继承。

55. 集体组织对"五保户"实行"五保"时，双方有扶养协议的，按协议处理；没有扶养协议，死者有遗嘱继承人或法定继承人要求继承的，按遗嘱继承或法定继承处理，但集体组织有权要求扣回"五保"费用。

56. 扶养人或集体组织与公民订有遗赠扶养协议，扶养人或集体组织无正当理由不履行，致协议解除的，不能享有受遗赠的权利，其支付的供养费用一般不予补偿；遗赠人无正当理由不履行，致协议解除的，则应偿还扶养人或集体组织已支付的供养费用。

57. 遗产因无人继承收归国家或集体组织所有时，按继承法第十四条规定可以分给遗产的人提出取得遗产的要求，人民法院应视情况适当分给遗产。

58. 人民法院在分割遗产中的房屋、生产资料和特定职业所需要的财产时，应依据有利于发挥其使用效益和继承人的实际需要，兼顾各继承人的利益进行处理。

59. 人民法院对故意隐匿、侵吞或争抢遗产的继承人，可以酌情减少其应继承的遗产。

60. 继承诉讼开始后，如继承人、受遗赠人中有既不愿参加诉讼，又不表示放弃实体权利的，应追加为共同原告；已明确表示放弃继承的，不再列为当事人。

61. 继承人中有缺乏劳动能力又没有生活来源的人，即使遗产不足清偿债务，也应为其保留适当遗产，然后再按继承法第三十三条和民事诉讼法第一百八十条的规定清偿债务。

62. 遗产已被分割而未清偿债务时，如有法定继承又有遗嘱继承和遗赠的，首先由法定继承人用其所得遗产清偿债务；不足清偿时，剩余的债务由遗嘱继承人和受遗赠人按比例用所得遗产偿还；如果只有遗嘱继承和遗赠的，由遗嘱继承人和受遗赠人按比例用所得遗产偿还。

五、关于附则部分

63. 涉外继承，遗产为动产的，适用被继承人住所地法律，即适用被继承人生前最后住所地国家的法律。

64. 继承法施行前，人民法院已经审结的继承案件，继承法施行后，按审判监督程序提起再审的，适用审结时的有关政策、法律。

人民法院对继承法生效前已经受理、生效时尚未审结的继承案件，适用继承法。但不得再以超过诉讼时效为由驳回起诉。

10. 最高人民法院《关于人民法院审理未办结婚登记 而以夫妻名义同居生活案件的若干意见》

（1989 年 11 月 21 日）

人民法院审理未办结婚登记而以夫妻名义同居生活的案件，应首先向双方当事人严肃指出其行为的违法性和危害性，并视其违法情节给予批评教育或民事制裁。但基于这类"婚姻"关系形成的原因和案件的具体情况复杂，为保护妇女和儿童的合法权益，有利于婚姻家庭关系的稳定，维护安定团结，在一定时期内，有条件的承认其事实婚姻关系，是符合实际的。为此，我们根据法律规定和审判实践经验，对此类案件的审理提出以下意见：

1. 1986 年 3 月 15 日《婚姻登记办法》施行之前，未办结婚登记手续即以夫妻名义同居生活，群众也认为是夫妻关系的，一方向人民法院起诉"离婚"，如起诉时双方均符合结婚的法院条件，可认定为事实婚姻关系；如起诉时一方或双方不符合结婚的法定条件，应认定非法同居关系。

2. 1986 年 3 月 15 日《婚姻登记办法》施行之后，未办结婚登记手续即以夫妻名义同居生活，群众也认为是夫妻关系的，一方向人民法院起诉"离婚"，如同居时双方均符合结婚的法定条件，可认定为事实婚姻关系；如同居时一方或双方不符合结婚的法定条件，应认定为非法同居关系。

3. 自民政部新的婚姻登记管理条例施行之日起，未办结婚登记即以夫妻名义同居生活，按非法同居关系对待。

4. 离婚后双方未再婚，未履行复婚登记手续，又以夫妻名义共同生活，一方起诉"离婚"的，一般应解除其非法同居关系。

5. 已登记结婚的一方又与第三人形成事实婚姻关系，或事实婚姻关系的一方又与第三人登记结婚，或事实婚姻关系的一方又与第三人形成新的事实婚姻关系，凡前一个婚姻关系的一方要求追究重婚罪的，无论其行为是否构成重婚罪，均应解除后一个婚姻关系。前一个婚姻关系的一方如要求处理离婚问题，应根据其婚姻关系的具体情况进行调解或者作出判决。

6. 审理事实婚姻关系的离婚案件，应当先进行调解，经调解和好或撤诉的，确认婚姻关系有效，发给调解书或裁定书，经调解不能和好的，应调解或判决准予离婚。

7. 未办结婚登记而以夫妻名义同居生活的男女，一方要求"离婚"或解除同居关系，经查确属非法同居关系的，应一律判决予以解除。

8. 人民法院审理非法同居关系的案件，如涉及非婚生子女抚养和财产分割问题，应一并予以解决。具体分割财产时，应照顾妇女、儿童的利益，考虑财产的实际情况和双方的过错程度，妥善分割。

9. 解除非法同居关系时，双方所生的非婚生子女，由哪一方抚养，双方协商，协商不成时，应根据子女的利益和双方的具体情况判决，哺乳期内的子女，原则上应由母方抚养，如父方条件好，母方同意，也可由父方抚养，子女为限制民事行为能力人的，应征求子女本人的意见，一方将未成年的子女送他人收养，须征得另一方的同意。

10. 解除非法同居关系时，同居生活期间双方共同所得的收入和购置的财产，按一般共有财产处理，同居生活前，一方自愿赠送给对方的财物可比照赠与关系处理；一方向另一方索取的财物，可参照最高人民法院（84）法办字第112号《关于贯彻执行民事政策法律若干问题的意见》第（18）条规定的精神处理。

11. 解除非示同居关系时，同居期间为共同生产、生活而形成的债权、债务，可按共同债权、债务处理。

12. 解除非法同居关系时，一方在共同生活期间患有严重疾病未治愈的，分割财产时，应予适当照顾，或者由另一方给予一次性的经济帮助。

13. 同居生活期间一方死亡，另一方要求继承死者遗产，如认定事实婚姻关系的，可以配偶身份按继承法的有关规定处理；如认定非法同居关系，而又符合继承法第十四条规定的，可根据相互扶助的具体情况处理。

14. 人民法院在审理未办结婚登记而以夫妻名义同居生活的案件时，对违法情节严重，应按照婚姻法、民法通则、《关于贯彻执行〈民法通则〉若干问题的意见》和其他法律、法规的有关规定，给予适当的民事制裁。

15. 本意见自颁布之日起施行。凡最高人民法院过去的规定与本意见相抵触的，均按本意见执行。

11. 婚姻登记条例

（中华人民共和国国务院令第 387 号）

《婚姻登记条例》已经 2003 年 7 月 30 日国务院第 16 次常务会议通过，现予公布，自 2003 年 10 月 1 日起施行。

第一章　总　则

第一条　为了规范婚姻登记工作，保障婚姻自由、一夫一妻、男女平等的婚姻制度的实施，保护婚姻当事人的合法权益，根据《中华人民共和国婚姻法》（以下简称婚姻法），制定本条例。

第二条　内地居民办理婚姻登记的机关是县级人民政府民政部门或者乡（镇）人民政府，省、自治区、直辖市人民政府可以按照便民原则确定农村居民办理婚姻登记的具体机关。

中国公民同外国人，内地居民同香港特别行政区居民（以下简称香港居民）、澳门特别行政区居民（以下简称澳门居民）、"台湾地区"居民（以下简称台湾居民）、华侨办理婚姻登记的机关是省、自治区、直辖市人民政府民政部门或者省、自治区、直辖市人民政府民政部门确定的机关。

第三条　婚姻登记机关的婚姻登记员应当接受婚姻登记业务培训，经考核合格，方可从事婚姻登记工作。

婚姻登记机关办理婚姻登记，除按收费标准向当事人收取工本费外，不得收取其他费用或者附加其他义务。

第二章 结婚登记

第四条 内地居民结婚，男女双方应当共同到一方当事人常住户口所在地的婚姻登记机关办理结婚登记。

中国公民同外国人在中国内地结婚的，内地居民同香港居民、澳门居民、台湾居民、华侨在中国内地结婚的，男女双方应当共同到内地居民常住户口所在地的婚姻登记机关办理结婚登记。

第五条 办理结婚登记的内地居民应当出具下列证件和证明材料：

（一）本人的户口簿、身份证；

（二）本人无配偶以及与对方当事人没有直系血亲和三代以内旁系血亲关系的签字声明。

办理结婚登记的香港居民、澳门居民、台湾居民应当出具下列证件和证明材料：

（一）本人的有效通行证、身份证；

（二）经居住地公证机构公证的本人无配偶以及与对方当事人没有直系血亲和三代以内旁系血亲关系的声明。

办理结婚登记的华侨应当出具下列证件和证明材料：

（一）本人的有效护照；

（二）居住国公证机构或者有权机关出具的、经中华人民共和国驻该国使（领）馆认证的本人无配偶以及与对方当事人没有直系血亲和三代以内旁系血亲关系的证明，或者中华人民共和国驻该国使（领）馆出具的本人无配偶以及与对方当事人没有直系血亲和三代以内旁系血亲关系的证明。

办理结婚登记的外国人应当出具下列证件和证明材料：

（一）本人的有效护照或者其他有效的国际旅行证件；

（二）所在国公证机构或者有权机关出具的、经中华人民共和国驻该国使（领）馆认证或者该国驻华使（领）馆认证的本人无配偶的证明，或者所在国驻华使（领）馆出具的本人无配偶的证明。

第六条 办理结婚登记的当事人有下列情形之一的，婚姻登记机关不予登记：

（一）未到法定结婚年龄的；

（二）非双方自愿的；

（三）一方或者双方已有配偶的；

（四）属于直系血亲或者三代以内旁系血亲的；

（五）患有医学上认为不应当结婚的疾病的。

第七条 婚姻登记机关应当对结婚登记当事人出具的证件、证明材料进行审查并询问相关情况。对当事人符合结婚条件的，应当当场予以登记，发给结婚证；对当事人不符合结婚条件不予登记的，应当向当事人说明理由。

第八条 男女双方补办结婚登记的，适用本条例结婚登记的规定。

第九条 因胁迫结婚的，受胁迫的当事人依据婚姻法第十一条的规定向婚姻登记机关请求撤销其婚姻的，应当出具下列证明材料：

（一）本人的身份证、结婚证；

（二）能够证明受胁迫结婚的证明材料。

婚姻登记机关经审查认为受胁迫结婚的情况属实且不涉及子女抚养、财产及债务问题的，应当撤销该婚姻，宣告结婚证作废。

第三章 离婚登记

第十条 内地居民自愿离婚的，男女双方应当共同到一方当事人常住户口所在地的婚姻登记机关办理离婚登记。

中国公民同外国人在中国内地自愿离婚的，内地居民同香港居民、澳门居民、台湾居民、华侨在中国内地自愿离婚的，男女双方应当共同到内地居民常住户口所在地的婚姻登记机关办理离婚登记。

第十一条 办理离婚登记的内地居民应当出具下列证件和证明材料：

（一）本人的户口簿、身份证；

（二）本人的结婚证；

（三）双方当事人共同签署的离婚协议书。

办理离婚登记的香港居民、澳门居民、台湾居民、华侨、外国人除应当出具前款第（二）项、第（三）项规定的证件、证明材料外，香港居民、澳门居民、台湾居民还应当出具本人的有效通行证、身份证，华侨、外国人还应当出具本人的有效护照或者其他有效国际旅行证件。

离婚协议书应当载明双方当事人自愿离婚的意思表示以及对子女抚养、财产及债务处理等事项协商一致的意见。

第十二条 办理离婚登记的当事人有下列情形之一的，婚姻登记机关不予受理：

（一）未达成离婚协议的；

（二）属于无民事行为能力人或者限制民事行为能力人的；

（三）其结婚登记不是在中国内地办理的。

第十三条 婚姻登记机关应当对离婚登记当事人出具的证件、证明材料进行审查并询问相关情况。对当事人确属自愿离婚，并已对子女抚养、财产、债务等问题达成一致处理意见的，应当当场予以登记，发给离婚证。

第十四条 离婚的男女双方自愿恢复夫妻关系的，应当到婚姻登记机关办理复婚登记。复婚登记适用本条例结婚登记的规定。

第四章　婚姻登记档案和婚姻登记证

第十五条　婚姻登记机关应当建立婚姻登记档案。婚姻登记档案应当长期保管。具体管理办法由国务院民政部门会同国家档案管理部门规定。

第十六条　婚姻登记机关收到人民法院宣告婚姻无效或者撤销婚姻的判决书副本后，应当将该判决书副本收入当事人的婚姻登记档案。

第十七条　结婚证、离婚证遗失或者损毁的，当事人可以持户口簿、身份证向原办理婚姻登记的机关或者一方当事人常住户口所在地的婚姻登记机关申请补领。婚姻登记机关对当事人的婚姻登记档案进行查证，确认属实的，应当为当事人补发结婚证、离婚证。

第五章　罚　则

第十八条　婚姻登记机关及其婚姻登记员有下列行为之一的，对直接负责的主管人员和其他直接责任人员依法给予行政处分：

（一）为不符合婚姻登记条件的当事人办理婚姻登记的；

（二）玩忽职守造成婚姻登记档案损失的；

（三）办理婚姻登记或者补发结婚证、离婚证超过收费标准收取费用的。

违反前款第（三）项规定收取的费用，应当退还当事人。

第六章　附　则

第十九条　中华人民共和国驻外使（领）馆可以依照本条例的有关规定，为男女双方均居住于驻在国的中国公民办理婚姻登记。

第二十条　本条例规定的婚姻登记证由国务院民政部门规定式样并监制。

第二十一条　当事人办理婚姻登记或者补领结婚证、离婚证应当交纳工本费。工本费的收费标准由国务院价格主管部门会同国务院财政部门规定并公布。

第二十二条　本条例自 2003 年 10 月 1 日起施行。1994 年 1 月 12 日国务院批准、1994 年 2 月 1 日民政部发布的《婚姻登记管理条例》同时废止。

12. 中国公民收养子女登记办法

（1999 年 5 月 2 日国务院批准，1999 年 5 月 25 日民政部第 14 号令发布，自发布之日起实施）

第一条　为了规范收养登记行为，根据《中华人民共和国收养法》（以下简称收养法），制定本办法。

第二条　中国公民在中国境内收养子女或者协议解除收养关系的，应当依照本办法的规定办理登记．办理收养登记的机关是县级人民政府民政部门。

第三条　收养社会福利机构抚养的查找不到生父母的弃婴、儿童和孤儿的，在社会福利机构所在地的收养登记机关办理登记。

收养非社会福利机构抚养的查找不到生父母的弃婴和儿童的，在弃婴和儿童发现地的收养登记机关办理登记。

收养生父母有特殊困难无力抚养的子女或者由监护人监护的孤儿的，在被收养人生父母或者监护人常住户口所在地（组织作监护人的，在该组织所在地）的收养登记机关办理登记。

收养三代以内同辈旁系血亲的子女，以及继父或者继母收养继子女的，在被收养人生父或者生母常住户口所在地的收养登记机关办理登记。

第四条　收养关系当事人应当亲自到收养登记机关办理成立收养关系的登记手续。

夫妻共同收养子女的，应当共同到收养登记机关办理登记手续；一方因故不能亲自前往的，应当书面委托另一方办理登记手续，委托书应当经过村民委员会或者居民委员会证明或者经过公证。

第五条 收养人应当向收养登记机关提交收养申请书和下列证件、证明材料：

（一）收养人的居民户口簿和居民身份证；

（二）由收养人所在单位或者村民委员会、居民委员会出具的本人婚姻状况、有无子女和抚养教育被收养人的能力等情况的证明；

（三）县级以上医疗机构出具的未患有在医学上认为不应当收养子女的疾病的身体健康检查证明。

收养查找不到生父母的弃婴、儿童的，并应当提交收养人经常居住地计划生育部门出具的收养人生育情况证明；其中收养非社会福利机构抚养的查找不到生父母的弃婴、儿童的，收养人还应当提交下列证明材料：

（一）收养人经常居住地计划生育部门出具的收养人无子女的证明；

（二）公安机关出具的捡拾弃婴、儿童报案的证明。

收养继子女时，可以只提交居民户口簿、居民身份证和收养人与被收养人生父或者生母结婚的证明。

第六条 送养人应当向收养登记机关提交下列证件和证明材料：

（一）送养人的居民户口簿和居民身份证（组织作监护人的，提交其负责人的身份证件）；

（二）收养法规定送养时应当征得其他有抚养义务的人同意的，并提交其他有抚养义务的人同意送养的书面意见。

社会福利机构为送养人的，并应当提交弃婴、儿童进入社会福利机构的原始记录，公安机关出具的捡拾弃婴、儿童报案的证明，或者孤儿的生父母死亡或者宣告死亡的证明。

监护人为送养人的，并应当提交实际承担监护责任的证明，孤儿的父母死亡或者宣告死亡的证明，或者被收养人生父母无完全民事行为能力并对被收养人有严重危害的证明。

生父母为送养人的，并应当提交与当地计划生育部门签订的不违反计划生育规定的协议；有特殊困难无力抚养子女的，还应当提交其所在单位或者村民委员会、居民委员会出具的送养人有特殊困难的证明。其中，因丧偶或者一方下落不明由单方送养的，还应当提交配偶死亡或者下落不明的证明；子女由三代以内同辈旁系血亲收养的，还应当提交公安机关出具的或者经过公证的与收养人有亲属关系的证明。

被收养人是残疾儿童的，并应当提交县级以上医疗机构出具的该儿童的残疾证明。

第七条 收养登记机关收到收养登记申请书及有关材料后，应当自次日起 30 日内进行审查。对符合收养法规定条件的，为当事人办理收养登记，发给收养登记证，收养关系自登记之日起成立；对不符合收养法规定条件的，不予登记，并对当事人说明理由。

收养查找不到生父母的弃婴、儿童的，收养登记机关应当在登记前公告查找其生父母；自公告之日起满 60 日，弃婴、儿童的生父母或者其他监护人未认领的，视为查找不到生父母的弃婴、儿童。公告期间不计算在登记办理期限内。

第八条 收养关系成立后，需要为被收养人办理户口登记或者迁移手续的，由收养人持收养登记证到户口登记机关按照国家有关规定办理。

第九条 收养关系当事人协议解除收养关系的，应当持居民户口簿、居民身份证、收养登记证和解除收养关系的书面协议，共同到被收养人常住户口所在地的收养登记机关办理解除收养关系登记。

第十条 收养登记机关收到解除收养关系登记申请书及有关材料后，应当自次日起 30 日内进行审查；对符合收养法规定的，为当事人办理解除收养关系的登记，收回收养登记证，发给解除收养关系证明。

第十一条 为收养关系当事人出具证明材料的组织，应当如实出具有关证明材料。出具虚假证明材料的，由收养登记机关没收虚假证明材料，并建议有关组织对直接责任人员给予批评教育，或者依法给予行政处分、纪律处分。

第十二条 收养关系当事人弄虚作假骗取收养登记的，收养关系无效，由收养登记机关撤销登记，收缴收养登记证。

第十三条 本办法规定的收养登记证、解除收养关系证明的式样，由国务院民政部门制定。

第十四条 华侨以及居住在香港、澳门、台湾地区的中国公民在内地收养子女的，申请办理收养登记的管辖以及所需要出具的证件和证明材料，按照国务院民政部门的有关规定执行。

第十五条 本办法自发布之日起施行。

13. 遗嘱公证细则

第一条　为规范遗嘱公证程序，根据《中华人民共和国继承法》、《中华人民共和国公证暂行条例》等有关规定，制定本细则。

第二条　遗嘱是遗嘱人生前在法律允许的范围内，按照法律规定的方式处分其个人财产或者处理其他事务，并在其死亡时发生效力的单方法律行为。

第三条　遗嘱公证是公证处按照法定程序证明遗嘱人设立遗嘱行为真实、合法的活动。经公证证明的遗嘱为公证遗嘱。

第四条　遗嘱公证由遗嘱人住所地或者遗嘱行为发生地公证处管辖。

第五条　遗嘱人申办遗嘱公证应当亲自到公证处提出申请。

遗嘱人亲自到公证处有困难的，可以书面或者口头形式请求有管辖权的公证处指派公证人员到其住所或者临时处所办理。

第六条　遗嘱公证应当由两名公证人员共同办理，由其中一名公证员在公证书上署名。因特殊情况由一名公证员办理时，应当有一名见证人在场，见证人应当在遗嘱和笔录上签名。见证人、遗嘱代书人适用《中华人民共和国继承法》第十八条的规定。

第七条　申办遗嘱公证，遗嘱人应当填写公证申请表，并提交下列证件和材料：

（一）居民身份证或者其他身份证件；

（二）遗嘱涉及的不动产、交通工具或者其他有产权凭证的财产的产权证明；

（三）公证人员认为应当提交的其他材料。

遗嘱人填写申请表确有困难的，可由公证人员代为填写，遗嘱人应当在申请表上签名。

第八条 对于属于本公证处管辖，并符合前条规定的申请，公证处应当受理。

对于不符合前款规定的申请，公证处应当在三日内作出不予受理的决定，并通知申请人。

第九条 公证人员具有《公证程序规则（试行）》第十条规定情形的，应当自行回避，遗嘱人有权申请公证人员回避。

第十条 公证人员应当向遗嘱人讲解我国《民法通则》、《继承法》中有关遗嘱和公民财产处分权利的规定，以及公证遗嘱的意义和法律后果。

第十一条 公证处应当按照《公证程序规则（试行）》第二十三条的规定进行审查，并着重审查遗嘱人的身份及意思表示是否真实、有无受胁迫或者受欺骗等情况。

第十二条 公证人员询问遗嘱人，除见证人、翻译人员外，其他人员一般不得在场。公证人员应当按照《公证程序规则（试行）》第二十四条的规定制作谈话笔录。谈话笔录应当着重记录下列内容：

（一）遗嘱人的身体状况、精神状况；遗嘱人系老年人、间歇性精神病人、危重伤病人的，还应当记录其对事物的识别、反应能力；

（二）遗嘱人家庭成员情况，包括其配偶、子女、父母及与其共同生活人员的基本情况；

（三）遗嘱所处分财产的情况，是否属于遗嘱人个人所有，以前是否曾以遗嘱或者遗赠扶养协议等方式进行过处分，有无已设立担保、已被查封、扣押等限制所有权的情况；

（四）遗嘱人所提供的遗嘱或者遗嘱草稿的形成时间、地点和过程，是自书还是代书，是否本人的真实意愿，有无修改、补充，对遗产的处分是否附有条件；代书人的情况，遗嘱或者遗嘱草稿上的签名、盖章或者手印是否其本人所为；

（五）遗嘱人未提供遗嘱或者遗嘱草稿的，应当详细记录其处分遗产的意思表示；

（六）是否指定遗嘱执行人及遗嘱执行人的基本情况；

（七）公证人员认为应当询问的其他内容。

谈话笔录应当当场向遗嘱人宣读或者由遗嘱人阅读，遗嘱人无异议后，遗嘱人、公证人员、见证人应当在笔录上签名。

第十三条 遗嘱应当包括以下内容：

（一）遗嘱人的姓名、性别、出生日期、住址；

（二）遗嘱处分的财产状况（名称、数量、所在地点以及是否共有、抵押等）；

（三）对财产和其他事务的具体处理意见；

（四）有遗嘱执行人的，应当写明执行人的姓名、性别、年龄、住址等；

（五）遗嘱制作的日期以及遗嘱人的签名。

遗嘱中一般不得包括与处分财产及处理死亡后事宜无关的其他内容。

第十四条 遗嘱人提供的遗嘱，无修改、补充的，遗嘱人应当在公证人员面前确认遗嘱内容、签名及签署日期属实。

遗嘱人提供的遗嘱或者遗嘱草稿，有修改、补充的，经整理、誊清后，应当交遗嘱人核对，并由其签名。

遗嘱人未提供遗嘱或者遗嘱草稿的，公证人员可以根据遗嘱人的意思表示代为起草遗嘱。公证人员代拟的遗嘱，应当交遗嘱人核对，并由其签名。

以上情况应当记入谈话笔录。

第十五条 两个以上的遗嘱人申请办理共同遗嘱公证的，公证处应当引导他们分别设立遗嘱。

遗嘱人坚持申请办理共同遗嘱公证的，共同遗嘱中应当明确遗嘱变更、撤销及生效的条件。

第十六条　公证人员发现有下列情形之一的，公证人员在与遗嘱人谈话时应当录音或者录像：

（一）遗嘱人年老体弱；

（二）遗嘱人为危重伤病人；

（三）遗嘱人为聋、哑、盲人；

（四）遗嘱人为间歇性精神病患者、弱智者。

第十七条　对于符合下列条件的，公证处应当出具公证书：

（一）遗嘱人身份属实，具有完全民事行为能力；

（二）遗嘱人意思表示真实；

（三）遗嘱人证明或者保证所处分的财产是其个人财产；

（四）遗嘱内容不违反法律规定和社会公共利益，内容完备，文字表述准确，签名、制作日期齐全；

（五）办证程序符合规定。

不符合前款规定条件的，应当拒绝公证。

第十八条　公证遗嘱采用打印形式。遗嘱人根据遗嘱原稿核对后，应当在打印的公证遗嘱上签名。

遗嘱人不会签名或者签名有困难的，可以盖章方式代替在申请表、笔录和遗嘱上的签名；遗嘱人既不能签字又无印章的，应当以按手印方式代替签名或者盖章。

有前款规定情形的，公证人员应当在笔录中注明。以按手印代替签名或者盖章的，公证人员应当提取遗嘱人全部的指纹存档。

第十九条　公证处审批人批准遗嘱公证书之前，遗嘱人死亡或者丧失行为能力的，公证处应当终止办理遗嘱公证。

遗嘱人提供或者公证人员代书、录制的遗嘱，符合代书遗嘱条件或者经承办公证人员见证符合自书、录音、口头遗嘱条件的，公证处可以将该遗嘱发给遗嘱受益人，并将其复印件存入终止公证的档案。

公证处审批人批准之后，遗嘱人死亡或者丧失行为能力的，公证处应当完成公证遗嘱的制作。遗嘱人无法在打印的公证遗嘱上签名的，可依符合第十七条规定的遗嘱原稿的复印件制作公证遗嘱，遗嘱原稿留公证处存档。

第二十条　公证处可根据《中华人民共和国公证暂行条例》规定保管公证遗嘱或者自书遗嘱、代书遗嘱、录音遗嘱；也可根据国际惯例保管密封遗嘱。

第二十一条　遗嘱公证卷应当列为密卷保存。遗嘱人死亡后，转为普通卷保存。

公证遗嘱生效前，遗嘱卷宗不得对外借阅，公证人员亦不得对外透露遗嘱内容。

第二十二条　公证遗嘱生效前，非经遗嘱人申请并履行公证程序，不得撤销或者变更公证遗嘱。

遗嘱人申请撤销或者变更公证遗嘱的程序适用本规定。

第二十三条　公证遗嘱生效后，与继承权益相关的人员有确凿证据证明公证遗嘱部分违法的，公证处应当予以调查核实；经调查核实，公证遗嘱部分内容确属违法的，公证处应当撤销对公证遗嘱中违法部分的公证证明。

第二十四条　因公证人员过错造成错证的，公证处应当承担赔偿责任。有关公证赔偿的规定，另行制定。

第二十五条　本细则由司法部解释。

第二十六条　本细则自 2000 年 7 月 1 日起施行。

14. 西藏自治区施行《中华人民共和国婚姻法》的变通条例

（1981 年 4 月 18 日西藏自治区第三届人民代表大会常务委员会第五次会议通过，2004 年 6 月 9 日西藏自治区第八届人民代表大会常务委员会第十二次会议修正）

根据中华人民共和国婚姻法第三十六条的规定，结合西藏自治区各少数民族婚姻家庭的实际情况，对中华人民共和国婚姻法的有关条款作如下变通：

第一条　结婚年龄，男不得早于二十周岁，女不得早于十八周岁。

第二条　废除一夫多妻，一妻多夫等封建婚姻，对执行本条例之前形成的上述婚姻关系，凡不主动提出解除婚姻关系者，准予维持。

第三条　对各少数民族传统的婚嫁仪式，在不妨害婚姻自由原则的前提下，应予尊重。

第四条　禁止利用宗教干涉婚姻家庭。

第五条　结婚、离婚必须履行登记手续。

第六条　对非婚生子女生活费和教育费的负担，应按中华人民共和国婚姻法第十九条的规定执行。改变全由生母负担的习惯。

第七条　本条例自一九八二年元月一日起施行。凡本变通条例未加补充或变更的条款，均按中华人民共和国婚姻法的规定执行。

15. 内蒙古自治区执行《中华人民共和国婚姻法》的补充规定

(1981 年 9 月 21 日自治区五届人大常委会第九次会议通过)

第一条 根据《中华人民共和国婚姻法》第三十六条规定，结合内蒙古自治区蒙古族和其他少数民族婚姻家庭的具体情况，为了发展少数民族人口，特制定本补充规定。

第二条 本规定适用于居住在内蒙古自治区的蒙古族和其他少数民族。

第三条 结婚年龄，男不得早于二十周岁，女不得早于十八周岁。

汉族男女同蒙古族和其他少数民族男女结婚的，汉族一方年龄按《中华人民共和国婚姻法》规定执行。

第四条 大力提倡三代以内的旁系血亲不结婚。

第五条 不同民族男女结婚的，所生子女的民族从属由父母商定。

第六条 在蒙古族和其他少数民族中不提倡节制生育。对有节育要求者给予支持。

少数民族男女与汉族男女结婚的，其子女商定为汉族的，则实行计划生育。

第七条 自治旗的人民代表大会和它的常务委员会，可以根据当地民族婚姻家庭的具体情况，依照《中华人民共和国婚姻法》和本补充规定的原则，制定某些变通或补充的规定，并报请自治区人民代表大会常务委员会批准施行。

  第八条 违反本补充规定者，按《中华人民共和国婚姻法》第三十四条规定处理。

  第九条 本补充规定自公布之日起施行。

16. 最高人民法院《关于空难死亡赔偿金能否作为遗产处理的复函》

(2005 年 3 月 22 日最高人民法院公布，[2004] 民一他字第 26 号)

广东省高级人民法院：

你院粤高法民一请字（2004）1 号《关于死亡赔偿金能否作为遗产处理的请示》收悉。经研究，答复如下：

空难死亡赔偿金是基于死者死亡对死者近亲属所支付的赔偿。获得空难死亡赔偿金的权利人是死者近亲属，而非死者。故空难死亡赔偿金不宜认定为遗产。

以上意见，供参考。

17. 最高人民法院《关于保险金能否作为
被保险人遗产的批复》

(1988 年 3 月 24 日最高人民法院公布 [87] 民他字第 52 号)

河北省高级人民法院：

你院冀法民〔1987〕1 号请示报告收悉。据报告称：栾城县南焦村个体三轮摩托车司机孙文兴于 1986 年 5 月 26 日运送货主张新国及其货物（锡锭）时，在京广铁路窦妪道口与火车相撞，致孙文兴、张新国双亡，三轮摩托车毁损。这次事故应由孙文兴负责。孙文兴生前在本县保险公司除投保了车损险（保险金为 3500 元），还投保了人身意外伤害险（保险金为 5000 元），并指定了受益人。现托运人张新国之妻梁聚芬向栾城县人民法院起诉，要求承运人孙文兴之妻郭香荣给予赔偿。

经征求有关部门的意见，现将你院请示关于人身保险金能否作为被保险人的遗产进行赔偿的问题，答复如下：

一、根据我国保险法规有关条文规定的精神，人身保险金能否列入被保险人的遗产，取决于被保险人是否指定了受益人。指定了受益人的，被保险人死亡后，其人身保险金应付给受益人；未指定受益人的，被保险人死亡后，其人身保险金应作为遗产处理，可以用来清偿债务或者赔偿。

二、财产保险与人身保险不同。财产保险不存在指定受益人的问题。因而，财产保险金属于被保险人的遗产。孙文兴投保的车损险是财产保险，属于他的遗产，可以用来清偿债务或者赔偿。

　　在处理本案时，应本着上述原则，适当注意保护债权人的利益，合情合理解决。